马克思诞辰200周年纪念文库
The 200ᵗʰ Anniversary Books for Karl Marx

高校思想政治理论课教学方法科学化研究

李 芳 | 著

中央编译出版社
Central Compilation & Translation Press

图书在版编目（CIP）数据

高校思想政治理论课教学方法科学化研究／李芳著．
—北京：中央编译出版社，2019.1
ISBN 978-7-5117-3674-1

Ⅰ．①高⋯
Ⅱ．①李⋯
Ⅲ．①高等学校—思想政治教育—教学研究—中国
Ⅳ．① G641

中国版本图书馆 CIP 数据核字（2018）第 282483 号

高校思想政治理论课教学方法科学化研究

出 版 人：	葛海彦
责任编辑：	谭　伟
责任印制：	刘　慧
出版发行：	中央编译出版社
地　　址：	北京西城区车公庄大街乙 5 号鸿儒大厦 B 座（100044）
电　　话：	（010）52612345（总编室）　　（010）52612349（编辑室）
	（010）52612316（发行部）　　（010）52612346（馆配部）
传　　真：	（010）66515838
经　　销：	全国新华书店
印　　刷：	三河市华东印刷有限公司
开　　本：	710 毫米×1000 毫米　1/16
字　　数：	228 千字
印　　张：	16
版　　次：	2019 年 1 月第 1 版
印　　次：	2019 年 1 月第 1 次印刷
定　　价：	86.00 元
网　　址：	www.cctphome.com　　邮　箱：cctp@cctphome.com
新浪微博：	@中央编译出版社　　微　信：中央编译出版社（ID: cctphome）
淘宝店铺：	中央编译出版社直销店（http://shop108367160.taobao.com）（010）55626985

本社常年法律顾问：北京市吴栾赵阎律师事务所律师　闫军　梁勤
凡有印装质量问题，本社负责调换，电话：（010）55626985

自 序

思想政治理论课教学方法在思想政治理论课教学中发挥着"桥梁"的作用,是实现思想政治理论课教学目标的必要条件,是影响思想政治理论课教学效果的重要因素。高校思想政治理论课教师正是通过教学方法与大学生发生"教"与"学"的关系,也是通过教学方法来调动和激活思想政治理论课教学过程的其他要素。高校思想政治理论课自设置以来,经过几轮改革,教学目标更加明确,教学内容更加全面系统,要求思想政治理论课教学方法要适应教学目标和内容的发展。同时,社会综合化、多样化、复杂化的发展,人的自主性、个性化、特色化发展影响着思想政治理论课教学的环境和对象特点。如果思想政治理论课教学方法做不到与时俱进,还在沿用老一套的做法,就不能适应时代发展的需要,也不能适应大学生发展的需要。鉴于思想政治理论课教学方法在思想政治理论课教学中的重要地位和作用,我们有必要研究思想政治理论课教学方法中存在的问题,并提出应对之策,以促进思想政治理论课教学的发展。思想政治理论课在高校开设以来,常常遭人诟病,很多大学生认为它可有可无,对其内容不接收、不接受、不理解的现象不同程度地存在。高校思想政治理论课遭遇如此尴尬,原因有很多,思想政治理论课教学方法科学化程度不高是重要的原因之一。长此以往,思想政治理论课教学目标将难以实现,其合法性也会遭到挑战。因此,实现思想政治理论课教学方法科学化已是非常紧迫的任务。

在理论上，思想政治理论课教学方法科学化是思想政治理论课教学理论的重要组成部分；在实践中，则是为了增强思想政治理论课的针对性和实效性，实现教学目标，是为思想政治理论课教学实践服务的。研究思想政治理论课教学方法科学化，具有重要的理论意义和现实意义。

第一，高校思想政治理论课教学方法科学化研究，是对思想政治教育学科教学论的丰富和发展，有助于推动思想政治教育科学化的发展。学科化是科学化的途径之一，思想政治教育学科的建设和发展为思想政治教育科学化提供了理论基础。其中，学科专业理论为思想政治教育的实施提供理论层面的科学基础，学科教学论则告诉人们如何进行教学，为思想政治教育实施提供实践层面的科学基础。教学方法论是教学论的重要组成部分，教学方法科学化是教学方法论研究的范畴，因此，教学方法科学化研究是对教学论研究的丰富和发展，同理，高校思想政治理论课教学方法科学化研究是对思想政治教育学科教学论的丰富和发展，推动着高校思想政治教育科学化发展。思想政治理论课是大学生思想政治教育的主渠道和主阵地，思想政治理论课教学是大学生思想政治教育的方式之一，而且是主要的方式，基本的方式。要实现大学生思想政治教育的目的，离不开对思想政治教育学科教学论的研究，尤其离不开思想政治教育学科教学方法论的研究。教学方法论是对教学实践经验的总结和概括，是研究教学的一般程序、原则、方法和组织形式等的理论，其任务是研究教学方法形成和发展变化的规律，研究教学方法在横向空间上的联系性，研究教学方法的功能、依据、特点，研究教学方法在纵向时间上的发展性。自改革开放以来，学界对思想政治理论课教学方法的研究越来越重视，思想政治理论课教学方法的理论研究也逐渐进入研究者的视野，尤其是当一些新的教学方法席卷而来的时候，教学实践者尝试着综合使用各种教学方法的时候，敏锐的研究者们深刻地感受到传统教学方法的理论已难以解释和包容这些新的教学方法，迫切需要思政治理论课教学方法理论上的突破。于是很多研究者从思想政治理论课教学方法的价值取向、思想政治理论课教学方法的分类、思想政治理论课教学方法和教学目的、教学内容的相互关系、思想政治理论课教学方法的科学体系等方面对思想政治理论课教学方法的理论问题进行了探讨，这些研究促进了思想政治理论课教学方法的改革，但这些改革总体而言还没有发生实质性的变化。这说明，思想政治理论课教学方法的理论研究还不够，还有大量的工作要做。本研究从"科学化"这一视角出发来研究教学方法，认为思想政治理论课教学方法科学化的任务是论证如何科学选择教学方法，如何有效地运用教学方法，如何科学创新教学方法，通过科学的选择、运用和创新，使教学方法的功能最大化。同时，在高校思想政治理论课教学中，在教学方法的选择、运用、创新方面既遵循一般的教学规律，也体现出思想政治理论课的客观属性，实现高校思想政治理论课教学的终极目标。从这个角度来讲，思想政治理论课教学方法科学化研究是对思想政治理论课教学方法理论的丰富和完善，将有力地促进思想政治教育学科教学论的发展。

第二，思想政治理论课教学方法科学化研究，有助于提高思想政治理论课教师的教学水平。高校思想政治理论课的内容能否在教育实践中切切实实地被学生接受和践行，最终还是要依赖教师。因为思想政治理论课的教学内容必定首先由教师理解，由教师诠释，再传递给学生。也就是说教师如何理解，如何传递思想政治理论课内容，影响着思想政治理论课的教学效果。一直以来，不论是高校思想政治理论课政策的制定者，还是思想政治理论课教学的研究者，都在对思想政治理论课教师应该有什么样的素质，应该有什么样的教学理念，应该有怎样的教学原则，应该怎样进行具体教学，提出要求，开出"药方"，但无论他们提出的要求多么合理，开出的"药方"多么科学，真正将这些要求、"药方"付诸实践的是一线的教师。而作为思想政治理论课教师，对于这些要求和"药方"，他们会根据自己的理解和个人的价值信念来进行筛选和加工。如若这种筛选和加工不能尊重教学规律，不能尊重思想政治理论课教学本身的特殊性，不能科学的选择、运用和创新教学方法，那么思想政治理论课的教学目标也永远无法在教学实践中真正实现。这就是为什么一方面喊加强高校思想政治理论课建设，加强教学方法改革，另一方面思想政治理论课的实效性却很差。这就要求思想政治理论课教师不仅要有较高的专业理论素养，而且要有科学的教学方法，这是专业化的表现。而思想政治理论课教学方法科学化研究就是告诉教师如何科学地进行教学实践。包括如何根据具体的教学内容、教学对象、教学环境来进行研判，选择什么样的方法才是科学的，如何科学有效地运用教学方法，在新问题新情况下如何发展和创新教学方法。它是在认知教学规律的基础上，形成科学的教学理论，并将教学理论转化为教学原则，依据一定的教学原则采取一定教学方法的过程。因此，思想政治理论课教学方法科学化研究，有利于提高思想政治理论课教师的教学水平，促进思想政治理论课教师队伍专业化。

第三，思想政治理论课教学方法科学化研究，有利于缓解思想政治理论课教学实践中遭遇的现实问题。在思想政治理论课教学过程中，很多思想政治理论课教师都有一种被动的当宣传员、传声筒的嫌疑，而不是一个思想者，教学没有吸引力，没法让学生感受理论和思想的魅力。学生对思想政治理论课不感兴趣，对教师讲的内容不接收、不接受、不理解、不行为，这是高校思想政治理论课教学遭遇的现实困境。要突破这些困境，思想政治理论课教学方法科学化是突破口。因为思想政治理论课教学方法科学化要求教学目标和学生需求的协调统一，教学目标和教师能力水平的有机结合，要求体现思想政治理论课的客观属性。具体而言，高校思想政治理论课教学方法科学化要求以一定的教学情境为依据，在不同的阶段、不同的目标条件下选择和运用不同的方法，其中贯穿着以学生为本的理念。同时，当现有的教学方法无法有效解决教学实践中存在的问题时，要求进行方法的发展和创新，以适应新情况新问题。使教学方法紧跟时代发展的步伐，适应不断发展变化的环境。从高校思想政治理论课教学方法科学化的这些内容中可以看出，思想政治理论课教学方法科学化研究是有意义的，这一研究会促进教学方法的改革，进而缓解思想政治理论课教学实践中遭遇的现实问题。

本书从思想政治理论课教学方法科学化程度不高这一问题出发，在前人研究的基础上，主要探索了思想政治理论课教学方法科学化是什么，回顾了思想政治理论课教学方法科学化的历史，分析了教学方法科学化的必要性和可能性。分析了教学方法科学化的内容和路径。具体内容和思路如下：

科学化是高校思想政治理论课教学方法科学化研究的起始概念，它是对这一命题最基本、最简单的质的规定，这一概念构成了该命题研究对象的基本单位，其内涵贯穿于理论发展的全过程。诚然，以科学化的视角来审视高校思想政治理论课教学方法，其论域非常的复杂，也很广泛，它可以从理论和实践、过程和结果、目标和手段、历史和现实、内在和外在等多个层面来进行研究。要在这么多层面展开深入研究是十分困难的，因而，选择一个方面进行研究非常必要。为此，本论题从过程和结果的关系层面来探讨高校思想政治理论课教学方法的科学选择、运用和创新的问题，分三个逻辑板块来展开研究：一是研究高校思想政治理论课教学方法科学化是什么，为什么科学化，科学化的基本要求是什么；二是研究高校思想政治理论课教学方法科学化有什么基础；三是研究如何科学化。这三个方面的问题是相互联系，逐一递进的。

第一，高校思想政治理论课教学方法科学化问题的界定。首先，要厘清高校思想政治理论课教学方法科学化是什么，就要先弄清什么是科学化，方法能否科学化，方法如何科学化的基本问题；其次，界定教学方法科学化是什么；再次，界定高校思想政治理论课教学方法科学化是什么。这几个概念是普遍和特殊的关系。

第二，高校思想政治理论课教学方法科学化的可能性。这里主要说明高校思想政治理论课教学方法科学化具有哪些基础或条件，科学化的程度及发展趋势。这是第二章的主要内容，从逻辑上看，有承上启下的作用，即承接上述思想政治理论课教学方法科学化的必要性、可能性，这里就要诊断高校思想政治理论课教学方法科学化的程度，包括科学化的深度和广度，对思想政治理论课教学方法科学化经验进行总结，研判科学化发展的趋势，为进一步科学化奠定基础。由于高校思想政治理论课程的发展历史总伴随着对该课程教学方法科学化的探索，所以以思想政治理论课程发展的历史，以及相关从业者对思想政治理论课教学方法的认知、掌握和运用的历史为线索，来回顾高校思想政治理论课教学方法科学化的历程，在此基础上总结经验，展望发展趋势，以此确定思想政治理论课教学方法在哪些方面需要科学化。

第三，高校思想政治理论课教学方法科学化的具体内容。以思想政治理论课教学方法科学化的历程回顾为基础，从历史经验和发展趋势中总结出高校思想政治理论课教学方法科学化的具体内容：教学方法的科学选择、科学运用、科学创新。这是本论题的第三个逻辑板块，也是本论题的第三、四、五章的基本内容。在这里，将运用系统分析的方法展开对思想政治理论课教学方法的科学选择、运用和创新的讨论。具体而言，本论题的第三章以高校思想政治理论课教学方法选择客观依据的研究，来确定选择教学方法的科学原则和科学程序。也就是说主观的选择要符合客观的实际情况，系统考虑教学方法选择的各种客观制约因素，这是思想政治理论课教学方法科学运用的前提。第四章则结合实际，研究各种课堂类型中教学方法的运用问题，即在什么样的课堂类型中运用什么方法，如何综合运用方法。第五章说明当外在的环境和条件发生变化时，教学方法要与时俱进，不断创新，以适应环境和条件的发展变化，但同时，创新不是盲目的创新，而是要科学创新。

本书突出的特点是理论和实践相结合，从科学化的视角来研究思想政治理论课教学方法问题，对思想政治理论课教学方法科学化这一命题从概念、必要性和紧迫性、教学方法科学化的基本要求几个方面进行了较为清晰的论述;从教学过程的角度,对思想政治理论课教学方法的科学选择、科学运用、科学创新进行了深入分析和论证,对教学方法科学化的基本要求提出了自己的见解。

当然,本书还有诸多的不足之处,比如理论的深度有待加强,实践方面具体的实例还不够。希望本书能够发挥抛砖引玉的作用,与致力于思想政治理论课教学和研究的同仁们共同推进思想政治理论课教学方法科学化的发展。

目录

导 论 ·· 1
  一、问题的提出及研究意义 ··· 1
    （一）问题的提出 ·· 1
    （二）研究意义 ·· 2
  二、高校思想政治理论课教学方法科学化研究现状述评 ········ 6
    （一）国内相关研究综述 ·· 7
    （二）国外研究现状 ·· 20
    （三）研究现状评析 ·· 23
  三、研究思路、研究内容、研究方法 ································ 26
    （一）逻辑思路 ·· 27
    （二）研究内容 ·· 27
    （三）研究方法 ·· 30

第一章 高校思想政治理论课教学方法科学化解读 ············ 33
  一、高校思想政治理论课教学方法科学化的概念解析 ········· 33
    （一）方法科学化 ··· 33
    （二）教学方法科学化 ··· 41

（三）思想政治理论课教学方法科学化 …………………………… 44
二、高校思想政治理论课教学方法科学化的紧迫性和必要性 ………… 49
　　（一）高校思想政治理论课教学方法科学化的紧迫性 …………… 49
　　（二）高校思想政治理论课教学方法科学化的必要性 …………… 68
三、高校思想政治理论课教学方法科学化的基本要求 ………………… 74
　　（一）遵循教育教学规律 …………………………………………… 74
　　（二）遵循大学生思想、心理、行为发展的规律和特点 ………… 78
　　（三）符合思想政治理论课课程性质的特殊要求 ………………… 82

第二章　高校思想政治理论课教学方法科学化发展回顾 ……………… 84

一、高校思想政治理论课教学方法改革创新和科学发展回顾 ………… 84
　　（一）教学理念由"注入式"向"启发式""参与式""互动式"教学
　　　　　转变 ………………………………………………………… 85
　　（二）教学手段由传统向现代转变 ………………………………… 90
　　（三）教学组织形式由单一转向多种方式相结合 ………………… 94
二、高校思想政治理论课教学方法科学化的经验总结 ………………… 98
　　（一）中央、各级教育主管部门和各高校的重视是推进思想政治理论课
　　　　　教学方法科学化的重要保障 ……………………………… 99
　　（二）教师教育教学能力的提升有力推进了高校思想政治理论课教学方
　　　　　法的科学化 ………………………………………………… 100
　　（三）转变教学理念是高校思想政治理论课教学方法科学化的思想
　　　　　基础 ………………………………………………………… 102
　　（四）自觉运用现代教育信息技术是推进思想政治理论课教学方法科学
　　　　　化的必要手段 ……………………………………………… 103
三、高校思想政治理论课教学方法科学化的新要求 …………………… 104
　　（一）高校思想政治理论课的新使命对思想政治理论课教学方法科学化
　　　　　提出了新要求 ……………………………………………… 105

（二）当代大学生思想行为新变化对思想政治理论课教学方法提出了针对性的新要求 …………………………………………………… 106

　　（三）网络信息技术的新发展对思想政治理论课教学方法提出了现代化的新要求 …………………………………………………… 110

第三章　高校思想政治理论课教学方法的科学选择 ………… 112

一、高校思想政治理论课教学目标与教学方法选择 ………… 112

　　（一）高校思想政治理论课教学的认知目标及教学方法选择 …… 114

　　（二）高校思想政治理论课教学情感目标及教学方法选择 …… 120

　　（三）高校思想政治理论课教学行为目标及教学方法选择 …… 125

二、思想政治理论课教学内容与教学方法选择 ………… 128

　　（一）依据思想政治理论课教学内容的性质和特点选择教学方法 …………………………………………………… 129

　　（二）教材体系向教学体系转化与教学方法选择 ………… 132

三、依据当代大学生的认知特点选择思想政治理论课教学方法 …… 134

　　（一）根据大学生知识储备情况选择教学方法 ………… 135

　　（二）根据大学生的学习技能和技巧进行教学方法的选择 …… 136

　　（三）根据大学生的认知风格选择教学方法 ………… 137

四、依据思想政治理论课教师自身的特点选择教学方法 ………… 139

　　（一）从思想政治理论课教师群体的特殊性看教学方法的选择 …… 139

　　（二）从思想政治理论课教师个体特点看教学方法的选择 …… 140

五、依据环境和条件选择思想政治理论课教学方法 ………… 143

第四章　思想政治理论课教学方法的科学运用 ………… 146

一、思想政治理论课第一课堂及其教学方法的运用 ………… 147

　　（一）专题式教学方法及其运用 ………… 148

　　（二）讲授法的科学运用 ………… 153

（三）互动教学方法及其运用 …………………………………… 157
　　（四）自主型教学方法及其运用 ………………………………… 162
二、思想政治理论课第二课堂及其教学方法的运用 ………………… 163
　　（一）思想政治理论课社会实践教学方法的运用 ……………… 164
　　（二）科学运用大学生社团活动开展思想政治理论课实践教学 … 167
三、"互联网＋"课堂及其教学方法的运用 …………………………… 169
　　（一）概念辨析 …………………………………………………… 169
　　（二）基于慕课的混合式教学在思想政治理论课教学中的运用 … 170

第五章　高校思想政治理论课教学方法的科学创新 …………… 177

一、近年来高校思想政治理论课教学方法创新的基本状况 ………… 178
　　（一）各高校在教学方法创新方面的主要做法与成果 ………… 178
　　（二）重视思想政治理论课教学方法创新存在的问题，防止走入
　　　　　误区 …………………………………………………………… 184
二、高校思想政治理论课教学方法科学创新的原则 ………………… 190
　　（一）实效性原则 ………………………………………………… 191
　　（二）时代性原则 ………………………………………………… 191
　　（三）整合性原则 ………………………………………………… 192
　　（四）可行性原则 ………………………………………………… 193
三、高校思想政治理论课教学方法科学创新的方式 ………………… 194
　　（一）在批判与继承基础上推陈出新 …………………………… 194
　　（二）在引入和借鉴过程中不断创新 …………………………… 199
　　（三）在高校思想政治理论课教学实践中实现方法的科学创新 … 200
四、高校思想政治理论课教学方法科学创新的基本保证 …………… 203
　　（一）加强领导，确保高校思想政治理论课教学方法创新的正确
　　　　　方向 …………………………………………………………… 203
　　（二）以现代教学理念保证教学方法不断创新 ………………… 205

（三）以科学的教学组织形式保证教学方法科学创新 ·················· 206

（四）以创新型教学行为模式保证教学方法科学创新 ··············· 210

结　语 ··· 215

参考文献 ··· 221

后　记 ··· 236

导　论

教学方法是教学过程的重要组成部分，教学方法是否得当，是否能正确处理教学过程各要素之间、各阶段、各环节之间以及教学过程与教学环境的关系，关系到教学效果是否良好，教学目标是否能达到。因此，教学过程中，必须重视教学方法的研究。

一、问题的提出及研究意义

由于高校思想政治理论课教学存在教学方法科学化程度不高的问题，因此，研究教学方法科学化具有重大的理论和现实意义。不仅能够丰富和发展思想政治教育的科学理论，能够提高马克思主义理论教育的科学化水平，而且，能够增强教学的针对性和有效性，能够促进思想政治理论课教师专业化发展。

（一）问题的提出

一直以来，高校思想政治理论课被党和国家赋予崇高的地位，将其作为大学生思想政治教育的主渠道，受到高度的重视。因为和其他的智育性课程相比较，高校思想政治理论课具有其特有的功能，包括政治导向、道德培养、人格塑造等。为了充分发挥思想政治理论课的育人作用，党和国家加强该类课程建设。经过多年的努力，思想政治理论课在学科建设、课程体系建设、教材建设，教师队伍建设等方面都取得了较大的成绩，使这些方面具有了较高的科学化程度,为该类课程教学提供了理论、教材、师资等方面的支撑。虽然思想政治理论课程建设的一些方面取得了突出成绩,但不论从过程看,还是从结果看,高校思想政治理论课教学实际状态和应然状态还有很大的差距。高校思想政治理论课应有的作用没有有效地发挥出来,不能很好地承担起党和国家赋予的历史使命,很难成为大学生"真心喜爱、毕生难忘、终身受益"的课程,和其应有的地位不相匹配。有为才有位,正因为思想政治理论课的作用没有有效发挥出来,也才导致思想政治理论课在大学生心目中实际地位不高。在其他方面都做得比较好的情况下,我们不得不反思教学方法。教学方法作为思想政治理论课程建设的重要组成部分,也一直受到关注,近些年来在思想政治理论课教学方法上进行了改革和创新,但是它依然是一个薄弱的环节。教学方法科学化程度不高是问题的瓶颈所在,主要表现为高校思想政治理论课教学方法没有体现教学过程的整体最优,未能有效实现教材体系向教学体系,再向学生素质体系的转化,未能使思想政治理论课内容的客观属性很好地展现出来,等等。教学方法科学化程度不高,影响了思想政治理论课的效果,导致了思想政治理论课不能够承担起它应该承担的使命。因此,我们要聚焦到瓶颈问题的解决。

(二) 研究意义

要使思想政治理论课的作用得到充分发挥,使其承担起应有的使命,就要把该类课程教学方法的科学化作为研究的重点。科学的教学方法能够增强思想政治理论课的针对性和实效性,该问题的研究是为思想政治理论课教学实践服务的,具有重要的理论和现实意义。

1. 有助于丰富和发展思想政治教育的科学理论

"思想政治教育方法论与思想政治教育理论是相互联系的,是统一的。思想政治教育方法论是思想政治教育理论的具体运用,思想政治教育理论指导思想政治教育活动,就是思想政治教育方法论。"[①] "在1984年思想政治教

[①] 郑永廷主编、教育部社会科学研究会与思想政治工作司组编:《思想政治教育方法论》,高等教育出版社1999年版,第3—4页。

育学科正式创立时,思想政治教育方法论就被列为思想政治教育学科理论体系的重要组成部分和重要研究领域之一。"① 思想政治教育方法论结构和层次丰富,包含内容广泛。思想政治学科教学论是思想政治教育方法论的重要组成部分,它研究的是思想政治学科教学过程、教学方针、教学原则、教学组织形式、教学方法和模式,等等。

学科化是科学化的途径之一,马克思主义一级学科的建设和发展为思想政治教育的实施提供理论层面的科学基础,学科教学论则告诉人们如何进行教学,为思想政治教育提供实践层面的科学基础。教学方法论是教学论的重要组成部分,教学方法科学化是教学方法论研究的范畴,因此,教学方法科学化研究丰富和发展教学论研究。同理,高校思想政治理论课教学方法科学化研究是对思想政治教育方法论的丰富和发展。思想政治理论课教学是大学生思想政治教育的方式之一,而且是主要的方式,基本的方式。要实现大学生思想政治教育的目的,离不开对思想政治学科教学论的研究,尤其离不开思想政治学科教学方法论的研究。

自改革开放以来,思想政治理论课教学方法的理论研究也逐渐进入研究者的视野,尤其是当一些新的教学方法席卷而来的时候,教学实践者尝试着综合使用各种教学方法的时候,敏锐的研究者们也开始寻求思想政治理论课教学方法理论的突破,分别从教学方法的价值取向,教学方法分类,教学方法与教学目的、内容的关系,教学方法科学体系的构建等多方面进行探讨。这些研究促进了思想政治理论课教学方法的改革,但这些改革还是零星的、个别的探索,总体而言,改革的步子还太小,动作也比较慢,并没有发生实质性的变化。这说明,思想政治理论课教学方法的理论研究还不够,还有大量的工作要做。本研究从"科学化"视角出发,认为思想政治理论课教学方法科学化研究的任务是论证如何科学选择教学方法,如何有效地运用教学方法,如何科学创新教学方法,通过科学的选择、运用和创新,使教学方法的

---

① 冯刚、郑永廷主编:《思想政治教育学科30年发展研究报告》,光明日报出版社2014年版,第297页。

功能最大化。同时，在高校思想政治理论课教学中，在教学方法的选择、运用、创新方面既遵循一般的教育教学规律，遵循思想政治教育规律，遵循学生身心成长的规律，也体现出思想政治理论课的客观属性，实现高校思想政治理论课教学的最终目标。从这个角度来讲，思想政治理论课教学方法科学化研究具有填补空白的意义，这是对思想政治理论课教学方法理论的丰富和完善，将有力地促进思想政治学科教学论的发展，丰富和发展思想政治教育的科学理论。

2. 有助于推进马克思主义理论教育科学化水平的提高

马克思主义理论教育是对马克思主义理论内容的教育实践。"是无产阶级政党运用马克思主义理论来教育、武装无产阶级和广大人民群众的教育实践活动。在当代中国，马克思主义理论教育是指马克思主义者运用马克思主义理论武装、教育全党和全国人民的全过程，也就是在马克思主义指导下研究、传播、教授、学习马克思主义理论的社会实践活动。"[①] 在大学生的马克思主义理论教育实践活动中，教师不仅要研究和掌握马克思主义理论，更要研究教学方法，用科学的教学方法帮助大学生树立起正确的世界观、人生观和价值观，树立道路自信、理论自信、制度自信和文化自信，从而树立为中国特色社会主义事业而奋斗的决心。

马克思主义理论教育和思想政治理论课教学是密切相关的。一方面，高校思想政治理论课教学只有以马克思主义理论教育为基础，才能体现社会主义大学的本质，才能帮助大学生树立起正确的世界观、人生观和价值观。马克思主义理论教育为高校思想政治理论课教学明确了目标和内容。另一方面，马克思主义理论教育目标的实现需要借助思想政治理论课教学。科学的教学方法使马克思主义理论教育更加贴近大学生的生活，更加贴近大学生的思想实际，使马克思主义理论教育更加生动、更富有实效性，促使大学生自觉地去接受马克思主义理论教育。因此，高校思想政治理论课教学方法科学

---

① 张雷声等：《马克思主义理论学科体系建构与建设研究》，经济科学出版社 2011 年版，第 95 页。

化研究，有助于推进马克思主义理论教育科学化水平的提高。

3. 有助于增强高校思想政治理论课教学的针对性和有效性

当前，很多思想政治理论课教师，尤其是青年教师在长期的教学实践中，常处于教学效果差、没有教学成就感的尴尬境地。有一种被动的当宣传员、传声筒的嫌疑，而不是一个思想者，教学没有吸引力，没法让学生感受理论和思想的魅力。学生对思想政治理论课不感兴趣，对教师讲的内容"不接收、不接受、不理解、不行为"[①]。事实上，绝大多数的思想政治理论课教师都在努力地提高自身的理论素养，但总感觉到思想政治理论课教学效果不理想。教师对教育教学规律认识和掌握广度和深度以及选择运用教学方法的科学化程度影响着教学的效果。教师越是能认识到客观存在的教学规律，并转化成自身教学的原则来指导教学实践，越是能选择和运用恰当的教学方法，教学效果就越好。

思想政治理论课教学方法科学化是根据一定的教学规律，运用规律，将规律原则化，将原则方法化的过程。它是根据学生的需要、兴趣、认知水平，教师的能力水平，教学环境，教学内容的特点等对教学方法进行选择和运用的过程，整个教学过程是有针对性的。有针对性的教学能够做到因材施教，既照顾到学生的个体差异，又照顾到共同的教学目标；能促进教学目标和学生需求的协调统一；实现教学目标和教师能力水平的有机结合；体现思想政治理论课的客观属性。有针对性地教学能在教学过程中根据教学对象、教学内容、教学环境的变化，在不同的阶段选择和运用不同的方法，当现有的教学方法无法有效解决教学实践中存在的问题时，就要进行方法的发展和创新，以适应新情况新问题。这正是思想政治理论课教学方法科学化研究的内容。可见，高校思想政治理论课教学方法科学化研究有助于增强教学的针对性，进而实现有效教学。

---

① 王贤卿：《论高校思想政治理论课教学方法创新的特点与路径》，载《思想理论教育导刊》，2011年第1期。

4. 有助于促进思想政治理论课教师专业化发展

教师专业化是"教育发展到一定阶段以后出现的一种必然要求"①。工业化发展需要专门人才，这促进了学科化、专业化教育的发展，进而要求教师职业的专业化。即教师必须要有专业知识、专业能力和专业精神。专业知识，包括课程知识、教学知识、教育教学技能。专业精神即从事教育必须具备的服务学生的理念和职业道德。换句话说，教师不仅要有学科专业知识，知道"教什么"，还要有怎样教的知识，知道"怎么教"。高校思想政治理论课的学科发展、专业化发展及教师的自我发展要求教师实现专业化发展。这要求思想政治理论课教师不仅要有扎实的学科专业理论知识，也要有教学方面的知识和技能，还要有专业精神。

思想政治理论课教学方法科学化这一命题是"怎么教"这一大问题下的一个小问题，是教师专业化发展题中应有之义，对思想政治理论课教学方法科学化研究必然促进教师专业化发展。思想政治理论课教学方法科学化研究就是告诉教师如何科学地进行教学实践；如何根据思想政治理论课具体的教学目标、教学内容、教学对象、教学环境及教师自身的特点来科学地选择教学方法；如何科学有效地运用教学方法；在新问题新情况下如何发展和创新教学方法。它是在认知教学规律的基础上，形成科学的教学理论，并将教学理论转化为教学原则，依据一定的教学原则采取一定教学方法的过程。因此，思想政治理论课教学方法科学化研究有助于提高思想政治理论课教师的教学水平，促进思想政治理论课教师专业化发展。

二、高校思想政治理论课教学方法科学化研究现状述评

思想政治理论课教学是思想政治教育实践的重要组成部分，而思想政治理论课教学方法是思想政治理论课教学研究的重要组成部分。因此，研究思

---

① 余双好：《积极推动思想政治理论课教师的专业化发展》，载《思想理论教育》，2009年第3期。

想政治理论课教学方法科学化，需要梳理清楚思想政治教育科学化和思想政治理论课教学方法的研究现状，对整体有个把握，再梳理思想政治理论课教学方法科学化研究现状。当前，思想政治教育科学化研究方兴未艾，思想政治理论课教学方法的研究则进入了繁荣发展的阶段，出现了一批思想政治理论课教学方法的研究专家，出现了一大批研究成果。而具体到思想政治理论课教学方法的科学化研究，到目前为止，已经有学者提出了这个概念，但还没有深入研究。

（一）国内相关研究综述

思想政治理论课教学方法科学化属于思想政治教育科学化的一部分，思想政治教育科学化研究的观点、结论、成果能够指导思想政治理论课教学方法的科学化。因此，在梳理高校思想政治理论课教学方法研究现状的同时，有必要梳理思想政治教育科学化研究现状。

1. 思想政治教育科学化研究现状

在实践中，思想政治教育科学化探索一直伴随着思想政治工作发展。但是在理论和学理上对思想政治教育科学化问题进行研究，是从学科成立后才开始的，这是教育科学化命题在思想政治教育学科中的延伸。在思想政治教育学科成立之初，就有学者提出了思想政治教育科学化的命题，认为科学化是思想政治教育发展的趋势，但是对这一命题还没有深入研究。2005年《关于调整增设马克思主义理论一级学科及所属二级学科的通知》下发后，思想政治教育科学化问题才进入深入研究的阶段。这些研究主要从思想政治教育科学化是什么，思想政治教育为什么要科学化，如何推进思想政治教育科学化几个大问题展开。

（1）关于"思想政治教育科学化是什么"的研究

关于思想政治教育科学化是什么这一问题，学者们大多从"科学"和"科学化"概念解读开始，从系统论的视角出发，认为思想政治教育科学化包括多个层面的问题。王习胜教授认为"'科学化'是一种学习科学、崇尚科学、以科学的态度和精神并运用科学知识和方法认识问题和解决问题的状态。"① 他认为思想政治教育科学化是一项系统工作,思想政治教育实现科学化,有几个方面:一是指导思想的科学化,二是基本理论的科学化,三是实施方法的科学化,包括思想政治教育理论研究方法和实践工作方法。刘建军教授认为思想政治教育的科学化,是指思想政治教育要在马克思主义指导下,高扬科学精神,运用科学的理论和规范去揭示、掌握和运用思想政治教育相关规律,以提高思想政治教育工作的实效性。其中最根本的是尊重规律和按规律办事。并依据思想政治教育领域中观层面的规律,即有效实施思想政治教育工作的规律,从教育主体和思想政治教育规律的关系(揭示规律、掌握规律、运用规律)出发,将思想政治教育科学化概括为三大领域:"思想政治教育学术研究的科学化、思想政治教育人才培养的科学化和思想政治教育实际工作的科学化。"② 张耀灿先生赞同这一观点,认为"学术研究科学化是龙头、是根本、是指导;人才培养科学化是条件、是平台、是关键;思想政治教育活动的科学化是基础、是源泉、是目的。"③ 钱广荣教授认为"思想政治教育科学化的本质及其内涵可以概要地表述为:适应科学传承中华民族的优良传统、反映当代中国特色社会主义现代化建设和人的发展进步的客观要求,促使思想政治教育实现中国化、时代化和为最广大人民群众所理解和接受的过程及其理论与实践的成果形式。"④ 包含理论科学化和实践科学化两个层面。宇文利教授认为,"对于高校思想政治教育而言,所谓学科化就是要将思想政治工作和思想教育研究的学术传统和科学认识转化成一门现代的综合学科;而科学化则是要把思想政治教育的实践过程和教育活动纳入科学程序,使之按照科学规律发展。"⑤ "从实践的角度看,思想政治教育的科

---

① 王习胜:《思想政治科学化内涵探要》,载《思想教育研究》,2011年第1期。
② 刘建军:《论思想政治教育的科学化》,载《教学与研究》,2011年第3期。
③ 张耀灿:《在新的历史起点上推进思想政治教育科学化》,载《思想理论教育》,2011年第11期(上)。
④ 钱广荣:《思想政治教育学科建设论丛》,中国书籍出版社2015年版,第58—64页。
⑤ 宇文利:《高校思想政治教育学科化与科学化刍议》,载《思想理论教育导刊》,2016年第5期。

学化就是要不断提升思想政治教育的科学性,即以事实为依据,以规律为对象,用实践来检验学术探索及知识的属性。在理论建设和理论发展方面,思想政治教育科学性的提升也就是要不断提升理论内容的客观真理性、理论目标的合乎规律性和理论品质的发展进步性。伴随着科学性的提升,思想政治教育的学科化程度才能不断提高,学科性才能不断增强,学科的结构和体系才能不断完善,学科价值也才能得到大尺度显现。"①

(2) 关于"如何推进思想政治教育科学化"问题的研究

通过思想政治教育学科建设推进思想政治教育科学化发展。学科建设为思想政治教育实践提供重要的理论支撑,是推进思想政治教育科学化的重要力量。

首先,通过提高思想政治教育方法的科学性来推进思想政治教育科学化。刘永红认为,应从其他学科借鉴和吸收"科学"成分以提高思想政治教育的科学化水平。② 李智栽认为,思想政治教育必须不断提高科技含量,包括拓宽信息传播渠道,促进教育手段向形象化发展,引进计算机和数学方法。③ 刘建军教授认为,"在方式方法上,要根据实际需要和条件,运用多样化的方法和手段,特别是要运用现代科技和传播手段,发挥网络等新兴媒体在思想政治教育中的作用。"④

其次,科学定位思想政治教育学科便于推进思想政治教育科学化发展。一是辩证把握学科边界问题。刘鑫淼认为清晰指认学科边界迫在眉睫,但在厘清学科内容和内涵的同时,要注意加强与其他学科的交流和融合,借鉴相关学科理论成果以充实学科内容和实践。⑤ 二是遵循学科规范。沈壮海教授认为"学科规范是学科发展规律的体现,推进思想政治教育科学化必须要有

---

① 宇文利:《高校思想政治教育学科化与科学化刍议》,载《思想理论教育导刊》,2016年第5期。
② 刘永红:《论思想政治工作方法的科学化》,载《四川师范学院学报》,1994年第6期。
③ 李智栽:《提高思想政治工作的科学技术含量》,载《求实》,2003年第6期。
④ 刘建军:《论思想政治教育的科学化》,载《教学与研究》,2011年第3期。
⑤ 刘鑫淼:《关于思想政治教育学科发展的哲学思考》,载《江苏高教》,2011年第2期。

学科规范,这是学术思维的基本要求和重要体现。"①

再次,通过科学培养思想政治教育人才和建设思想政治教育队伍推进思想政治教育科学化。李军教授认为"推进人才培养的科学化,要规划、建设、依托好现有的思想政治教育二级学科66个博士点、253个硕士点和300个本科点,着力培养思想政治教育应用性和研究性人才。要明确人才培养三个层次的不同要求、培养方式的差异、培养环节的区别。"② 强大的思想政治教育队伍是思想政治教育科学化的人力资源保障。孙其昂教授提出要建立科学的思想政治教育研究队伍,包括普通研究队伍、研究者研究队伍和精英研究队伍。并通过各种方式开展思想政治教育队伍的研究能力培训。③

最后,正确处理思想政治教育科学化过程中的各种关系以推动科学化发展。王习胜教授提出处理好思想政治教育科学化与意识形态之间的关系。刘建军教授认为要处理好思想政治教育科学化与经验化、政治化、人性化、艺术化的关系。张耀灿先生全面地概括了思想政治教育科学化过程中需要处理好的一些关系。④

除上述两方面以外,也有部分学者对思想政治教育为什么要科学化这一问题展开研究,有学者认为长期以来人们对于思想政治教育的科学性仍然持怀疑态度,认为思想政治教育缺乏应有的客观基础,缺乏如自然科学般严密的逻辑体系,并且思想观念具有隐蔽性,其变化无法测量,同时思想观念受多因素的影响,因此无法凸显思想政治教育的价值。在此背景下,思想政治教育工作者为谋求学科地位和学术话语走上了思想政治教育科学化研究之路。

---

① 沈壮海:《思想政治教育学科建设的关键词》,载《思想理论教育导刊》,2010年第10期。
② 李军:《论思想政治教育学科的科学化发展》,载《教育评论》,2011年第4期。
③ 孙其昂:《论思想政治教育研究的科学化与组织化》,载《思想理论教育》,2011年第11期。
④ 张耀灿:《在新的历史起点上推进思想政治教育科学化》,载《思想理论教育》,2011年第11期。

2. 高校思想政治理论课教学方法研究现状

现在，各个学科领域的科学化意识越来越强，思想政治教育的科学化的问题也被越来越多地研究者所关注，尤其是马克思主义一级学科的设立，极大地促进了思想政治教育的科学化。思想政治理论课作为大学生思想政治教育的主渠道，成为党和国家关注和学者们研究的对象。而思想政治理论课教学方法作为思想政治理论课程建设的重要组成部分，自然也成为学者们研究的重点对象。据不完全统计，自1978年至今，有关思想政治理论课教学方法的学术论文达上万篇，学术著作和论文集有十多种。经过梳理，发现学术界对思想政治理论课教学方法的研究从简单到复杂，从少到多，研究呈现出阶段性的特征。

（1）初步探索阶段（1998年前）及其主要内容和核心观点

以"78方案"出台为标志，1978年到1984年，在这一时期，在CNKI中以"马克思主义理论课"或是"政治理论课教学方法""政治课教学方法""马列主义课教学方法"为主题模糊搜索，发现关于教学方法的研究极少。在中央政府教育主管部门的相关文件中有部分关于马克思主义理论课教学方法的规定。总的来看，这一时期的学术研究成果极少。因此本研究以1985年后的学术研究成果为主进行分析。从1985年到1997年有10篇文章，著作1部研究了这一问题。其中较有代表性的文章有：

池振光的《马克思主义理论课教学方法改革探索》一文提出要改革封闭灌输式的教学方法；坚持开放型讨论式的启发式教学；运用信息理论，加速双向传导；建立联系实际的网络基地。①

袁超在《马克思主义理论课教学方法探索》一文中针对该类课程的特点提出了理论联系实际、介绍不同学术观点、鼓励学生大胆探讨的三大教学原则，提出马克思主义理论课深层次思维教学法，根据课堂教学中教师和学生思维运动的特点，运用层次思维教学法；根据传统教学以教师为中心的弊

---

① 池振光：《马克思主义理论课教学方法改革探索》，载《福建师大福清分校学报》，1989年第1期。

端，提出群体效应教学法。①

刘贤奇的《论马克思主义理论课的启发式教学法》一文指出马列主义理论课教学方法是教学实践经验的总结和教学规律的反应，"马列课教学的主要形式是课堂讲授、学生自学、课堂讨论、社会实践等，不能把教学活动变成单一的课堂讲授一种形式，马列课教学的基本方法是启发式，反对注入式。启发式教学方法贯穿在教学的各个环节中，构成统一的教学过程。"② 贯彻启发式教学的关键是调动教师和学生两个积极性。马列课启发式教学有两种模式，一是教师的课堂教授为主、学生自学讨论为辅的启发式教学模式，二是学生自学讨论为主、教师启发引导为辅的启发式教学模式。

马学鹏的著作《马克思主义理论课的教学方法与改革》（辽宁人民出版社，1993年版）一书最早研究了课堂教学的过程及方法问题。

总之，在这一阶段，马克思主义理论课教学方法研究者们普遍认为有必要转变马克思主义理论课教学观念，有必要研究教学方法，提出转变教学观念，提倡革除灌输式教学方法，采用启发式教学法，师生间双向互动，少而精，理论联系实际，课内课外相结合，加强教学实践环节。在教学原则和具体教学方法方面则各有主张，但实质上都是围绕如何进行启发式教学来展开研究，只是从不同的角度进行研究。

（2）深入探索阶段（1998—2004年）及其主要内容和核心观点

在"98方案"实施后到2004年是深入探索阶段。这一时期对于"两课"教学方法的研究比前一阶段而言，成果明显增多。在中国知网以"两课教学方法"为主题精确检索，从1998年到2004年，有64篇文章。标题含"'两课'教学法"的著作5部，关于"两课"教学研究的著作多部。

概览上述文献，发现关于"马克思主义理论课"或"两课"教学方法研

---

① 袁超：《马克思主义理论课教学方法探索》，载《新疆师范大学学报（哲学社会科学版）》，1992年第4期。
② 刘贤奇：《论马克思主义理论课启发式教学方法》，载《吉林教育科学·高教研究》，1995年第1期。

究的视角更广了,除了教育理念(强调以人为本、素质教育)和原则的研究更加深入以外,更多的研究从"马克思主义理论课"或"两课"教学对象的心理特征以及特殊性来展开,谈教学方法的适应性问题。一是根据学校类型进行两课教学方法改革,如高职,专科类院校,理工科院校等;二是根据大学生的思想特征及学生的学习态度进行两课教学方法改革,关注心理学知识在两课教学中的运用。还有一部分研究是对单一教学方法的研究,主要研究课堂讨论法、参与式教学法、对话教学法、案例教学法。在教学理念方面强调以人为本,与时俱进,素质教育与两课教学方法的关系。这一时期有学者开始关注两课教学方法的现代化问题和两课教学方法的综合化问题,很多学者从两课教学方法改革的整体上进行探讨。关于教学手段的更新问题也进入研究者的视野。

在所有的著作中,最具代表性的著作要数石云霞教授主编的《"两课"教学法研究》(武汉大学出版社,2002 年版),该书紧密结合"两课"教学的实际,提出了很多新思路、新观点。认为要搞好"两课"教学要先弄清楚"两课"教学的性质、地位和作用。并从政治教育、思想教育、道德教育三个层面上对"两课"教学进行了定位。在总结长期的教学实践中积累的丰富的教学方法时,构建了较为科学的"两课"教学法体系。同时,该书从"两课"教师的角度出发,对"两课"教学具体方法的选择和运用,教学艺术及提高的途径都做了论述。针对"两课"教学研究中的薄弱环节,介绍了"两课"教学研究的方法论原则、基本程序和方法。可以说,《"两课"教学法研究》一书集创新性、全面性和系统性、实用性于一身,为广大的思想政治理论课教师的"两课"教学工作提供了理论指导,也为后来者的研究奠定了良好的基础。

除此以外,石云霞教授主编的《"两课"教学法实践探索》一书对"两课"教学的必要性和重要性,"两课"教学法研究概况,对各门课程的教学法进行了探索。梁天林教授主编的《高校两课教学法研究》是关于两课教学研究的论文集,收集了 20 余篇论文。林庭芳教授主编的《"两课"教学法专题研究》介绍了"两课"教学与"两课"教学法,"两课"教学的原则与方法,"两课"教学的具体方法,"两课"教学与社会思潮研究,"两课"教学的评估和考试。柳礼泉教授主编的《"两课"教学法研究与述评》对"两课"教学中的一般方法作了宏观的思考,而且对案例教学法、多媒体教学法、学习成绩评价法等微观层面的教学法做了研究。

除了著作,还有一批论文研究了"马克思主义理论课"或"两课"教学法。比较有代表性的有杨彦钧教授的论文《马克思主义理论课教学法的特点及运用》。该文指出了研究教学方法的重要性,认为教学法是实施教学的桥与船,研究教学法既要注重教学法的功能作用,还要注重教学法的性质。并对教学法研究的趋势做出分析,认为心理学等具体学科已广泛运用于教学过程,学科综合性发展对教学过程产生影响,教学手段实现现代化和教学艺术化是教学法发展的趋势。马克思主义理论课教学法的基本要求是既要符合一般的教学规律,也要符合它自身的特殊规律。同时,马克思主义理论课本质上是实践的,因此更注重对学生能力的培养。韩毅在《参与式教学法的探索与实践》一文中根据教学的双主体论提出"学生主体地位的确立是教学规律的客观要求,是提高'两课'教学效果最重要的问题。"从形式和内容来看,参与式教学法有诱发、设疑、讨论、形象化、情境陶冶几种。王建军在《关于"两课"教学方法改革的整体思考》一文中提出启发式原则、学生参与原则、育人原则、关系和谐原则是"两课"教学法选择需要遵循的基本原则,而课程性质、目标、内容、对象的特点是"两课"教法选择的参照因素,并构建了以教师为主,以学生为主,以双向交流为主,以形象教学为主,以参观、访问、调查为主的教学方法体系。刘慧、宋军在《科学有效的高校思想品德课教学方法之探索》一文认为高校思想品德课教学中对课程性质的认识、教学内容的选择、教学方法方面都存在误区,因此,把握课程性质是探索科学有效的教学方法的关键,情理交融的活动方式是行之有效教学法。吴家华在《论"两课"教学中的理论联系实际问题》一文中认为理论联系实际是真理,方法,态度,能力。作为能力包括理论思维能力、应用能力和创新能力。交互式教学法是培养学生的理论联系实际能力的途径。蔡陈聪在《启发式教学方法的哲学思考——以高校"两课"教学为例》一文中认为在"两课"教学中成功运用启发式教学法，需认清注入式教学法的缺陷和启发式教学法的特点。主张在"两课"教学中综合运用启发式教学法。

(3) 繁荣发展阶段（2005年至今）及其主要内容和核心观点

"05方案"实施以来，关于思想政治理论课教学方法的研究进入了繁荣时期。在中国知网（CNKI）以"主题""思想政治理论课教学方法""精确"检索，共有354条结果。据不完全统计，标题含"高校思想政治理论课教学方法"的著作和论文集多达十余部。概览这些论文和著作，有一些代表性的著作和论文。

第一，代表性著作及研究的主要内容。

顾钰民教授主编的论文集《高校思想政治理论课教学方法研究》，在该书中顾钰民教授指出思想政治理论课教学尤其要研究教学方法，因为该类课程不是专业课，而是意识形态课。并指出教学方法研究的重点在于操作性。教学方法的研究要有科学研究的支撑，使教学方法的运用有内涵，在研究教学方法的同时，把科学研究放在更加突出的位置。书中对思想政治理论课教学方法进行了整体研究，还对思想政治理论课四门课程的教学方法和研究生思想政治理论课教学方法分别做了研究，围绕提高教学的针对性、有效性，从教学理念、教学方法、教学实践、考试方法改革、课堂教学方式研究等方面进行深入研究。本书既是教学经验的总结，又是教学理论和方法的探索。

张雷声教授主编的《新时期思想政治理论课教学方法探讨》（高等教育出版社，2006年版）从思想政治理论课课程教学、教学评估、教学手段和教师素质方面，探讨了思想政治理论课教学理念的创新、教学意境与情趣的时代性、教学评估机制的健全与完善等问题。

刘吉发教授等出版了论著《高校思想政治理论课教学方法论——10余种教学方法的设计与实践》，对思想政治理论课的教学目的、教学基本原则、教学过程和特点、教学现状及存在的问题、教学对象、教学方法的特点、实践教学的途径和方法进行了研究，并对提高思想政治理论课教学实效性的问题进行了探索。除此以外，该书还对教学实践中具体如何设计和操作具体教学方法做了研究。

何正斌教授出版了论著《讨论式教学法 思想政治理论教学的一种新形式》（国防科技大学出版社，2009年版）。对思想政治理论课讨论式教学法进行了深入的研究。

周向军教授主编的《高校思想政治理论课教学方法探索》，该书系统探讨了如何科学而有效地运用现代科学手段和各种具体的教学方法。全书分五篇，第一篇是总论，主要是关于思想政治理论课教学方法的整体性探索。其余四篇是对思想政治理论课四门课程教学方法的探讨。

王炳林教授和熊晓琳教授主编的《思想政治理论课教学方法创新研究》按照"05方案"的课程设置分别对不同课程的教学方法进行了探讨，然后是以综合性的教学方法研究。

李梁教授主编的《切问近思：高校思想政治理论课教学方法创新研讨会暨首届"上海大学思政论坛"论文集》上下册。从高校思想政治理论课教学理念、教学方法、教学模式及思想政治理论课四门课程理论教学和实践教学法几个方面探讨。

《善教之道：高校思想政治理论课教学方法改革"择优推广计划"入选项目经验交流文集》一书介绍了近几年来思想政治理论课教学方法择优推广的部分项目内容，各高校介绍了高校思想政治理论课教学的具体方法。

李忠军教授和孟宪生教授主编的《全国高校思想政治理论课教学方法改革年度发展报告》，2013年和2014年的年度报告将来自全国各地教育主管部门、教育部直属高校、部分高职院校的教学方法改革材料，来自高校思想政治理论课教学方法改革"择优推广计划"入选和培育项目的材料，来自高校思想政治理论课教师年度影响力人物教学方法改革先进经验的材料，以及他们对部分高校实践调研材料进行系统梳理，对教学方法改革的现状进行了跟踪。

骆郁廷教授主编的《高校思想政治理论课课程论》以及边和平教授的论著《高校思想政治理论课教育教学论》中对思想政治理论课教学方法的内涵及特征，教学方法的选择和运用、教学方法的创新与发展都做了研究。宇文利教授的论著《现代思想政治教育课程论》对课程的发展历史、内容与结构、功能与价值、要素与资源、编制与管理及时代创新进行了研究，其中讲到了课程的科学化问题。雷儒金对思想政治理论课教学方法体系进行了研究。在思想政治理论课实效性的研究中，也对思想政治理论课的教学方法进行了研究。如张雪飞编著的《高校思想政治理论课教学实效性研究》，等等。

第二，代表性论文及主要观点。

顾钰民教授的论文《论高校思想政治理论课教学方法的研究》一文中对思想政治理论课教学方法研究的必要性、基本思路和基本经验进行了研究。该文指出思想政治理论课的意识形态性特点要求在教学中要更加注重教学方法，扭转学生对思想政治理论课的认识要通过科学的教学方法；营造良好的教学环境要通过教学方法的创新；引导学生对思想政治理论课的学习兴趣要依靠教学方法。并指出研究的基本思路，即从分析现实问题出发来讲理论的研究思路；以提高学生的学习兴趣为目标的研究思路；注重问题设计的研究思路。基本的经验有上课要和学生交流；上课要随机发挥；上课要有针对性；上课要有新理念。①

郭凤志教授在其《现代教育理念下高校思想政治理论课教学方法改革路向研究》一文中回顾了思想政治理论课教学方法改革研究的进展和存在的问题，提出了教学方法改革的着力点和关键点，以及处理好教学方法改革中的几种关系。她的另一篇代表性的论文《高校思想政治理论课教学方法创新体系构建的思考》，依据《普通高校思想政治理论课建设体系创新计划》对教学方法提出的新要求，构建了思想政治理论课教学方法体系创新的基本内容，有理念创新、体制创新、媒体创新、课堂教学方法的创新，并指出了教

---

① 顾钰民：《论高校思想政治理论课教学方法的研究》，载《教学与研究》，2007年第5期。

学方法体系创新需要注意的若干问题。①

王贤卿教授指出"教学方法的设计和实施要紧密围绕课程性质、教学目的、教学内容而展开,体现其政治性和导向性""教学方法的设计和实施要处理好教材体系和教学体系的关系,体现灵活性和技艺性""教学方法的设计和实施要符合学生的认知意趣,贴近学生,贴近现实,体现其针对性和有效性"。②

丁俊萍教授从"六个结合"的角度,讨论了思想政治理论课教学方法创新的问题。这六个方面包括理论教学与实践教学相结合,第一课堂与第二课堂相结合,线上教学与线下教学相结合,常规课堂教学与试点课堂相结合,教学改革实践探索与教学改革理论研究相结合,教师主导作用与学生主体作用相结合。③

王能东和曹飞从教学方法的本质规定出发,提出思想政治理论课教学方法的创新要树立科学的教学理念,并提出了理论与实践相结合,传统教学方法与现代教学方法相结合,以教学理论指导教学方法的教学方法改革创新基本思想,以及正确认识改进教学方法与提升教学能力的关系,务求实效,反对形式主义。④

第三,繁荣发展阶段思想政治理论课教学方法研究呈现多视角研究的特点。

这一时期研究者们从不同的角度来研究思想政治理论课教学方法问题。一是根据学生的特点谈思想政治理论课教学方法的适应性问题。此时,更多的学者从学生的类别或特点出发研究思想政治理论课教学方法。不同类型不

---

① 郭凤志:《高校思想政治理论课教学方法创新体系构建的思考》,载《思想理论教育导刊》,2015 年第 11 期。
② 王贤卿:《论高校思想政治理论课教学方法创新的特点与路径》,载《思想理论教育导刊》,2011 年第 1 期。
③ 丁俊萍:《把握"六个结合"创新思想政治理论课教学方法》,载《思想理论教育导刊》,2017 年第 6 期。
④ 王能东、曹飞:《高校思想政治理论课教学方法改革创新的思考》,载《国家教育行政学院学报》,2017 年第 5 期。

同层次学校、不同专业、不同学历层次的学生的特殊性成为研究的重点,强调因材施教。有的从学生的接受特点出发,提出如何进行教学。二是从课程教学的角度展开研究。针对各门课程的特殊性研究教学方法。三是从教学方法的层次上看。对教学方法的研究,有的从哲学方法的层次进行研究,有的从一般教学方法的层次进行研究,有的从学科教学方法的层次进行研究,还有的从具体教学方法的层次进行研究。四是单一的教学方法的研究。有的学者研究单一的教学方法的特点、实施的步骤,方法的适用性。

3. 高校思想政治理论课教学方法科学化研究

高校思想政治理论课教学方法科学化命题是教学方法科学化命题在思想政治理论课教学中的拓展,对教学方法科学化研究在进入新世纪初的时候开始多了起来。在前辈学者们的著作中也曾提出过"思想政治理论课教学方法科学化"的命题,但是对这一命题还有待进一步深入研究,当前对这一命题直接的研究成果并不多。

"思想政治理论课教学方法科学化"较早见于李松林教授和李会先教授主编的《新时期高校思想政治理论课教学体系研究》一书中提到"随着网络思想政治理论课教学的普遍开展,积极构建与创新思想政治理论课教学方法,既是有效实施网络思想政治理论课教学的迫切需要,也是推动网络思想政治理论课教学方法科学化的客观要求。"① 但对"思想政治理论课教学方法科学化"这一命题并没有展开研究。其后,钱广荣教授在《思想政治教育学科建设论丛》一书中提出,"思想政治教育科学化,包括理论科学化和实践科学化两个基本层面。理论科学化包含思想政治教育学科的科学理论体系的建构机器方法创新的科学化。实践科学化包含高校思想政治理论课教学内容体系及教学方法的科学化、日常思想政治教育工作模式及方法的科学化。"②

---

① 李松林、李会先主编:《新时期高校思想政治理论课教学体系研究》,首都师范大学出版社2014年版,第152页。
② 钱广荣著、教育部思想政治工作司组编:《思想政治教育学科建设论丛》,中国书籍出版社2015年版,第63页。

在此,将思想政治理论课教学方法科学化作为思想政治教育实践科学化的一个下位概念,确定了思想政治理论课教学方法科学化在学科建设中的地位。

2017年9月19日,清华大学思想政治工作会议在新清华学堂召开,马克思主义学院院长艾四林教授出席会议并发表了"固本培元办好思政课"的讲话。他指出,"高校思政课办得怎样,主渠道作用发挥得如何,直接关系到高校思想政治工作的效果以及学校人才培养的方向和质量。"[①] 因此,马克思主义学院要提高教学科学化水平、增强课堂教学实效性、打造高水平教学团队,办好思想政治理论课。提高教学科学化水平,就要不断深化对思想政治工作规律、教书育人规律、学生成长规律以及思想政治理论课教育教学规律的认识,提高思想政治理论课教学的科学化水平。具体地说,一是思想政治理论课教学要"因事而化、因时而进、因势而新",二是正确把握和科学处理教和学这对主要矛盾,这些矛盾主要表现为谁教与为谁学,教什么与学什么,怎样教与怎样学,教得如何与学得如何。这对思想政治理论课教学方法科学化的认识又更进了一步。

(二) 国外研究现状

国外没有"思想政治理论课"这一概念,更多是以隐性课程的方式来进行教育的,比如公民教育课,道德课,国民伦理课等,其课程构成也不相同,很多是通过历史课、地理课或是其他的课程形式来间接的、渗透式性的、规范的进行思想政治道德教育。如果具体到公民教育课程或道德课程(或类似课程)教学方法科学化的研究,目前还没有检索到这类研究成果的翻译之作或原著。但这并不代表国外对思想政治道德教育教学方法科学化问题没有研究,恰恰相反,国外对这一问题的探索由来已久。

较具代表性的作品有加拿大学者乔治·H. 理查森(GeorgeH. Richardson),大卫·W. 布莱兹(DavidW. Blades)主编的《质疑公民教育的准则》,在该书中收录了加拿大和美国12位课程理论学者的论文,这些论文共

---

① 艾四林:《固本培元办好思政课》,微信公众号"思想火炬",2017年9月22日。

同的出发点是质疑现存的公民观念，目的是扩大公民教育视野，重构公民教育空间。该书共涉及四个论题。一是质疑对公民教育的理解，思考公民教育的地位和目的。二是质疑作为公民教育的学校课程。三是质疑公民教育的主体。四是质疑公民教育理念。关于公民教育科学化问题，有一些代表性的观点。首先，艾伦·西尔斯（AlanSears）和艾默里·希斯洛普·马吉森（Emery J. Hyslop – Margison）两位作者认为在加拿大公民教育界普遍存在一种认识：即加拿大人，尤其是青少年正面临着无知危机、疏远危机、不可知论危机，因此在公民教育中要加强知识性教育。而两位作者认为"青少年对民主公民权利和义务的实际知识多寡、他们的态度到底如何以及什么样的教育项目真正有效等问题，现有的证据均不足以让人下结论。在制定和落实教育改革方案之前，获得这些领域的知识对于公民教育是至关重要的。"[1] 也就是说公民教育政策的制定要有科学的依据，要调查分析后再下结论，而不是主观臆断。他们得出这样的结论：认为"多数情况下，学校的公民教育是无效果的，开课的目的是讲解民主，而不是实践民主，且学生'学到的东西，与他们的社会研究这门课所教的关于行使民主权利的东西，迥然不同'。民主公民教育理应仿照民主模式进行，而学校必须培养学生所需的素质，以便日后形成更为强烈的政治责任感。"[2] 伊冯·赫伯特（Yvonne Hébert）和洛里·威尔金森（Lori Wilkinson）针对公民价值观存在的问题，考察公民价值观、美德、原则等概念之间的逻辑关系，试图构建分析框架来指导课程开发、政策制定和科学研究。特里·卡森（Terry Carson）反思杜威的公民教育观念，提出怎样能在加拿大和美国的公立学校造就一个民主大众的问题。其次，质疑作为公民教育的学校课程的核心是思考公民教育在中小学的定位问题。认为公民教育不仅仅是教授公民关于权利和义务的知识，而是一种人文教育。

---

[1] [加]乔治·H. 理查森、大卫·W. 布莱兹主编：《质疑公民教育的准则》，郭洋生、邓海译，教育科学出版社2009年版，第12页。

[2] [加]乔治·H. 理查森、大卫·W. 布莱兹主编：《质疑公民教育的准则》，郭洋生、邓海译，教育科学出版社2009年版，第13页。

汉斯·斯米茨（Hans Smits）在其论文《教学札记："弱本体论"与社会研究课的公民教育问题》一文中提道"学习既是身体和情感的经历，也是认知的经历。真正学到东西的过程，给人的感受是愉悦的，让人觉得重要的事情正在发生。学习的重要性包括了运用的机会，学生对于这一点表达了很强烈的看法：学习并不只是学关于什么的东西，而且是学会做，是创新东西。"①乔蒂·曼格特（Jyoti Mangat）提出用文学文本促进对种族问题的探讨。英格丽德·约翰斯顿（Ingrid Johnston）探讨了在公民教育中怎样扩大文学作品的使用范围的问题。另一部较具代表性的作用是美国学者沃尔特·C. 帕克（Walter C. Parker）的著作《美国小学社会与公民教育》，该书介绍了美国小学社会科学课程的问题及教学方法。包括：给社会科学教育定位、社会科学课程、社会科学的计划和教学三部分。尤其是第三部分介绍了一些教学方法，涉及如何对学生学习进行评估，如何做好单元计划、授课计划与活动计划，还介绍了三大教学技巧，如何设计学习资源、如何进行合作学习、自主学习等。除此以外，美国斯坦福大学托马斯·欧利希（Thomas Ehrlich）教授和欧内斯廷·付（Ernestine Fu）共著的《公民参与与公民教育》从七个维度阐述了公民参与的成功经验。欧利希教授重点从自身的经历和经验出发，进行总结和归纳；欧内斯廷则侧重介绍她本人及两位作者所采访的其他青年志愿者的公民参与经历。日本学者岭井明子主编的《全球化时代的公民教育——世界各国及国际组织的公民教育模式》也涉及了世界各国公民教育方法问题。

在国外，除了公民教育，道德教育课程也和我国的思想政治理论课是同类性质的课程。国外关于道德教育的研究成果非常的多，尤其是关于道德教育的一些论著为道德教育课程教学提供了科学的依据。比如皮亚杰的《儿童的道德判断》《发生认知论原理》，杜威（美）的《道德教育原理》、爱弥儿·涂尔干（法）的《道德教育》，彼得斯（英）的《道德发展与道德教

---

① ［加］乔治·H. 理查森、大卫·W. 布莱兹主编：《质疑公民教育的准则》，郭洋生、邓海译，教育科学出版社2009年版，第57页。

育》，霍尔（美）和戴维斯（美）的论著《道德教育的理论与实践》等，都极大地推动了道德教育的科学化发展。

（三）研究现状评析

从思想政治教育科学化和思想政治理论课教学方法的研究成果中可以看到，1984年以前有关思想政治理论课教学方法的研究成果极少，有小部分是"98方案"后形成的，绝大多数则是"05方案"出台后产生的。这说明在思想政治理论课课程改革前期思想政治理论课教学方法的研究严重滞后于课程改革，也无法满足思想政治理论课教学的需要，因此，才有了"05方案"实施以来教学方法研究的繁荣发展阶段。

"98方案"实施后对"两课"教学方法的探索推进了教学方法的科学化，但此时，不论是对具体方法的研究还是从教学方法适应性的研究，都还停留在经验性的层面，应用性的层面，规律性的认识还不够。对各门课程的有针对性的教学方法的研究不多，有个别研究《邓小平理论概论》的教学方法。这一时期，对于两课教学方法的研究更多是原则性的研究，强调最多的是理论联系实际的原则。而且教学方法的分类非常混乱。研究者从多个视角来审视教学方法，提出了思想政治理论课教学中存在的诸多问题，对教学方法改革和创新的必要性，如何进行思想政治理论课教学方法改革展开了积极的探索。更多的研究者在教学论的视野下对思想政治理论课教学理念、原则、具体方法、手段等方面展开教学方法科学化的研究。而在具体教学方法的研究上主要集中在专题、讨论、启发、互动、案例等教学方法的具体运用上。

"05方案"实施后，对教学方法的研究论文大量增加，但一般都是对策性的研究。先是提出思想政治理论课教学方面存在问题，再提出解决的办法。在存在问题方面，有的从教学方法创新的意义间接地论述存在的问题，有的直接论述存在的问题。在解决方法方面，首先讲原则（政治性、方向性、实效性、时代性等），再讲具体的方法，对具体方法一般研究某种教学方法的作用、意义，而至于如何科学运用则研究不多。因此对实际教学的指导性不强。这一时期还有一个特点是从课程教学的角度展开研究，针对思想政治理论课各门课程内容的不同提出不同的教学方法。"研究成果与'05方案'实施前变化不大，创新性成果和标志性成果不多，缺乏对'05方案'的有效回应，更缺乏对实践中有效运用教学方法的总结和提炼，所以，对于思想政治理论课教学实践指导性不够，也相应制约了教学方法研究的深化与拓展，这是在日后研究中需要给予重视的问题。"① 值得注意的是有研究者意识到教学方法要多样化、现代化、综合化，并尝试着应用于思想政治理论课各门课程的教学上。集成创新成为思想政治理论课教学方法科学化研究中的一种趋势。

从上述几个阶段的研究来看，高校思想政治理论课教学方法的研究成果很多，为后来者打下了坚实的研究基础，也留下了较多的研究空间。正如有研究者评论，当前学界对思想政治理论课教学方法的研究，"已有的思想政治理论课教学方法研究缺乏应有的现代视野，没有自觉地教育理念指导，致使一些思想政治理论课教学方法研究局限于个人技艺改善层次，而对思想政治理论课教学方法改革的趋势、走向及精神实质缺乏自觉认识。"② "对单一型教学方法关注多，对组合型教学方法关注少……而在教学实践中，教师综合运用不同教学方法……但如何达到多种教学方法组合的'运用之妙'，不仅需要思想政治理论课教师在实践中不断探索，而且更需要学界在理论上开展深入的研究。"③ "'05方案'实施以来，思想政治理论课教师积极采用专题式、讨论式、启发式、互动式、案例式等灵活多样的教学方法，积极探索进行社会实践活动的途径和方法，使教学方法呈现出多样化、现代化、隐性化和综合化的发展趋势和方向。思想政治理论课教师和学者也非常重视对教

---

① 吴琼：《高校思想政治理论课教学方法研究综述》，载《北京教育·德育》，2013年第7—8月刊。

② 郭凤志、热合木江·巴拉提：《关于高校思想政治理论课教学方法改革的思考》，载《思想理论教育》，2015年第1期。

③ 艾志强、高琳：《高校思想政治理论课教学方法研究述评》，载《辽宁工业大学学报（社会科学版）》，2012年第10期。

学方法的研究与探索,发表了一系列研究论文和专著,但是,研究成果与'05方案'实施前变化不大,创新性成果和标志性成果不多,缺乏对'05方案'的有效回应,更缺乏对实践中有效运用教学方法的总结和提炼,所以,对于思想政治理论课教学实践指导性不够,也相应制约了教学方法研究的深化与拓展,这是在日后研究中需要给予重视的问题。"① "从思想政治理论课的性质和具有的特点出发,需要研究的是怎样的教学方法才能更有效地体现课程性质和特点,更好地提高教学效果。"② 可见,思想政治理论课教学方法研究任重而道远,不论在宏观的原理性的教学方法的层面、中观的技术性教学方法层面、还是微观的操作性的教学方法层面来看,这些研究都是不够的。就宏观而言,一方面,原理性的教学方法中的程序和步骤,是高度的抽象化和概括化了的,不具有操作性,不能直接运用于思想政治理论课教学中。如何将思想政治理论课教学规律原则化、方法化?如何将已有的教育哲学思想、教学理念在教学实践中方法化?有待进一步研究。另一方面,思想政治理论课教学中需要更多的原理性教学方法的研究,目前主要是对启发式教学方法、注入式教学方法的研究,而发现教学法、设计教学法等则需进一步研究。从中观层面看,当前技术性教学方法的研究中存在着没有自觉的原理性教学方法的指导,同时和思想政治理论课教学内容的结合性不强。在微观层面,思想政治理论课操作性的教学方法研究方面,教学方法的综合化、协调性、适应性等方面的研究不够。

当前世界各国对思想政治道德教育方法的研究随着各种学科理论的发展而迅速发展起来,管理心理学、行为科学、思维科学、教育科学等理论广泛运用于思想政治道德教育方面,使这类课程的教学更趋于科学化。同时,各国非常注重潜在的影响力,比如强调榜样的作用,注重教师为人师表;要求学生家长配合学校共同教育;通过良好的社会环境和文化氛围熏陶教育人;

---

① 吴琼:《高校思想政治理论课教学方法研究综述》,载《北京教育·德育》,2013年第7—8月刊。

② 顾钰民:《论高校思想政治理论课教学方法的研究》,载《教学与研究》,2007年第5期。

将爱国主义精神寓于公民日常生活中；组织学生参观政府部门的日常运作以了解国家机构和形式；通过宗教教育来进行思想政治教育；通过生活实践和训练等实现思想政治道德教育的目的，等等。这些做法对我国的思想政治理论课教学具有较大的借鉴意义。需要我们进一步去研究学习。

总之，关于思想政治理论课教学方法的相关研究颇为丰富，思想政治理论课教学方法科学化的命题已经提出，学界对这一问题也有了初步的认识，但是对这一命题系统化地研究还没有，直接研究成果还没有。2016年12月4日中共中央和国务院颁布的《关于加强和改进新形势下高校思想政治工作的意见》中指出："充分发挥思想政治理论课的主渠道作用，深入实施高校思想政治理论课建设体系创新计划，完善教材体系，提高教师素质，创新教学方法，增强教学的吸引力、说服力、感染力。"[①] 2016年12月7日，全国思想政治工作会议在北京召开，习近平总书记在大会上做了重要讲话，提出推动高校思想政治工作改革创新要用好课堂教学这个主渠道，"坚持在改进中加强，在创新中提高"[②]。在新时期，党中央对思想政治理论课教育教学提出了更高的要求，这更加凸显了思想政治理论课教学方法科学化研究的紧迫性和必要性。

三、研究思路、研究内容、研究方法

科学化研究正在各个学科领域兴起，这是工业化时代给社会科学提出的一个命题：如何让社会科学变得更有实践价值，更能解决实际的问题。科学化研究正是顺应了这一要求。高校思想政治理论课教学方法科学化研究正是呼应时代发展的要求，其目的是为了让思想政治理论课实现其应有的价值。

---

① 《中共中央国务院关于加强和改进新形势下高校思想政治工作的意见》，人民网，2016年12月4日。

② 《习近平在全国高校思想政治工作会议上强调：把思想政治工作贯穿教育教学全过程开创我国高等教育事业发展新局面》，载《人民日报》，2016年12月9日，第1版。

为此,就有必要对思想政治理论课教学方法科学化进行规定,并对教学方法如何科学化进行研究,这需要合理的逻辑思路、研究内容和科学的研究方法。

(一)逻辑思路

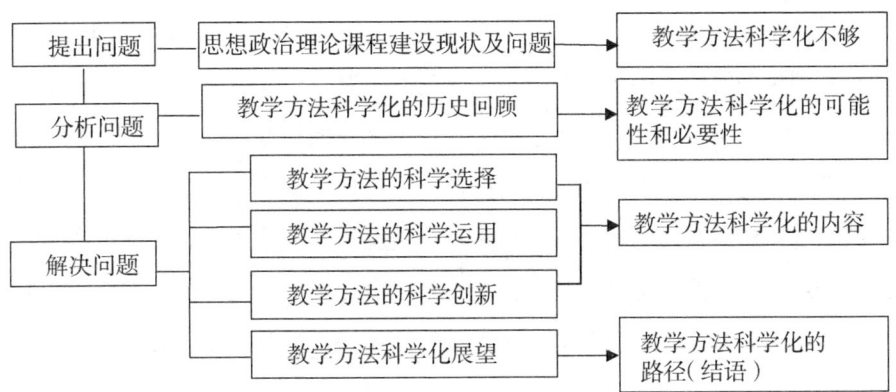

(二)研究内容

科学化是高校思想政治理论课教学方法科学化研究的起始概念,它是对这一命题最基本、最简单的质的规定,这一概念构成了该命题研究对象的基本单位,其内涵贯穿于理论发展的全过程。诚然,以科学化的视角来审视高校思想政治理论课教学方法,其论域非常的复杂,也很广泛,它可以从理论和实践、过程和结果、目标和手段、历史和现实、内在和外在等多个层面来进行研究。要在这么多层面展开深入研究是十分困难的,因而,选择一个方面进行研究非常必要。

本研究旨在从过程和结果关系的角度探索高校思想政治理论课教学方法的选择、运用、创新的问题。目的是为思想政治理论课教师提供教学方法指导,通过教学方法的科学选择、运用和科学创新,使思想政治理论课教学方法的功能得到充分发挥,以提高教学水平和教学质量,回答和缓解思想政治理论课教学实践中遭遇的现实问题;同时也在一定程度上丰富和发展思想政治理论课教学方法理论,推动思想政治理论课教学论的发展,进而推动思想政治教育科学化的发展。为了实现上述研究目的,本论题将分三个逻辑板块来展开研究：一是研究高校思想政治理论课教学方法科学化是什么，二是研究高校思想政治理论课教学方法科学化的可能性，三是研究如何科学化。这三个问题是相互联系，逐一递进的。

1. 高校思想政治理论课教学方法科学化是什么

方法是主客体间建立联系的中介因素，受到各种因素的制约。同时，方法也是理论和实践之间的转化器。它既具有主观性，又具有客观性。作为主观的一面，方法不是一种实体事物，它是人主观能动性的反映，是人思维活动的产物，它的产生、存在、发展都是由人决定的，它受人的世界观、价值观的影响；作为客观的一面，它并非人的主观臆断的结果，它是人依据一定的客观规律形成的，是对客观事物本质和规律的反映，只有反映和合乎事物本质和规律，方法才能发挥中介和桥梁的作用，也才具有价值和意义。科学的方法是主观和客观的统一。

科学化既是一个过程，也是一种结果。作为过程，它是使某一事物转变成科学的性质和状态，越来越接近真理，越来越具有合理性，体现在人的认识和实践活动中，就是人们认知规律、尊重规律、按照规律办事，使认识和实践活动的客观性、科学性不断增强，主观性、随意性、盲目性逐渐减少。作为结果，指人们的认知和实践活动基本符合事物发展的客观规律，具有了科学性。方法科学化是方法的主观方面和方法的客观方面不断趋向统一的过程，是作为实践活动、认识活动、审美活动主体的人在方法选择、运用和创新过程中合乎事物的本质特性，反映事物发展规律的过程。

教学方法科学化是方法科学化的下位概念，教学方法是一个有层次结构，受教学过程各要素制约，且不断运动、变化、发展的系统。教学方法科学化就是优化教学方法系统内部结构和层次，以适应不断变化发展着的外部条件，使教学方法和教学过程各要素之间协调统一，实现教学方法的有效运行。同时，教学方法既是教师的教学理论和教学实践之间的转化器，也是学生的学习理论和实践之间的转化器。从这个方面来讲，教学方法科学化就是教师自觉运用科学的教学理论指导教学实践，学生自觉运用理论指导学习实践的过程。概括地说,教学方法科学化是教学主体对教学方法的选择、运用、创新过程中,体现合乎教学活动过程各要素和各运行环节的本质属性,反映教学活动过程的规律。

高校思想政治理论课教学方法科学化就有两个层面的含义,一是根据思想政治理论课教学过程各要素的客观情况和人的主观需要,根据思想政治理论课教学的客观属性来选择、运用和创新教学方法。二是以教学理论和学习理论为指导来选择、运用和创新教学方法。概括地说,思想政治理论课教学方法科学化就是教师在教学方法选择、运用和创新过程中,合乎和体现思想政治理论课教学过程各要素的属性特征和发展规律,符合思想政治理论课教学过程运行的规律,体现其特征。

以上是本论题三大逻辑板块中的第一板块,也是第一章的内容。主要是厘清方法科学化、教学方法科学化、高校思想政治理论课教学方法科学化三个概念。

2. 高校思想政治理论课教学方法科学化的必要性和可能性

从实践层面进行分析,回答思想政治理论课教学方法科学化的必要性和可能性,这是本论题的第二个逻辑板块。具体而言,通过回顾和梳理新中国成立以来思想政治理论课教学方法科学化的历史发展,考察思想政治理论课教学方法科学化的历史基础;直面思想政治理论课教学方法科学化的当代实践,考察实践基础,研判高校思想政治理论课教学方法科学化的程度及发展趋势,为进一步科学化奠定基础,这是第二章的主要内容。由于高校思想政治理论课程的发展历史总伴随着对该课程教学方法科学化的探索,所以以思想政治理论课程发展的历史,以及相关从业者对思想政治理论课教学方法的认知、掌握和运用的历史为线索,回顾教学方法科学化的历程,总结经验,展望发展趋势,以此确定思想政治理论课教学方法在哪些方面需要科学化。从逻辑上看,有承上启下的作用,即承接上述思想政治理论课教学方法科学化的必要性、可能性,这里就高校思想政治理论课教学方法科学化的程度,包括其深度和广度,对思想政治理论课教学方法科学化经验进行总结,研判科学化发展的趋势，为进一步科学化奠定基础。

3. 高校思想政治理论课教学方法科学化的具体内容

以思想政治理论课教学方法科学化的历程回顾为基础，从历史经验和发展趋势中总结出高校思想政治理论课教学方法科学化的具体内容：教学方法的科学选择、科学运用、科学创新。这是本论题第三个逻辑板块，也是本论题的第三、四、五章的基本内容。在这里，将运用系统分析的方法，来展开对思想政治理论课教学方法的科学选择、运用和创新的讨论。具体而言，本论题的第三章以高校思想政治理论课教学方法科学选择为标题。认为教学方法的选择要符合客观的实际情况，系统考虑教学方法选择的各种客观制约因素，再依据这些条件进行方法选择。这是思想政治理论课教学方法科学运用的前提，也是教学设计过程中重点要把握好的问题。依据教学目标、教学内容、当代大学生的思想行为特点以及教学环境和条件选择教学方法。第四章结合教学实施阶段的实际情况，研究具体情况下教学方法的运用问题。依据教学时空的不同，将思想政治理论课教学分为三个课堂，即以理论教学为主的第一课堂，以实践为主的第二课堂，混合式的"互联网+"课堂。在不同的课堂里运用不同的教学方法。第五章说明当外在的环境和条件发生变化时，教学方法要与时俱进，不断创新，以适应环境和条件的发展变化。首先回顾近年来高校思想政治理论课教学方法创新的基本状况，提出要防止教学方法创新走入误区，然后创新的原则、创新的方式以及科学创新的基本保证。

（三）研究方法

1. 研究的基本方法：唯物辩证法

本论题采用的哲学方法主要是马克思主义唯物辩证法。运用普遍联系的观点在高校思想政治理论课教学方法与教学过程诸要素间建立普遍的、多样性的联系；运用对立统一的观点分析教学方法与教学过程诸要素之间的联系，寻找普遍存在的、固有的联系，即教学过程的规律，作为高校思想政治理论课教学方法科学化的客观依据；运用历史与逻辑相统一的观点分析高校思想政治理论课教学方法科学化的历程；运用具体问题具体分析的观点分析高校思想政治理论课教学方法的科学运用问题，用永恒发展的观点分析思想政治理论课教学方法的发展和创新问题。

2. 研究的具体方法

（1）文献研究法

文献研究方法，是对相关文献进行搜集、分类、阅读、整理、分析，进而找出事物本质属性的一种研究方法。关于高校思想政治理论课教学方法研究的文献非常多，找到对高校思想政治理论课教学方法关键性的论述是非常必要的，只有对这一论题的研究情况进行全面的了解，才能找出研究的方向，不至于造成重复研究。具体地说，首先分析学界从哪些方面研究了该问题，即了解高校思想政治理论教学方法研究的历史和现状，总结研究经验；其次，分析高校思想政治理论课教学方法研究过程中出现的新问题、新情况；最终明确本研究的具体方向，使本选题更具时代性和针对性。

（2）系统分析法

系统分析法是本论题的一种具体分析方法，运用该方法整体把握高校思想政治理论课教学过程系统及要素，将思想政治理论课教学方法置于教学过程中，分析教学方法与教学过程各要素或各个子系统之间的关系，同时也将教学方法视为一个有结构有层次的系统。教学方法作为教学过程各要素之间的中介，教学方法要适应变化着的教学条件和环境，只有和教学过程各要素相协调、相匹配，才能使教学发挥效用。本论题从高校思想政治理论课教学方法系统的内外关系来探讨思想政治理论课教学方法科学化的内涵和范畴，进而得出教学方法科学化是指教学方法的科学选择、科学运用和科学创新的论断。

（3）理论思辨法

本论题从"科学化""方法科学化""教学方法科学化"概念的解读入手，遵循着从抽象到具体的原则，揭示出思想政治理论课教学方法科学化的内涵和外延。由于课程的特殊性，方法科学化在思想政治理论课教学中必有不同的表现，因此，考察方法科学化语境中的思想政治理论课教学，如果只将其作为方法科学化理论作简单、抽象的运用，而不考虑思想政治理论课教学的特殊性，就会陷入教条中，所以，在运用理论思辨法时努力形成思想政治理论课教学方法科学化研究自己的话语。

（4）经验总结法

回顾党和国家及教育主管部门推进思想政治理论课教学的政策措施，对本人和他人的思想政治理论课教学经验进行总结。对高校思想政治理论课教学过程中具体情况进行归纳和分析，认识教学方法和其他教学过程要素与教学效果之间的必然的或偶然的联系，对这些联系进行总结、提炼、加工，使之系统化、理论化，为高校思想政治理论课教学提供丰富的实践参照。

第一章 高校思想政治理论课教学方法科学化解读

明确高校思想政治理论课教学方法科学化的科学内涵，是探讨和研究思想政治理论课教学方法科学化这一命题的前提和基础，要深入把握思想政治理论课教学方法的科学化，就要对方法科学化、教学方法科学化、思想政治理论课教学方法科学化三个基本概念与相关概念进行解读。在此基础上明确思想政治理论课教学方法科学化的必要性和基本要求。

一、高校思想政治理论课教学方法科学化的概念解析

（一）方法科学化

1. "方法"概念的哲学解读

人类从事任何活动都离不开方法，方法在人类活动中具有重要的地位和作用。在人类认识和改造自然、社会、思维等各项活动中，以及每个人的日常学习、工作、生活每一个微小的活动中，不论人们是否意识到，方法总是如影随形，发挥着它的作用。即使就人们最普遍的一般经验，也反复证明：正确的方法常常使人的认识和实践活动取得成功，错误的方法则往往导致失败。当人们回顾自身活动的历史、品味成败得失时，就会发现方法的特殊作用与重要地位。因此，人们会自觉不自觉地探询什么是科学的方法，怎样的方法才能使人的认识和实践活动取得成功。

究竟什么是方法？在西方，方法一词最早出现于古希腊时期，意为"研究和认识的途径、理论或学说。"① 在我国，方法一词最早出现于春秋战国时期的《墨子·天志》一书中，"中吾矩者，谓之方，不中吾矩者，谓之不方。是以方与不方，皆可得而知之，此其故何？则方法明也。"此处的方法指的是度量方形之法。到现代，方法一词演化成了为达到某一目的所采取的途径、程序和手段等。哲学家们对方法进行过很多探索，并做出了界定，比如："在探索的认识中，方法也就是工具，是主观方面的某个手段，主观方面通过这个手段和客体发生关系……"②。在苏联的《哲学百科全书》（1960—1970年）中将方法界定为"根据研究对象的运动规律，从实践上和理论上把握现实的形式；改造的即实践活动的或认识的即理论活动的规律性原则体系"③。马克思主义认为，方法不是人类理智随意创造的规则的总和，而是关于自然界、社会和思维的最一般规律的科学。综合上述几种表述，可以得出方法是主体为了达到某一活动的目的所选择和使用的活动方式、途径、策略手段、运用的工具、操作程序的总和。

从方法的定义可以分析出，方法具有以下几个特点：第一，方法的主观性。方法是人们在长期的实践和认识活动中形成和发展的关于活动的法则。一方面，方法不是一种实体物质，它是依附于人及其活动的，没有作为活动主体的人，方法就不会存在，没有人的活动，方法就不会出场。另一方面，方法是人思维的产物，随着人的思维活动及其方式的变化，方法也会发生变化。既然方法是人的思维的产物，那么不可避免地具有主观性。科学的方法是人对事物客观规律的科学把握和自觉运用，错误的方法是人对事物客观规律的不正确的把握和自发运用。第二，方法的客观性。方法的产生和发展有其客观的基础。凡是方法，都有其确定的具体的作用对象。和方法离不开作为活动主体的人一样，方法也不能缺少作为活动的客体对象。此外，方法是

---

① 孙小礼主编：《科学方法中的十大关系》，学林出版社2004年版，第1页。
② 孙小礼主编：《科学方法中的十大关系》，学林出版社2004年版，第2页。
③ 孙小礼主编：《科学方法中的十大关系》，学林出版社2004年版，第2页。

为实现一定目标而服务的，而确定目标的依据是客观的。第三，方法的中介性。方法是活动诸因素相互联系的程序和格式。方法存在于活动中，方法在认识和实践活动中，是一种关系和动态因素，是实体因素之间的中介因素，作为活动主体的人和作为活动对象的客体之间正是通过方法在活动过程中相互联系、相互作用。因此，方法是存在于活动中的，是动态的，它随主体和客体间的活动情况的变化而变化，随主客体之间的活动过程的结束而消失。第四，方法的服务性。方法是为目的服务的，它总是和任务、目标联系在一起，不同的任务，不同的目标，就要求有不同的方法；当任务完成、目标达成时，方法的使命也就结束。方法一经产生，就要回到实践中，帮助人们达到活动的目的。如果方法在实践活动中无法帮助人达到活动的目的，说明方法尚未达到科学化的程度，说明人对方法的客观性和主观性认识没有实现统一。也就是说在方法的选择、运用、创新发展不符合或者没有反映主客体之间的相互作用关系以及主客体各自发展的规律。方法是为内容服务的，它是内容的外在表现形式，不同的内容总是需要以不同的方法呈现出来，当人们所选择和运用的方法与内容不匹配时，往往使内容得不到很好的呈现。第五，方法的受制约性。方法的选择、运用、创新不仅受活动过程要素的制约，还受理论发展的制约，理论发展的滞后使方法缺乏理论的指导，使方法限于经验。①

根据不同的划分标准，方法可以划分为不同的类型并构成体系。按照方法的不同性质，可以划分为思维方法、认识方法、工作方法；按照方法的产生，可以划分为经验性的方法、直观方法、科学方法；按照方法的层次，可以分为哲学方法、一般科学方法、专门方法，等等。

2. 科学与科学化释义

（1）科学

要准确理解"科学化"这一概念本质内涵，首先要理解什么是"科学"。

---

① 万美容著：《思想政治教育方法发展研究》，中国社会科学出版社2007年版，第11—12页，第34—41页。

从词源上来看,"科学"一词来自国外,在西方,拉丁语"scio"是对"科学"这一词最初的表述,英语中"Science"(科学)从拉丁语演化而来,意思是"学问"或"知识"。随着时代的变迁,科学技术的发展,"科学"一词的内涵越来越丰富,作为结果,它是指分门别类的知识体系,作为过程,它是指科学家们探索知识、认识世界的过程。在我国,"Science"一词在1893年被康有为、严复引入进来,被译作"科学"。

在科学发展史上,人类对于"什么是科学"这一问题的理解是随着人们对自然界和人类社会的了解逐渐深入而变化的。科学从哲学中分离出来后,逐步分离为自然科学、社会科学和思维科学。人们关于"什么是科学"的认识也随不同学科的发展而变化。

首先,自然科学的发展使人们对于"什么是科学"的认识不断发生变化。16—17世纪天文学、力学的巨大发展,尤其是17世纪英国科学家牛顿力学体系的提出,标志着自然科学获得空前的发展。牛顿力学的示范效应在18—19世纪充分体现出来,18世纪自然科学的各个领域纷纷效仿力学研究的方法和思维方式,取得前所未有的成就。自然科学取得的成就对人们关于"科学"的认识产生了深刻的影响,那时的人们普遍认为用规范实验的方法揭示物质世界的普遍规律,通过数学表达的具有严谨逻辑结构的知识体系才能称为科学,并且认为科学研究是价值无涉的,是对客观实在绝对客观的反映。到20世纪,尤其是20世纪中叶,随着自然科学研究领域的进一步拓展,人们对"什么是科学"的认识进一步深化。一方面,在研究对象的认识上,人们认识到原来对自然科学研究对象的认识是简单的,研究事物产生发展的片段是必要的,但对片段的研究不代表对整体的研究,从整体上看事物内部结构是复杂的、变动的,并且与外部世界发生着物质和能量的交换,于是自然科学研究从"简单性"走向"复杂性"与"多样性",从"永恒确定性"走向"动态的不确定性";另一方面,在研究主体与客体的关系认识上,认为在自然科学研究中,研究主体不可能完全处于旁观者的立场,研究结果中不可避免地带有研究主体的主观认识和价值取向,不可能做到纯粹客观的认识，或者说不可能纯粹反映客观实在。由此，对科学的认识就不再仅仅是价值无涉的实证知识或是实证方法。

其次，社会科学的发展过程中人们对于"什么是科学"的认识变化有其特殊性。从19世纪开始，受自然科学发展的影响，研究社会的学者们用自然科学的方法和原理来研究社会及人的思想和行为，推进了心理学、社会学、人类学、考古学等领域的研究，取得了极大的发展。但同时也形成了一种近乎极端的认识，即自然科学的研究方法和思维方式是保证一切研究具有科学性的保障，社会研究只有做到绝对的客观（价值无涉）、并用实证的方式来揭示社会固有的规律，才被认为是科学的。这种认识引起了另一批社会研究者的关注，他们认为社会科学和自然科学在研究对象、研究的客观性、现象的重复性等方面存在差异。比如在研究对象上，自然科学的研究对象是自然界，自然现象是重复出现的，同时，研究者与研究对象之间是人与物的关系，不能沟通，只能说明；社会科学的研究对象是人（个人的人和群体的人），个体的人或社会的现象具有偶然性、不可重复性，同时，研究者与研究对象是人与人的关系，只能通过沟通理解才能认识人的心理、思想和行为。在此基础上发展出了新的社会科学研究方法，比如解释学、现象学、符号学等。这些研究大大拓展了人们对科学的认识。

从自然科学与社会科学发展史中人们关于"科学"的认识的变化，我们可以发现"科学"概念的内涵是随着科学事业的发展而丰富和发展的。科学学的创始人贝尔纳指出，科学在人类历史中已如此地改变了它的性质，以致无法下一个合适的定义。他认为"科学可作为一种建制；一种方法；一种积累的知识传统；一种维持或发展生产的主要因素；以及构成我们诸信仰与对宇宙和人类的诸态度的最强大势力之一。"① 从不同的角度，就会对科学形成不同的看法。英国著名学者 A. F 查尔默斯也指出"不存在这样一种关于科学

---

① ［英］J. D. 贝尔纳：《历史上的科学》，科学出版社1959年版，第6页。

和科学方法的普遍主张,它可以适用于所有科学和科学发展的所有历史阶段"。① 但他认为,对不同阶段的科学进行表征是可能的和有意义的。

关于什么是科学,在哲学上虽然没有普遍的主张,但还是可以进行一些界定的。实际上科学就是一种真理性认识,其核心就是合理性。此处的合理性首先指以逻辑为内核的理性,理性是科学概念的主导性内核,但不是全部。除了理性因素,科学也包括非理性的因素,这些非理性因素是人们探索科学世界过程中形成真理性认识所需要的,比如科学的方法、科学精神、科学思想及能力等。尽管这些非理性因素与科学知识有区别,但是当人们认识到为了获得科学知识,需要对方法进行变革,需要一种良好的品质和思想意识,需要一种能力的时候,这些认识本身就是一种科学认识,可称为获得知识的知识。因此,科学从广泛的意义上说,它既包括科学知识本身,也包括获得知识的方法、精神、思想、能力,抑或过程,因而就有科学方法、科学精神、科学思想、科学能力、科学过程之说。

(2) 科学化

"化"就是经历了某种过程,达到了某种程度,具有了某种特征。"化"既是一种过程,通过这种过程最后达到一种结果;"化"也是一种结果,这种结果也就是一种状态,这种状态最显著的是使事物具有了某种特征。"化""加在名词或形容词之后构成动词,表示转变成某种性质或状态"②。如此看来,科学化既是一个过程,也是一种结果。作为一个过程,它是不断推进事物更加科学的过程;作为一种结果,最显著的特征就是科学。具体来讲,科学化就是使某一事物转变成科学的性质或状态,越来越接近真理,越来越具有科学性、合理性。这是向科学目标无限接近的动态的过程,即主观认识和实践活动与客观事物的本质和规律越来越接近的过程。在这个过程中,主体

---

① [英] A. F. 查尔默斯:《科学究竟是什么》(第三版),鲁旭东译,商务印书馆2007年版,第15页(译者前言)。
② 中国社会科学院语言研究所词典编辑室编:《现代汉语词典》(第二版),商务印书馆出版1983年版,第486页。

认识和实践活动的客观性、科学性不断增强，主观随意性、盲目性逐渐减少。人们对科学化的追求是无止境的，当达到某种科学化程度时，会提出更高的科学化要求。同时，科学化作为一种结果，说明主观认识和实践活动的结果基本符合事物具有客观属性和事物发展的客观规律，基本具有了科学性，但这个结果本身是一个不断丰富和发展其内容的过程。

谈到科学化问题，常使人联想到科学主义，很多人会将二者等同起来。在此有必要对科学主义和科学化进行区分，以进一步明确科学化的涵义。

科学主义产生于19世纪30年代，是随着近代自然科学的产生及其现代发展而出现的。其研究的主要对象是自然科学。其主要特征是：推崇自然科学，认为自然科学是一切知识的典范，而自然科学的方法是唯一正确的方法，一切知识应以自然科学方法为准绳；主张理性，将情感、意志等非理性的因素排斥在科学之外；认为科学应该保持价值中立，科学与价值无涉；片面强调科学的正面功能，而忽视科学的负效应。在对待社会科学的态度上，科学主义认为，社会科学无规律可循，也无探索的必要。可以说，科学主义已将物质科学的观念和方法推至极致。① 它对科学的理解是比较狭隘的，片面的，它将社会科学和自然科学对立了起来。

科学化不等于科学主义。首先，科学化不完全等于程序化。科学化包含有合理化、规范化地有序进行之意，但是科学化的前提是以人为本，如果机械化地按程序操作，忽略人的客观存在，忽略人的实际需要，那么就脱离了科学化更好为人服务的目的。其次，科学化不是片面化，科学化不是片面追求精确性，不是任何事物都能精确化的，科学化是在把握大量信息基础上，能预见事物发展的趋势。科学化也不是片面追求一对一的因果关系，不是所有的事物都有必然的因果关系。科学化不是片面追求理性，而将非理性排斥在科学之外，它是理性与情感的统一。再次，科学化也不等于物质化，并不是运用先进的技术、手段、设备等就是科学的，如果人无法有效地、理性地

---

① 金新政、李宗荣：《理论信息学》，华中科技大学出版社2014年版，第151页。

运用先进的技术、手段、设备，就可能被这些物质的东西所奴役。

3. 方法科学化

通过对方法和科学化的概念分析，可以想见方法科学化这一概念具有非常丰富的内涵。方法科学化作为一种过程，是指人们在思维和实践活动过程中，为达到某一目的，所选择和运用的途径、策略手段、操作程序等要合乎事物具有的客观属性，要体现事物发展的客观规律。也就是方法的主观方面要符合方法的客观方面。所谓方法的主观方面指的是方法所带有的主观的能动性特征，表现为人对方法的选择、运用和创新等方面。方法的客观方面是指方法的选择、运用、创新建基于客观事物本质属性和发展规律的把握。方法只有在反映现实事物的本质和规律时，才是正确的、科学的。方法科学化的实质是人的活动的合目的性与合规律性的统一。方法科学化作为结果，是方法的主观方面和客观方面基本相符合，人们通过方法的科学选择、科学运用、科学创新使自身的行为符合事物发展的规律，合乎事物的本质属性。

方法科学化过程需要人们自觉接受科学理论的指导。之所以如此，是因为科学理论是人们对客观规律认识掌握的基础上，经过主观的筛选加工而形成的，是对客观规律的系统反映。事物发展规律的客观性决定其不可能直接指导方法，科学方法的形成常常需要科学理论转化为科学原则，再由科学原则转化为科学方法。科学方法要自觉接受科学理论的指导，以符合客观规律。没有科学理论指导的方法具有经验性、主观随意性，甚至是盲目的。

方法科学化过程需要人们设法促进方法与活动内容、目标、对象、主体、环境等活动系统要素的协调统一。这种协调统一体现在：在横向上，方法在活动过程中要与各要素相适应，就是要反映和适应事物本身具有的客观属性。在纵向上，各种条件随时间发生变化时，方法也要随之变化，也就是方法要体现事物本身发展的客观规律，或者说方法要随着事物发展过程各环节发生变化而变化。

概括地说，作为过程，方法科学化包括方法的科学选择，方法的科学运用，方法的科学创新；作为结果，方法科学化就是方法的选择、运用、创新符合事物发展的规律，合乎事物本质与属性。

（二）教学方法科学化

1. 教学方法的含义

教学方法自教学行为开始就产生了，学者们对教学方法的认识有一个不断发展、不断深化的过程，后期的定义比前期的更加确切和具体；不同学者从不同的视角、不同的层面进行研究，得出了不同的结论，有的侧重于本质的分析，有的侧重于操作性和描述性。比如：

"教师和学生在教学过程中为解决教养、教育和发展任务而展开有秩序的、相互联系的活动的办法，就称为教学方法。"①

"教学方法是指教师和学生在教学过程中，为达到一定的教学目的，根据特定的教学内容，共同进行一系列活动的方法、方式、步骤、手段和技术的总和。"②

"教学方法是为达到教学目的，实现教学内容，运用教学手段而进行的，由教学原则指导的，一整套方式组成的，师生相互作用的活动。"③

"教学方法是为完成教学任务而采用的办法。它包括教师教的方法和学生学的方法，是教师引导学生掌握知识技能，获得身心发展而共同活动的方法。"④

"教学方法是教学主体在教学过程中为实现一定的教学目标，完成教学任务采用的教与学的技术、技巧、程序、策略或方法的总和。"⑤

这些研究丰富了人们对教学方法的认识，综合这些定义，一个关于教学方法的图画会在脑海中浮现：教学方法并不是简单地能以广义和狭义来进行概括的，它是一个具有多个层面的、立体的复杂的系统，这一复杂系统又处于教学活动系统中，并和教学活动系统中的各要素相互作用。

---

① 商继宗主编：《教学方法现代化的研究》，华东师范大学出版社2001年版，第4页。
② 商继宗主编：《教学方法现代化的研究》，华东师范大学出版社2001年版，第6页。
③ 王策三：《教学论稿》（第二版），人民教育出版社2005年版，第238-239页。
④ 郑金州编著：《教学方法应有指导》，华东师范大学出版社2006年版，第4页。
⑤ 顾建民主编：《高等教育学》（修订版），浙江大学出版社2014年版，第182页。

首先，就教学方法自身而言，从层次来看，包括宏观哲学层面的教学方法，比如教育教学的理论、思想、理念等；包括中观的一般层面的教学方法，即所有课程都可以适用的教学方法，如教学一般原则；包括微观层面的教学方法，有课程教学方法、操作性的教学方法，如：具体的操作程序和步骤以及手段等。从不同视角看，包括教学模式、教学策略、教学组织形式等。从教与学的角度看，有教师教的方法和学生学的方法。以上是从不同的层次、不同视角对教学方法的不同理解。

其次，教学方法是教学活动系统的有机组成部分，它在教学活动过程中展开，不能离开教学活动的其他要素而独立存在。具体地说，教学方法是为实现教学目标服务的，不同的目标，就用不同的方法，相同的目标也可以用不同的方法达成。教学主体（教的主体、学的主体）是教学活动系统的主导性要素，是教育目标的实现者和体现者，也是教学方法的使用者，教师主体在选择和运用教学方法时需要考虑自身能力和条件，也要考虑学生这一主体的发展特点，只有如此，才有可能达到教学目标。为什么教、教什么、如何教，这是教学目标、教学内容、教学方法的逻辑关系，即教学内容的选择和确定由教学目标决定，教学方法的选择和运用由教学内容决定。教学方法和教学内容都为教学目标服务。

最后，教学方法既是一个随着教学活动系统及教学环境（社会环境）变化而变化的动态系统，又是一个具有相对稳定性的系统。当教学的目标、内容、环境发生变化时，教学方法也随着发生变化，表现出教学方法的针对性、多样性、综合性的特点。但教学方法又是相对稳定的，表现在教学方法有其自身发展的规律和运用的条件，一种方法对一种问题的解决是有效的，但也许对另一问题的解决是无效的，可能会促成某一目标的达成，但也可能会阻碍另一目标的实现。

至此，我们对教学方法大体上有了一些了解，但对教学方法进行整体研究、做到面面俱到是不可能的。因此，本文所指的教学方法是指为达到教学目的和实现教学内容所选择和运用的活动方式、途径、程序和手段的总和。

包括教师教的方法和学生学的方法。教学方法是教学过程要素的中介。作为教学过程中的一个要素，教学方法本身是一个复杂的系统，有自身的结构层次，不同结构、不同层次的教学方法有各自的运行规律；同时，教学方法与教学过程中的其他要素系统相互联系、相互作用，任何一方变化都会引起另一方的变化。

2. 教学方法科学化释义

教学方法科学化就是教师将科学的教学理论转化为科学的教学方法，在教学中减少盲目性，增加科学性；同时，通过教学方法系统内部结构层次的优化，使教学方法与教学过程各要素、各环节协调统一，使整个教学过程实现最优，最终促进教学目标的达成。作为结果，教学方法科学化就要体现教育教学规律、符合学生身心发展的规律。具体而言，教学方法科学化包括三个层面的涵义：

第一，教学方法的科学选择。教学方法科学化要充分地利用人类在教育和教学过程中所积累的丰富知识，而不仅仅是凭借教师的直觉、凭借以往的教学经验来确定教学方法。每一种教学方法都有各自的适用范围，它们既有优点又有缺点，在多样化的教学方法中做出选择是一个复杂的问题。为此，需要根据教学目的、教学内容、学生的实际水平、教学环境等来选择确定多种教学方法，以增强教学的针对性和有效性。

第二，教学方法的科学运用。教学方法是教学过程的构成要素之一，在教学过程中发挥中介作用。它和教学过程各要素之间是对立统一的关系，包括教学方法与教学目标，教学方法与教学内容，教学方法与教学对象，教学方法与教育者，教学方法与教育环境，任何一对关系都会经历从对立到统一，再从统一到对立的过程。这实质上也就是教学方法运用的过程。这个过程中教学方法不断调整自身的内在结构和层次，不断适应变化着的教学环境和条件。在此，教学方法与教学目标、教学内容、教学对象、教学环境之间并不是简单地、直接地统一起来，而是内在的、逻辑的、动态的统一。

第三，教学方法的科学创新。教学方法科学化是一种渐进的过程，任何一种科学的教学方法，都是在教学实践的基础上逐渐形成的，它是对教学经验的科学总结，与教学过程中的客观规律相符合。但是，任何一种科学的教学方法，都是一定历史条件下的产物，在一定的教学实践范围内经受检验，都只能以一定的侧面、在一定的深度和广度上反映教学规律，并有其严格的适用界限，因此科学的教学方法既有绝对性又有相对性。每一种科学的教学方法都不是完美无缺的，一次性完成的。随着教学实践的发展，教师的认知能力、深度和广度进一步发展，教学系统中各要素间的联系被更全面地揭示，教学的本质进一步暴露。教师根据新的科学事实充实、丰富和发展已有的教学方法，要么修改、补充教学方法的辅助内容，要么修改、完善、精确其教学的程序，要么修改教学方法的适用范围，使教学方法更全面、更深刻地反映教学的本质和规律，使教学方法具有更强的功能，进一步提高其科学性，这就是教学方法的科学创新。

（三）思想政治理论课教学方法科学化

思想政治理论课教学方法科学化具有方法科学化、教学方法科学化的特点，但也有其特殊性。作为结果，思想政治理论课教学方法科学化不仅要遵循教育教学规律，遵循思想政治教育规律，遵循大学生身心发展的规律；更要体现思想政治理论课课程的价值属性，即课程的国家属性、意识形态性。所以，思想政治理论课教学方法科学化是规律性和价值性的统一。为了实现这样一种科学化的结果，推进科学化发展，提高科学化程度，应该在思想政治理论课教学方法的科学选择、科学运用，科学创新方面不断探索，这就是思想政治理论课教学方法科学化的过程。

1. 思想政治理论课教学方法的科学选择

第一，所选教学方法要体现思想政治理论课教学目标和任务的特殊性。从党中央、教育部发布的多份文件中可以看出，思想政治理论课教学的目标是"帮助大学生在科学理论指导下形成共同的理想信念，强大的精神力量和基本的道德规范，真正成为社会主义核心价值体系的坚定实践者。"① 2014年11月2—3日，教育部社科司徐艳国副司长在教育部高校思想政治理论课教学指导委员会"概论"分教指委会上的报告中强调，思想政治理论课不仅要注重知识的传授，更要注重学生思想的引导，这是一个系统工程。和其他知识性课程相比，思想政治理论课教学具有思想性、政治性、理论性，这种特殊性决定了教学方法的特殊性，即思想政治理论课教学方法不仅仅是将思想、政治、道德相关的理论知识传授给学生，更重要的是要对大学生的价值引领，使大学生形成正确的世界观、人生观和价值观，并在实际行动中体现出来，是实现知、情、意、信、行的统一。

第二，教学方法的选择要符合思想政治理论课教学内容的特点。"内容是事物存在和发展的基础，形式则是在一定的内容的基础上产生的。因此一般地说，内容居于支配的地位，形式则居于从属的地位，内容决定形式，形式必须适合于、服从于内容。"② 教学方法是为教学内容服务的，"教学方法的存在是为了确保能够恰当地、专业地传授教学内容"③，"从一定意义上说，教学方法的主要成分是教学内容和掌握这个内容的方法，教学方法是在分析各种教学内容，分析掌握这些内容的基础上得出来的。教学方法是教学内容的一种特殊运动方式。所以，教学内容和方法是不可分割的。教师如何选择教学内容，事实上已经是教学方法的一个组成部分。"④ 思想政治理论课教师在教学中要根据教学内容的特点选择教学方法。同时，思想政治理论课教材是教学内容的载体，其特点是内容具有完整性、系统性，使用的是书面语言，有较多的专业术语。因此，思想政治理论课教学方法的科学化包括如何将教材体系转化为教学体系，总的原则是：选择的教学方法既要充分反映思

---

① 梅荣政：《领悟和践行社会主义核心价值观的三点思考》，载《学校党建与思想教育》，2015年第8期。
② 石云霞：《新中国成立以来高校思想理论教育史研究》，人民教育出版社2005年版，第39页。
③ [德] 希尔伯特·迈尔：《课堂教学方法》（理论篇），尤岚岚、余莴译，华东师范大学出版社2010年版，第47页。
④ 石云霞：《高校思想政治理论课程建设史研究》，武汉大学出版社2006年版，第256页。

想政治理论课教材（教学内容）的系统性、完整性，但也要突出重点、克服难点；选择的教学方法既要反映思想政治理论课教学内容的思想性、政治性、理论性，又要体现科学性、艺术性、人性，使学生对教学内容容易理解和掌握，乐于接受，勇于践行。

第三，教学方法的选择要符合大学生对思想政治理论课的认知特点，符合大学生个性发展特点和成长成才规律。从大学生群体来看，不同年代的大学生有着不同的成长环境，很多思想观念存在差异，不同学科背景的大学生对思想政治理论课的认识理解能力不同；从大学生个体来看，每个人成长的家庭环境、接受的教育、成长经历不同，他们的个性不同，对思想政治理论课的认知水平、认知方式、理解能力也不同。从年龄上讲，大学生和小学生、中学生相比，他们的抽象思维能力更强、更加成熟理性，社会阅历和知识更加丰富，对思想政治理论课的理解能力更强。和走入社会和职场的成人比较，大学生又有不成熟的一面，社会实践经验少，对社会政治、经济生活体验少，对思想政治理论课内容的认识和理解不会很深刻。他们既有普遍性的特点，又有个性化的特点，因此，选择教学方法要合乎大学生对思想政治理论课的认知特点，合乎大学生成长成才的规律，合乎他们的个性特点。

除了上述主要的几个方面，选择教学方法还要根据教师个人的能力、教学的风格，不同的教师有不同的学科背景，有不同的知识结构和教学风格，教师运用教学方法的能力水平不同，有的教师适合用这种教学方法，有的适合那种教学方法，只有科学选择才能使教师的能力和水平得到充分发挥；同时，思想政治理论课教学环境条件会发生变化，不论是宏观的社会大环境，还是校园环境都在发生变化，选择适应时代发展，适应学校环境条件发展的教学方法是实现教学目标的要求。

2. 思想政治理论课教学方法的科学运用

思想政治理论课教学方法的科学运用是教师在深入研究教学目标和要求、教学内容和教学对象的基础上，使教学过程各个阶段、各个环节的教学方法相互衔接，相互补充，实现教学方法系统化，结构最优化，功能最大化。思想政治理论课教学目标的实现，不是单独靠一种教学方法就能完成的，而需要教学方法的综合运用。但多种教学方法综合使用不是简单的叠加，而是使多种方法形成一个密切配合、相互补充、有机的系统，发挥系统的功能。各种具体教学方法要有结构才能组成一个有机整体。

第一，思想政治理论课教学方法的科学运用是对教学方法特性的准确把握。"教学方法本身也是一门学问，大类上可分为三个层次，具体来说又有很多种，而且还在不断发展。每一种教学方法都有它适用的条件和内在的规律性，只有把教学方法的层次体系、具体方法的适用条件和规律了解清楚，在实际运用中才能与教学内容相得益彰。"[1] 教师在运用教学方法时要把握其特性。

第二，思想政治理论课教学方法的科学运用是在教学过程中对教学内容在时空秩序上的合理安排。思想政治理论课教学内容有其内在的历史和思维逻辑以及相对稳定的结构层次。教学过程中各个教学内容之间的联结不是随意的、零碎的知识的堆砌，而应该具有合理的时间顺序和空间结构，使历史和逻辑相统一，各个层次的内容有机结合，才有可能有效地达到教学目标，而教学内容的合理呈现，就需要不同性质的具体教学方法按照一定的时空秩序组合在一起，形成有机的教学方法系统，使各部分教学内容之间的有效衔接，发挥综合效应和整体功能。当教学内容发生变化时，教学方法的排列组合的方式以及时间先后顺序也要变化。

第三，思想政治理论课教学方法的科学运用是多种教学方法的科学组合。即依据教学方法之间的有机联系，相互结合、相互联系地运用它们，以发挥思想政治理论课教学方法的整体功能，从而获取最优的教学效果。首先，教学目标的多层次性、教学内容的多样性、教学对象和教学环境条件的千差万别，要求教学方法的多样化。但是，在思想政治理论课教学过程中仅仅有多样化的教学方法，还不能满足思想政治理论课教学的要求，因为思想

---

[1] 李宝江：《对高校思想政治理论课教学方法运用的思考》，载《教育与职业》，2014年5月中。

政治理论课教学过程不仅是思想、政治、道德、法律等知识的传递，还有价值观的培养，良好行为习惯的培养；大学生不仅仅需要知识，更需要价值的引领。思想政治理论课教学的目标和要求是综合性的。多样化的教学方法可以应对多样化的教学问题，但面对具有综合性的教学目标和要求时，如果没有科学的组合，就不能导致有效教学，难以达到教学目标。要实现有效教学，就要在教学过程中直指教学目标，将多样化的教学方法进行科学组合、综合运用，以综合化的教学方法组合，应对综合化的教学目标。总之，综合复杂的思想政治理论课教学活动，不仅要求教学方法的多样化，而且要求教学方法的科学组合、综合运用。其次，具体教学方法的局限性和互补性要求对思想政治理论课教学方法进行科学组合、综合运用。任何一种教学方法都有其特定的适用范围，也有各自的优缺点。"没有一种模式（教学方法）是为完成所有类型的学习，或是为适用于所有的学习风格而设计的"[1]，因此，仅仅依靠单一的教学方法难以实现所有的教学目标，这就要求多种教学方法的科学组合、综合运用。

3. 思想政治理论课教学方法的科学创新

思想政治理论课教学过程各要素的发展变化必然要求教学方法要随之变化和发展。当前，高校思想政治理论课教学对象已经发生变化，"95后"大学生已经成为大学校园的主角，"00后"大学生也进入了大学校园，这一时代的大学生有着自身的思想和行为特点。思想政治理论课教学的社会大环境在不断发生变化，社会主义市场经济体制深化发展，经济全球化浪潮席卷世界的每个角落，信息化时代到来和发展；在我国，智能手机、电脑等科技产品广泛运用，互联网普及，等等。思想政治理论课课程建设多次变革，更加科学化、系统化。上述这些变化，要求教学方法作出改革和创新，不改革、不创新，就无法达到教学的目的。

创新，简单地说就是利用已存在的资源和要素创造新的事物。思想政治

---

[1] 丁证霖等编译：《当代西方教学模式》，山西教育出版社1991年版，第1页。

理论课教学方法的科学创新是在挖掘、改造、吸收和利用传统教学方法的同时，更要把握时代精神，吸收新的思想观念，创造新的教学方法，以适应时代发展的要求。然而，思想政治理论课教学方法的科学创新不能是盲目的，它必须遵循实效性、时代性、整合性、可行性的原则，因为它是为了实现教学目标而进行创新，如果失去了目标和方向，教学方法的创新也就失去了意义。

思想政治理论课教学方法的科学创新是对传统教学方法的批判与继承上的推陈出新，是对各国教学方法，各学科教学方法的引入和借鉴基础上的创新。它要立足当下，抓住高校思想政治理论课教学中存在的诸多问题，找准创新的切入点。同时，思想政治理论课教学方法的科学创新是一个系统工程，它既包括教学理念层面的创新，也包括教学组织形式层面的创新，还包括教学行为模式的创新。当然，思想政治理论课教学方法的科学创新少不了对现代网络信息技术等科学技术的吸收和运用。

二、高校思想政治理论课教学方法科学化的紧迫性和必要性

党和国家给思想政治理论课赋予了较高的地位，将其视为体现社会主义大学本质的课程，使它肩负着立德树人的重任。为此，党和国家加强思想政治理论课课程建设，在多方面取得了突出成绩，但是，教学方法科学化程度不高的问题依然突出。同时，复杂的社会大环境为思想政治理论课教学带来挑战，思想政治理论课教学没能有效体现课程的意识形态性。因此，要改变思想政治理论课教学现状，发挥其应有的作用，迫切需要提高教学方法科学化程度。另外，要协调好思想政治理论课教学过程各要素之间的关系，促进思想政治教育的科学化有必要提高教学方法科学化程度。

（一）高校思想政治理论课教学方法科学化的紧迫性

1. 思想政治理论课的地位、功能和承担的使命

高校思想政治理论课作为国家性质的课程，是由党中央和政府规定的课

程，历来受到党和国家的高度重视，并赋予了它较高的地位，将它作为体现中国特色社会主义大学本质，引导大学生树立正确的世界观、人生观、价值观，坚定中国特色社会主义理想信念，能够帮助大学生认识世界和改造世界的课程。1980年7月7日教育部印发的《改进和加强高等学校马列主义课的试行办法》对高校马列主义课的地位和任务做了明确的规定"马列主义、毛泽东思想是我们党和国家的指导思想和理论基础。马列主义、毛泽东思想观念的基本原理是经过实践检验的普遍真理。我国高等学校开设马列主义课，对学生进行马列主义、毛泽东思想的基本理论教育，体现了社会主义高等学校的特点和优点，对各系各专业的学生都是十分必要的。社会主义高等学校的性质和马列主义、毛泽东思想基本理论的指导作用，决定了马克思主义课在整个高等教育中的重要地位。"[1] 并指出实现社会主义现代化建设，必须坚持四项基本原则，只有加强马列主义、毛泽东思想的基本理论教育，才能使学生自觉地坚持四项基本原则，端正学习目的，掌握正确的学习方法，为实现四个现代化而学好专业。1984年9月4日教育部印发的《关于加强和改进高等院校马列主义理论教育的若干规定》中提出"马列主义理论课的主要任务是帮助学生通过系统地学习马列主义、毛泽东思想，确立坚定正确的政治方向，树立无产阶级世界观。"[2] 2004年8月下发的《中共中央国务院关于进一步加强和改进大学生思想政治教育的意见》（中央16号文件）中指出"高等学校思想政治理论课是大学生思想政治教育的主渠道。思想政治理论课是大学生的必修课，是帮助大学生树立正确世界观、人生观、价值观的重要途径，体现了社会主义大学的本质要求。"[3] 2005年2月7日《中共中央宣传部、教育部关于进一步加强和改进高等学校思想政治理论课的意见》中指出

---

[1] 教育部社会科学司组编：《普通高校思想政治理论课文献选编（1949－2008）》，中国人民大学出版社2008年版，第86页。
[2] 教育部社会科学司组编：《普通高校思想政治理论课文献选编（1949－2008）》，中国人民大学出版社2008年版，第95页。
[3] 教育部社会科学司组编：《普通高校思想政治理论课文献选编（1949－2008）》，中国人民大学出版社2008年版，第204页。

"高等学校思想政治理论课承担着对大学生进行系统的马克思主义理论教育的任务，是对大学生进行思想政治教育的主渠道。充分发挥思想政治理论课的作用，用马克思列宁主义、毛泽东思想、邓小平理论和'三个代表'重要思想武装当代大学生，是党的教育方针的具体体现，是社会主义大学的本质特征，是党和国家事业长远发展的根本保证。"[1]

之所以党和国家给高校思想政治理论课赋予如此高的地位，是因为这一课程具有以下功能：一是政治导向的功能，它能促进政治认知，强化政治认同，激发政治热情，培养政治素养，为大学生指明了正确的政治方向；二是道德培育功能，它将良好的社会道德规范、行为准则通过教育教学传递给大学生，使大学生将外在的社会道德规范、行为准则内化为自身的道德品质，外化为道德行为习惯。除上述两项主要功能，还有多种功能，如人格塑造、能力培养、文化传承等。正因为思想政治理论课具有这样的功能，党和国家又赋予了它如此高的地位，要它承担起培养中国特色社会主义事业建设者和接班人的任务。对高校而言，它决定着学校为谁培养人、培养什么样的人的问题，这一历史使命是别的学科课程不可替代的。

2. 高校思想政治理论课建设取得的成绩和存在的问题

高校开设思想政治理论课程在学科建设、课程体系建设、教材体系建设、教师队伍建设方面都取得了突出的成绩，但教学方法仍然是一个薄弱环节。

（1）高校思想政治理论课建设取得的成绩

因为思想政治理论课具有重要的地位和作用，承担着重要的历史使命，所以，思想政治理论课课程建设就应该达到较高的科学化程度，才能促使其历史使命的完成。为此，教育部、中宣部及各级教育主管部门和各高校在课程建设方面共同努力，取得了较大的成绩。主要表现在以下几个方面：

一是思想政治理论课的学科支撑实现从无到有。1984年4月13日，教

---

[1] 教育部社会科学司组编：《普通高校思想政治理论课文献选编（1949－2008）》中国人民大学出版社2008年版，第213页。

育部发出《关于在十二所院校设置思想政治教育专业的意见》，批准南开大学等 12 所院校增设思想政治教育专业。1984 年 6 月 9 日，教育部又发出《关于在六所高等院校开办思想政治教育专业第二学士学位班的意见》。1987 年 12 月 21 日，《普通高等学校社会科学本科专业目录》颁布，在"马克思主义理论、思想政治教育类"学科门类下设"思想政治教育"专业。1986 年 5 月，国家教委《关于加强高等学校思想政治工作的决定》，指出"要认真办好思想政治教育专业，包括第二学士学位和研究生班"。1987 年 5 月 29 日，中共中央在《关于改进和加强高等学校思想政治工作的决定》中指出，"有关院校要认真办好思想政治教育专业，办好第二学士学位班，并创造条件培养这方面的硕士和博士研究生，为造就从事思想政治教育的专门人才开辟一条新路。"[①]。1996 年，思想政治教育与马克思主义理论教育合并为马克思主义理论与思想政治教育专业。2002 年，这一学科被批准为国家级重点学科。2004 年 1 月，中共中央发出《关于进一步繁荣和发展哲学社会科学的意见》，提出了"马克思主义理论研究和建设工程的设想"，4 月 27—28 日在北京召开中央实施马克思主义理论研究和建设工程工作会议，并下发了《中央宣传思想工作领导小组关于实施马克思主义理论研究和建设工程的意见》，标志着马克思主义理论研究和建设工程正式启动，高校思想政治理论课程的学科支撑有了专门的机构。2005 年，设立马克思主义理论一级学科，下设马克思主义基本原理、马克思主义发展史、马克思主义中国化研究、国外马克思主义研究、思想政治教育五个二级学科，后来又增设了中国近现代史基本问题研究这个二级学科，初步构建了马克思主义理论一级学科的学科体系，学科发展有了重大突破。并且和思想政治理论课"05 方案"相对应，马克思主义理论一级学科的设立为每一门课程提供了学科和专业支撑，使思想政治理论课教育教学有了学理支撑和理论指导，提高了科学化水平。

二是高校思想政治理论课课程设置越来越科学、系统、完整。自高校设

---

① 教育部社会科学司组编：《普通高校思想政治理论课文献选编（1949－2008）》，中国人民大学出版社 2008 年版，第 126 页。

置思想政治理论课以来,在课程设置方面经历了数次改革。1956年到1976年,高校思想政治理论课程建设经历了曲折发展的时期。为适应社会发展的需要,思想政治理论课程的设置发生了相应的改变,但由于受阶级斗争为纲的"左"的思想及"大跃进"思想影响,从1957年下半年开始,停开原有的课程,开设"社会主义教育"课程,直到1959年,原有的课程设置才得以恢复。1964年,中宣部、教育部、高教部党组联名出台《关于改进高等学校、中等学校政治理论课的意见》,提出课程要"少而精",除开设"形势与任务"课外,开设"中共党史""哲学""政治经济学",并提出文科专业可根据"少而精"的原则对课程进行调整和改进。学过以上课程的学生可选读《毛泽东著作选读》。之后受"左"的思想影响和"大跃进"影响,思想政治理论课程建设也向"左"转,成了阶级斗争的工具。1978年后,为适应改革开放和社会主义现代化建设的需要,思想政治理论课经历了拨乱反正、恢复和重建的时期,1978年,教育部颁布《关于加强高等学校马克思主义理论教育的意见》,提出高校开设马克思主义理论课程。在1984年,教育部发出了《关于在高等学校开设共产主义思想品德课的若干规定》,至此,共产主义思想品德教育成为思想政治理论课的重要组成部分。1985年,中共中央发出了《关于改革学校思想品德和政治理论课教学的通知》,思想品德和政治理论课在教学内容、教学方法、课程设置方面都进行了改革。1986年,国家教委制定了"85方案"。从1998年到2005年,在高校实施"98方案"。从2005年开始到现在,高校又实施"05方案"。从高校思想政治理论课程设置历程来看,课程体系和内容具有相对稳定性,同时也"体现了马克思主义与时俱进的理论品质,深刻反映了时代发展的内在要求,这些标志着高校思想政治理论课程体系的日益完善和发展。"①

三是伴随着课程体系的确立,教材体系建设随之发展。在1949年到1956年,我国的教材编写能力和水平还相对滞后,这一时期的教材主要使用

---

① 顾海良等:《高校思想政治理论课程建设研究》,经济科学出版社2009年版,第70页。

苏联教科书。1957年到1977年间，思想政治理论课教材建设曲折发展，1957年，原有的课程停开，开设"社会主义教育"课，并将毛泽东的《关于正确处理人民内部矛盾的问题》作为教材，同时选读马列经典著作和党的文件。1958年教育部提出高校开设三门课，即"马列主义基础""政治经济学""辩证唯物主义和历史唯物主义"，经过两年的摸索，完成了自编教材或讲义的任务。到1961年，教育部对几门课程的教材有了具体的编选计划，并提出了教材未出版以前的过渡性办法，即采用中宣部编写的教材，或暂缓开设，或专题讲授。从1964年开始，思想政治理论课在"左"的思想指导下，成为阶级斗争的工具，教材建设处于停滞时期。1978年改革开放后，各高校恢复了马列主义理论课程，教育部提出组织全国水平较高的教师编写"全国统一教材"，各校根据教育部大纲自编教材。1984年，中宣部和教育部根据新的时代条件下出现的新问题、新情况，以及老教材内容滞后的问题，提出组织高水平教师重新编写新教材，并且给教师提供教师参考书，给学生提供经典著作选读本，拍摄电教片。此时，思想政治理论课教材建设已经走入正轨。"85方案"实施后，教育部对该方案三门课程的教材做了具体规划，组织专家编写全国试用教材。此后，高校思想政治理论课教材建设逐步走向科学化道路。在此背景下，各高校积极编写教材，形成了一大批成果，但是从全国来看，各高校使用的教材五花八门，质量参差不齐。因此，国家教委提出要加强教材管理和建设，1992年，国家教委颁布《关于加强高等学校思想政治教育课程教材建设的管理意见》，制止教材的多头编写，严格教材审批制度。"98方案"实施后，教育部对教材的管理和建设进一步规范化，同时将"邓小平理论和'三个代表'重要思想"编入教材。2005年，中宣部、教育部对高校思想政治理论课进行了重大调整，形成了"05方案"，该方案强调，为保证教材的科学性、权威性、严肃性，高校思想政治理论课教材编写被纳入马克思主义理论研究和建设工程，并作为重大项目，组织全国高水平的专家学者编写教材。同时，中宣部、教育部联合成立教材编写领导小组，负责教学大纲的编写，组建教材编审委员会来编写全国统一教材。目前，已经形成了全国统一编写的思想政治理论课四门课程教材。这些教材随着时代发展在不断修改、完善、修订，使高校思想政治理论课教材建设能够与时俱进。同时，还形成了一批辅助教材和参考资料，形成了基本教材、教师参考用书、学生辅学读本、电子音像类教材在内的教材体系。

四是高校思想政治理论课教师队伍逐渐壮大，水平逐渐提高。高校思想政治理论课教师队伍经历了十年"文革"后，从 1978 年到 1984 年，处于恢复建设时期，针对当时教师队伍存在的数量少、水平低、任务重、青黄不接的问题。党和国家采取了应急补救的措施，同时，对思想政治理论课教师的任职条件、来源和发展方向进行了规定。1985 年到 1997 年，全国兴起教师参加社会实践之风，教师参加社会调查、社会考察、基层挂职锻炼等，目的是使教师到生产一线去，经过亲自体验对思想政治理论课程形成正确的认知。同时，建立新师资培训基地，"依托马克思主义理论教学力量较强的综合大学、师范大学，有计划地培养马克思主义理论课的新师资，并适当担负培训在职教师的任务。1987 年在中国人民大学、北京大学、复旦大学、东北师范大学开始基地筹建工作。"[①] 为思想政治理论课教师队伍建设提供了平台。同时，重视教研室建设。1998 年到 2004 年，随着"98 方案"的实施，思想政治理论课教师的培养选拔和管理越来越规范，教师队伍的学风、师德要求越来越严，专兼职结合的设想逐步明朗。从 2005 年开始到现在，高校思想政治理论课教师队伍的专业化建设的指标初步确立。2015 年，教育部印发了《高等学校思想政治理论课建设标准》，其中对思想政治理论课教师队伍管理方面提出了七个二级指标，分别是政治方向、师德师风、教师选配、培养培训、职务评聘、经济待遇、表彰评优。其中在教师培训方面提出，"新任专职教师必须参加省级岗前培训；所有专职教师应积极参加省级或中宣部、教育部组织的示范培训或课程培训或骨干研修。学校每年对全体教师至少培训一次。每学年至少安排 1/4 的专职教师开展学术交流、实践研修和学

---

① 教育部社会科学司组编：《普通高校思想政治理论课文献选编（1949-2008）》，中国人民大学出版社 2008 年版，第 120 页。

习考察活动。有条件的学校可以开展国（境）外学术交流和实践研修。安排专职教师进行脱产或半脱产进修，每人每 4 年至少一次。鼓励支持专职教师攻读马克思主义理论相关学科学位。"[1] 这些规定强有力地促进了思想政治理论课教师队伍专业化发展。为思想政治理论课教学提供了坚实的人力资源保障。

（2）存在的问题：高校思想政治理论课教学方法科学化程度不高

思想政治理论课教学方法是否科学，就看其能否体现思想政治理论课教育教学的客观规律，是否合乎思想政治理论课的客观属性。思想政治理论课教学方法科学化是合规律性和合目的性的统一，或者说是科学性和价值性的统一。如此看来，当前高校思想政治理论课教学方法科学化程度并不高。

一是高校思想政治理论课教学方法没有体现教学过程的整体最优。教学方法在教学过程中发挥着中介和桥梁的作用，其任务是使教学过程各要素之间发生联系，并且使这些联系实现和谐状态，最终达到教学目的。然而，实际教学中，教学方法和教学过程各要素间还存在很多不协调、不统一的现象。

教师是教学方法的运用者，一个好教师不仅要有较高的学术造诣，也要懂教学方法。在高校思想政治理论课教学的现实中，则普遍存在着这些问题：首先，教师的教学理念有待更新。科学的教学理念是教学客观规律的体现，是教学方法科学选择运用的前提，没有科学的教学理念，无法处理好教师和学生的关系。目前，在教学理念上存在两种极端，一种是教师的师生观、教学方法观落后。"教师中心"在很多教师的观念中根深蒂固，"重教轻学"的教学观念还不同程度地存在，这就压制了大学生学习主体性的发挥，弱化了大学生自主学习的能力和学习的热情；另一种是教师过分强调发挥学生的主体性，而忽视了教师的主导作用，以致使教学方法脱离教学目标和任务。现存的教学观念给无效教学埋下了伏笔。其次，教师自觉接受教学理论

---

[1] 教育部关于印发《高等学校思想政治理论课建设标准》的通知，2015 年 9 月 10 日。

指导并灵活运用教学方法的能力有待提高。科学的教学理论是对教学规律的反映，是教学方法科学化的基础。在实际的教学中，很多教师还不善于主动用教学理论指导教学实践。甚至存在只重视教学内容研究、不重视教学方法研究的现象。再次，教师的理论修养和理论水平有待提高。教师的理论修养和理论水平是思想政治理论课教学方法科学化的基础，理论修养和水平是内容，教学方法是形式。没有好的内容，形式也无法很好得到体现。有了好的内容，但没有好的形式，也不能达到目的。思想政治理论课教学方法科学化是内容和形式的有机统一。

高校思想政治理论课教学方法在研究和实际运用上都滞后于教材建设和教学内容的改革。主要表现在思想政治理论课教学方法的针对性和操作性较差。比如"05方案"反映了学习课程内容的整体性，反映出了多学科知识的融合和渗透，这种整体性的特点要求教师在教学过程中加以贯彻和运用，要求教学方法做出相应的调整，要求在教学过程中不能割裂内容的完整性，不能使其成为碎片化的知识。对此，也有很多思想政治理论课教师和学者在教学方法上进行了研究和实践探索，产生了许多研究成果和实践经验。但这些研究成果缺乏对"05方案"的有效回应。在实践中，也有思想政治理论课教师在教学过程中采用多种方法并取得了很好的效果，但是又缺乏对实践经验的总结和提炼。此外，有些教师在教学过程中没有注意各个课程之间的内在联系，以及课程内部新旧知识之间的联系，也有教师在教学过程中没有突出重点、难点。适宜的教学方法是实现教学内容、完成教学任务的根本措施和保证，任何事物都是如此，方法正确往往事半功倍，方法不对则事倍功半。教学质量的提高固然要以具有科学性、真理性的教学内容为基础，但没有科学的教学方法，科学的教学内容也无法转化为教育对象的理论认识，无法把预期的教学目标变成实际的教学效果。

学生的思想行为特点是选择和运用教学方法的客观依据，好的教学方法往往能够有效针对学生的特点，采用恰当的方法来促进学生成长。然而，在思想政治理论课教学的现实中，由于人、财、物等有限，绝大多数高校思想政治理论课实施大班教学，因此，如何最大限度地照顾到每个学生的特点，发挥其主体性，照顾到学生的个体差异，做到因材施教；如何用有效的教学方法使思想政治理论课教师能够有效地控制课堂信息，使学生在系统掌握思想、政治、道德知识的同时，促进学生合作精神和集体意识的形成和发展等问题。这些问题还没有有效得到解决。当前教师们普遍采用讲授讲解法，并不容易调动学生的学习积极性，常常出现教师在台上讲、学生在台下记，记完、考完，学生学习的任务就完成了。值得一提的是，在现代教育技术发展的背景下，多媒体普遍运用于思想政治理论课教学中，这在一定程度上有利于大班教学，但是同时也出现表面热闹，不注重师生间、生生间交流的情况，成为形式上的科学化。本质上仍然是教师的一言堂、满堂灌，同样限制了学生知识的掌握，情感的培养，思维的启迪。

除上述几点，思想政治理论课教学方法科学化程度不高还表现在对具体教学方法的规律性认识不深。每一种教学方法都有其内在的运行规律，在教学中不遵循教学方法运行的规律，没有把握各种方法的特点及适用的条件，盲目使用，必然造成教学的失败。另外，这种情况还表现在教学过程检验方法的不科学。在很多教学过程检验中，注重对思想政治理论知识掌握情况的检验，而忽视对智能和品行的形成和发展情况的检验；往往采用单一的卷面考试的方式，使反馈的信息不客观，比如有的学生卷面成绩很高，但品行修养差，思想觉悟不高；重视定量评价、忽视定性评价，重视终结性评价、忽视形成性评价。

总之，思想政治理论课教学过程各要素没有实现最优化，没有形成整体最优结构，必将影响各自功能的发挥，也不利于整体功能的有效发挥，加之教学过程检验方法的不科学，最终的结果是思想政治理论课教学目标难以达成，教学实效性差。

二是高校思想政治理论课教学方法未能有效地将教材体系转化为教学体系，将教学体系转化为素质体系。教材是高校思想政治理论课程内容的载体，如何让抽象的文字变成鲜活的教学实践？这需要思想政治理论课教师将教材体系转换为教学体系。教材体系向教学体系转换其实质是思想政治理论课教材知识结构体系向教育结构体系的转换。两者有各自的特点，思想政治理论课教材体系的特点是理论知识的准确性、完整性、抽象性。而教学体系的特点则是针对性、通俗化。在思想政治理论课教学中，教师需要根据学生的思维水平和思想要求来选择讲什么，不讲什么，怎样展现所要讲的内容，在保证理论内容的准确性、完整性的同时，更要注重内容的针对性，对教材内容要有所取舍，不能照本宣科，面面俱到，没有重点。

高校思想政治理论课教学的最终目的是将思想政治理论知识转化为学生良好思想素质和行为素质，也就是要实现从教学体系向学生素质体系的转化。这个过程又由三个阶段构成：一是知，即教师帮助学生构建完整的思想政治理论知识结构，使学生对思想政治理论课程知识有完整、全面的认知。二是信，即教师帮助学生接受、认同，相信思想政治理论课程知识的真理性，并内化为自己的行为准则。三是行，即学生按照行为准则自觉地付诸行动。从知到信，从信到行，每一次转化都是惊险的跨越。如果方法不当，就无法成功地实现跨越。

无论是从教材体系向教学体系的转换，还是从教学体系向学生素质体系的转换，都需要科学的教学方法。然而，在实际教学中，教学方法的科学化程度不高的问题影响着教材体系向教学体系有效转化，影响着教学体系向学生素质体系的有效转换。体现在学生对思想政治理论课认同度差，没有学习的兴趣和动机，真正信仰马克思主义的少。教学方法科学化程度不高，表现在几个方面：首先，教师在教学中不能将抽象的概念具体化，不会将学术语言转换成学生易于接受的语言。这对于一些非思想政治教育专业的学生而言，很多专业术语是晦涩难懂的，长此以往，学生就会渐渐失去了解思想政治理论课的兴趣，最终也将影响学生建构科学的知识结构。其次，教学方法比较单一，照本宣科的满堂灌仍然普遍存在，启发式、参与式的教学运用能力不强。表现在缺乏科学的问题意识，缺少对学生的引导，教学过程控制能力弱。比如在讨论式教学中对学生的思想观点不予及时评价，讨论过程放任自流等现象依然存在。无法对学生现实关切的问题和思想困惑,以理论的方式予以回答,不利于调动学生学习的积极性。再次,实践教学是帮助学生从知向信、从信向行转化的有效途径。它以实践活动为载体,强调学生亲身体验,身体力行中加深对思想政治理论课知识的理解和把握,并内化为自己的思想素质和行为素质,在实践教学中,教师主要的工作是组织活动、指导实践,学生的任务是参与实践,在实践中觉悟理论、深化认识、升华情感、磨炼意志。但在现行的实践教学中存着一些问题,一是内容和形式上重复的现象,原因是思想政治理论课各门课程各自为政,没有统一规划。二是社会实践和思想政治理论课内容脱节,实践无法检验理论的正确性和真理性。三是受人力、物力、财力的限制,或出于安全考虑,思想政治理论课教学实践往往流于形式,没有真正落到实处。

三是思想政治理论课教学方法未能使思想政治理论课的客观属性很好展现出来。高校思想政治理论课的客观属性就是理论性、政治性、思想性。理论性是高校思想政治课与小学和中学思想政治课的区别,小学中学的思想政治课还停留在"是什么""应该怎么做"的问题层面,主要是培养学生思想道德行为习惯。而大学的思想理论课则上升到"为什么"的问题层面,培养学生分析问题、解决问题的能力,培养学生的思维能力、判断能力。不仅让学生知道"是什么",更要知道"为什么"。因此,在高校思想政治理论课教学中要立足于"为什么"来展开教学。为此,作为高校思想政治理论课教师,掌握严密的逻辑演绎法、精确的分析归纳法是基本的要求。政治性就是思想政治理论课表现出的阶级性或意识形态性。思想政治理论课的政治性要求教师在教学中和党中央保持一致,遵守党的纪律,面对学生对社会现实的种种疑问,要坚持用马克思主义的立场、观点和方法合理引导。思想性是指把思想教育寓于理论性与政治性中。

理论性、政治性、思想性的特点要求思想政治理论课教师既不能将思想政治理论课作为政策宣传课来对待,也不能将其作为专业理论课或一般性的文化知识课,也就是要做到科学性和政治性的统一。一方面要强调思想政治理论课的科学性、学术性，另一方面也要强调其阶级性和意识形态性。当前的思想政治理论课教学中则过分强调理论性，但又没有立足于"为什么"这个层面去进行理论的讲授，更多的还是停留在"是什么"这个层面上，表现为学生读死书、死读书，上课听一听，考前背一背，考完忘脑后。思想政治理论课教学启迪思维的作用并没用充分发挥出来。在政治教育中则缺乏实践教学，更多地停留在解释社会主义政治制度，宣传共产党的政策，表现在学生的意识上就是不知政治和自己有什么关系，不关心政治。在思想教育上，则缺乏"情"和"意"的培养，更多的是知识的教育。思想政治理论课教学方法只有合乎思想性、政治性、理论性的特点，才能达到思想政治理论课教学的目标。而这需要创新思想政治理论课教学方法。

3. 外部环境对思想政治理论课教学带来的挑战

我国社会正处于经济全球化、社会主义市场经济、网络信息技术高速发展的时期，外部大环境的变化深刻影响着思想政治理论课教学，增强了思想政治理论课的正向功能，消极的影响则消解着思想政治理论课的积极作用，社会大环境的这些变化为思想政治理论课教学带来了极大的挑战。

（1）全球化带来的文化多样化对思想政治理论课教学带来的挑战

全球化尤其是经济全球化给世界各国和各民族不仅带来了物质生产方面的普遍联系，也在精神生产方面建立起了普遍的联系。这一方面丰富了人们的物质生活，开拓了人们的精神视野；另一方面，发达国家在经济全球化过程中占绝对优势，在发达国家不断输出的物质产品、文化产品和意识形态的浸染下，发展中国家人们的世界观、人生观和价值观发生变化的同时，思想和心理也在发生着急剧的变化。这种变化往往通过社会思潮的形式体现出来。在我国，大学生是站在时代潮流前沿的一个群体，极易受到各种社会思潮的影响；同时他们也是思想即将成熟、但还未成熟的一个群体，面对复杂的社会现象，他们还无法形成正确判断，做出正确的价值选择。他们急于寻找对现实社会现象的理论解答，想要知道为什么，然而面对琳琅满目的各种社会思想、各种主义，在不完全了解的情况下又盲目接受，形成了一些非科学的认识。这对以传播马克思主义主流意识形态为主要职责的思想政治理论课教学造成了很大的挑战，迫切需要用科学化的教学方法来加以解决。

（2）信息和网络技术的发展对思想政治理论课教学带来的挑战

当今社会是一个信息社会，各种信息乘着各种媒介的翅膀迅速而广泛地传播着，尤其是互联网的广泛使用，加快了信息传播的速度，也增加了信息传播量，有人说这是一个信息大爆炸的时代。然而这些信息良莠不齐，真假难辨，给人们带来大量信息的同时，也造成了人们思想上的混乱。对新鲜事物最敏感也最易接受的大学生，他们是互联网使用的主力军，互联网成为他们生活中不可或缺的一部分，深刻影响着他们的思想、观念以及生活方式。他们既是信息网络技术发展的受益者，也是受害者。一方面，信息和网络技术的发展为大学生提供更多知识和获得知识的渠道，他们可以通过网络获得自己需要得到的教育信息，这为大学生素质的普遍提高创造了机会。同时，网络和信息技术使人与人之间建立了普遍的交往关系，这使大学生的视野更加开阔，观念更新，提高和实现自己聪明才智的机会更多。但另一方面，大量的信息也造成了大学生信息判断、选择的困难和思想的混乱，面对众多的信息，不知道哪些信息是真的，值得相信的；哪些是假的，不能相信的。同时，大学生对网络和信息技术的过渡依赖，容易造成思考机会和能力的散失，其思想容易被信息控制，人云亦云，无法进行独立思考，散失了人所具有的主体性。信息和网络技术造成的这些负面的影响对思想政治理论课教学提出了挑战：思想政治理论课在信息和网络技术时代如何坚定大学生的马克思主义信念而不被大量五花八门的信息所淹没，如何培养大学生独立思考的能力？除此以外，在网络化和信息化的环境下，教师对知识信息的掌握优势不在，学生和教师面临着同样的信息环境，甚至学生掌握的信息量比教师还多，这种情况下教师如何教学生？这些问题的解决同样需要科学的教学方法。

（3）社会主义市场经济给思想政治理论课教学带来的挑战

社会主义市场经济的实施对人们思想观念、生活方式等的影响是巨大的。大学生作为社会中重要的一个群体，同样深受其影响。这种影响既有利也有弊，一方面，社会主义市场经济的实施促进了大学生主体意识的觉醒和形成，平等、自主、竞争、创新等意识随着社会主义市场经济的实施在大学生中广泛地确立起来；但另一方面，社会主义市场经济的实施加剧了大学生思想的片面性，将市场经济领域的一些原则运用于道德领域，物质主义、功利主义、个人主义盛行。这些问题的存在阻碍着社会主义核心价值观深入大学生的思想。思想政治理论课教学如何克服这些困难，培养出能够处理好个人与集体、国家、社会利益关系，既能发挥个性，又有社会责任感，有社会担当的一代？思想政治理论课是解决大学生思想问题的主要渠道，但思想政治理论课是否真正能解决这些问题，关键看教学方法是否科学。

事实上，上述所提到的挑战只是思想政治理论课教学所面临的众多挑战中的一部分，但它足以证明思想政治理论课教学面临的困难是客观存在的，这些困难的存在阻碍着思想政治理论课教学价值的实现，要求思想政治理论课教学必须对社会环境变化作出积极的反映，找出应对措施，要求思想政治理论课教师全面认识新形势下大学生的思想、行为规律，改变传统的、经验性、感知性的教学方法，根据新形势下大学生思想行为特点进行有针对性的教学，即实现教学方法的科学化。

4. 解决思想政治理论课教学存在的问题和面临的挑战，迫切需要推进教学方法的科学化

上述存在的诸多问题从更深层次上讲就是思想政治理论课的知识性和思想性的关系问题，价值性和科学性的矛盾问题，系统性、全面性与深刻性的矛盾问题。而要解决这些问题，迫切需要进一步推进教学方法的科学化。同时，教师无法直接改变社会大环境，但是可以营造良好的教学环境以加强思想政治理论课的积极功能，而营造良好的教学小环境需要科学的教学方法。

（1）解决思想政治理论课教学中存在的重知识性轻思想性的问题，需要进一步推进教学方法的科学化。

在知识和思想之间存在着这样的关系：首先，知识只有转化为人的思想

才有存在的意义。如果不能将知识内化为自身的思想，学以致用，知识就失去了价值。其次，思想的形成总是需要知识。不论这些知识来自自己和别人的实践经验，还是来自书本。总之思想和知识是不能分离的。

但是，长期以来，在思想政治理论课教学中，思想性和知识性的问题并不能得到很好的解决。不论是教师还是学生往往过分关注思想政治理论课的知识性问题，而忽视了思想性问题，知识本身成为了最终目的。教师将思想政治理论课程知识讲完，任务就算完成了，学生为应付考试背诵、记忆那些知识点也就万事大吉了，考完就扔。在此并非要否认知识学习的重要性，相反，知识是形成思想的基础，但知识不是思想政治理论课教学的最终目标，它只是实现目标的手段。如何将思想政治理论课教学知识内容内化为大学生的情感、意志？为了解决这一问题，当前通常的做法是通过实践活动，包括课堂教学实践活动、校园文化活动、社会实践活动，等等。各大高校在高校思想政治理论课教学实践活动方面也总结出了很多有益的经验。但是目前还存在很多问题，比如，由于经费、安全、场地等各种原因，实践教学常常流于形式；社会实践活动和思想政治理论课程知识脱节，没有围绕课程知识开展；等等。因此，要从根本上解决知识内化为情感、意志的问题，思想政治理论课教学方法还需要进一步实现科学化。

（2）解决思想政治理论课教学中的价值性和科学性的矛盾问题，需要进一步推进教学方法的科学化。

思想政治理论课的价值性体现的是意识形态性，我国之所以在高校开设思想政治理论课，其目的就是要用马克思主义理论武装大学生，培养社会主义事业合格的接班人。然而，在实际思想政治理论课教学中，总是没办法平衡好科学性和价值性的问题。强化了意识形态性，就似乎否定了科学性（客观性）。强化了科学性，似乎又放弃了价值性。比如，一些思想政治理论课教师为了突出思想政治理论课的科学性、客观性，在思想政治理论课教学中保持中立，脱离了马克思主义指导和人民群众的立场，进行去价值性的教学。甚至为了迎合学生的兴趣，提高课堂教学的效果，尽量找别的话题代替政治和价值教育。然而没有了价值性，思想政治理论课就失去了灵魂，失去了存在的根基。也有教师在思想政治理论课教学中坚守着政治使命，突出了价值性，但弱化了科学性。他们总是不断重复着"必须坚持马列主义、毛泽东思想、邓小平理论、'三个代表'重要思想、科学发展观为指导思想，贯彻落实习近平系列讲话精神"，"坚持中国特色社会主义道路"等等这样一些话语，"一厢情愿地只会用党的语言来说话，用强势的政治语气来教训人"①，将这些话语教条化，思想政治理论课教师变成了政治话语的传声筒，没有自己的思想，对这些政治话语不能进行学理性的剖析，没有学术味道，体现不出科学性。学生面对这样的教学，感觉老生常谈，失去了新鲜感，教学效果可想而知。当然，在此并非否认政治宣传的重要性，在思想政治理论课教学中，进行政治宣传是必要的，但是政治宣传必须要有科学的依据，没有科学依据就不能以理服人。在此强调学术性，强调科学性，也不是为科学而科学，科学性、学术性不是最终的目的，而是使政治教育具有说服力的一种手段。如何解决思想政治理论课教学中政治性和科学性的问题，实现二者之间的平衡？目前，一些高校提出了一些解决的办法，比如用专题教学的方法，这在一定程度上提高了教学的效果。然而在体现学术性的同时，怎样体现政治性，使学生的认知体系转化为信仰体系？这一问题并没有得到很好的解决。因此，要解决好思想政治理论课教学中的科学性和政治性的问题，还需要进一步推进教学方法的科学化。

（3）解决思想政治理论课教学中理论的系统性、全面性与深刻性的矛盾关系，需要进一步推进教学方法的科学化。

理论是基于实践和经验形成的系统化的知识体系，它具有系统性、整体性的特点。马克思主义理论作为一个完整、系统的知识体系，怎样有效武装大学生的头脑？在我国的教育系统中，从小学到中学、再到大学，从未间断马克思主义教育，只是教育的方法不同，小学阶段更多采用的是直观的方

---

① 刘建军：《论思想政治教育的科学化》，载《教学与研究》，2011年第3期。

法,如图画、音频、视频等结合文字的方法,对马克思主义有一个表象的认识,中学阶段的马克思主义教育则是常识式的教育,让学生记住一些结论,告诉他们马克思主义是什么的问题。大学阶段马克思主义是理论式的教育,这就要求不仅要弄清楚"是什么"的问题,更要弄清楚"为什么"的问题。不仅要知道为什么坚持马克思主义为指导,更要了解坚持马克思主义的科学性和必要性。只有掌握了马克思主义理论的全貌,才能理解历史和现实中的一些问题,也才能坚定走社会主义道路的信念,坚定马克思主义信仰。

然而,通过思想政治理论课教学使大学生掌握马克思主义理论全貌并不是一件容易的事情。这首先要求思想政治理论课教师有坚实的马克思主义理论功底,同时需要科学的教学方法,将抽象的理论、生涩的学术语言转变为鲜活的、生动的日常语言,便于大学生理解和接受。这对于长期接受刻板的学术思维训练的教师而言并不是易事。面对在小学阶段和中学阶段都已经接触过的知识,怎样让它从大学生的脑袋里重新鲜活起来,并有了解下去的愿望?面对学生碎片化的马克思主义理论知识,怎样让马克思主义理论在大学生脑袋里形成一个完整的图式?怎样和小学、中学阶段的内容不相重复?怎样让思想政治理论课四门课程之间的内容不相重复,又相互补充?怎样在有限的课程时间里让学生全面掌握马克思主义理论知识体系?这一系列的问题归根结底就是理论的系统性、整体性与深刻性之间的矛盾。

在思想政治理论课具体的教学中,一些教师还不能很好的解决好这些问题。他们要么还停留在"是什么"的问题上,不能对"为什么"进行深入的剖析,要么不能将书面语言转化为日常生活用语,要么不能处理好课程内容重复的问题,要么不能抓住重点,突破难点。而这些问题的存在大大影响了思想政治理论课教学的效果,影响着思想政治理论课实效性。上述一系列问题的解决都需要通过教学方法的科学选择、科学运用和科学发展来实现。

(4)创造良好的教学环境需要科学的教学方法。

环境对人的思想品德有着强化、导向和感染的功能。人在环境的反复强化、综合强化、积累强化之下,其思想品德会逐渐发生变化。当人们对某一信息的接触频率增加，同样的信息不断刺激人的感官，或者一种信息以多种形式共同作用于人的感官时，又或者某类信息持久地作用于人的感官时，就会在人的脑海中留下深刻的印象。"马克思认为，人是环境的产物，人的思想的形成和发展离不开一定环境的影响。因此，环境状况、特征等对人的思想道德素质的形成、发展和变化具有一定的导向性。"[①] 人们所生活的家庭、学校和社会环境在不同程度上引导其世界观、人生观、价值观的形成和变化。环境也可以通过直接作用于人的感官来感染人，包括情绪感染、形象感染、群体感染等。良性的环境能够塑造人、发展人，使人形成优良的思想道德素质，而恶性的环境则可能会阻碍人的发展。

大学生思想政治品德的形成和发展受社会、家庭、学校教育的影响。其中社会和家庭对大学生的影响可能是积极的，也可能是消极的，而学校教育则属于积极的影响。但有时学校教育的积极影响有可能被社会环境和家庭环境的消极影响所消解。思想政治理论课是学校教育的重要组成部分，应该发挥积极正向的教育功能，但课程的育人功能能否有效发挥还要看是否具备积极的条件环境。高校思想政治理论课教学不同于其他课程，它受到整个社会大环境的影响比较大，各种复杂的社会思潮、社会现象对思想政治理论课教学可能会有积极的影响，也可能产生消极的影响，阻碍甚至消解思想政治理论课教学的正向功能。作为思想政治理论课教师，无法控制社会大环境，但可以努力创造积极、有利于思想政治理论课教学的学校环境和课堂小环境。事实上，微观环境对思想政治理论课教学产生着极大的影响。比如课堂心理环境，一个课堂会形成复杂的课堂心理环境。一个学生细微的心理变化可能形成"蝴蝶效应"，一个不好的、微小的心理和行为，如果不加以及时的调整、引导，可能会对整个课堂产生极大的危害；相反，如果一个好的心理表现及时得到正确引导，假以时日，就会产生振动效应。一个良好的课堂心理环境可以激励人、感染人、调控人的行为，凝聚人的意志。在思想政治理论

---

① 张耀灿、郑永廷、吴潜涛、骆郁廷等：《现代思想政治教育学》，人民出版社2006年版，第300页。

课教学中，教师常常带着良好的愿望走进课堂，但又常常带着失望走出课堂。之所以如此，是因为在课堂上，学生常常表现出对抗，对课程的抗拒，对老师的抗拒。造成学生抗拒心理的因素是多方面的，但是最重要的因素是教师，一方面，教师无法掌握学生的心理，不了解他们的接受能力，实际需要；另一方面，教师用简单、落后的教学方法，缺乏新意，导致课堂上死气沉沉。长此以往，学生的抗拒心理就产生了。一旦有一部分学生表现出抗拒，逐渐地就会蔓延至整个课堂。要使思想政治理论课教学具有良好的效果，创造良好的课堂教学环境是前提，而要塑造良好的课堂环境，一定程度上要靠科学的教学方法。

（二）高校思想政治理论课教学方法科学化的必要性

高校思想政治理论课教学过程中存在的诸多问题要求教学方法的科学化，要实现教学目标、落实教学内容，适应学生的特点，使教学具有针对性，就有必要实现教学方法的科学化。同时，思想政治理论课教学方法科学化是思想政治教育科学化的内在要求。

1. 协调好思想政治理论课教学过程各要素之间的关系需要教学方法的科学化

教学方法是教学过程各要素之间的扭结，教学过程各要素是通过教学方法联系在一起的，教学方法是否科学，影响着教学过程各要素之间是否能形成科学有序的联系。

（1）高校思想政治理论课教学目标的实现要求教学方法的科学化。

教学方法是为教学目标服务的，科学的方法才能保证目标的顺利实现。实现不同的教学目标用不同的教学方法。作为高校思想政治教育的主渠道，思想政治理论课的教学目标和任务是围绕思想政治教育目标展开的。众所周知，自中华人民共和国成立以来，高校思想政治教育目标发生了极大的变化，从"又红又专"目标的确立（1949—1980年），到"四有"新人目标的确立（1980—1993年），再到德智体美全面发展的社会主义事业建设者和接班人目标的确立（1993—2002年），最后确立了德育为先，德智体美全面发展的目标（2002年至今）。① 高校思想政治教育目标的变化体现出几个特点：一是由泛政治化转向德智体全面发展的合格的建设者和接班人。适应了我国社会发展的需要。二是思想政治教育目标从抽象空泛向具有可操作性方向转变。三是逐渐形成了思想政治教育目标体系，不仅包括思想、政治教育的目标，还包括了道德、法律、心理等方面的教育目标。同时也区别于中小学阶段的教育目标。随着思想政治教育目标变化，思想政治理论课课程设置和课程体系也发生了变化，先后"52方案""61方案""85方案""98方案""05方案"。当前执行的"05方案"是对以往课程方案的继承、发展和创新。思想政治教育的目标渗透到思想政治理论课教学目标中，和原来单一政治教育目标相比较，当前高校思想政治理论课的教学目标更加丰富和完善，也更加合理。当前高校思想政治理论课教学目标至少包括了以下几个方面：政治教育目标，包括对大学生的基本政治要求（如爱国、爱党、爱人民等）、政治立场要求（如拥护四项基本原则）；思想道德教育目标，包括培养学生以集体主义为原则的社会主义思想道德品质，培育学生美德；民主法制教育目标，包括知法懂法守法，用法律维护自身权益，积极推动民主政治建设；能力和素质教育目标，包括思维能力、理论素质、心理素质、审美素质等。

从上述可以看出，思想政治理论课教学的目标随着时代的发展越来越明确，而且越来越科学，但是科学的教学目标实现需要有科学的教学方法。当前，我国思想政治理论课教学目标并没有完全实现，这体现在高校思想政治理论课教学实效性上，大学生对思想政治理论课教学内容存在知而不信、知而不行的现象。高校思想政治理论课教学的最终目的是将内化了的思想、政治、道德品质外化为学生正确的行为习惯。知而不信、知而不行说明思想政治理论课教学的最终目的并没有达到。

（2）高校思想政治理论课教学内容的落实要求教学方法科学化。

2016年12月7日，习近平总书记在全国高校思想政治工作会议上提出

---

① 康秀云：《十六大以来大学生思想政治教育创新研究》，人民出版社2013年版，第72—86页。

思想政治工作要让学生"正确认识中国发展大势，正确认识中国特色和国际比较，正确认识时代责任和历史使命，正确认识远大抱负和脚踏实地。"① 因为只有看清发展大势，把握历史规律，才能坚定理想信念；只有对世界各国的历史和现实进行对比，才会发现中国道路的优越性；只有让当代大学生认识自己的责任和使命，成为有理想有担当的人，国家才有前途，民族才有希望。

高校思想政治理论课作为高校思想政治工作的主渠道，教学内容非常丰富，说到底就是回答这样一系列基本的问题：中国人民为什么选择了马克思主义，选择了中国共产党？中国为什么会走上社会主义道路，如何走上中国特色社会主义道路的？中国特色社会主义道路和资本主义道路哪个好，我们的制度优势在哪里？从更深一点的层次来看，高校思想政治理论课也要回答好以下问题：面对当今变动不居的世界局势、错综复杂的国家关系，大势在哪里，国家关系的核心是什么，中国和世界该如何相容相通？当今时代的主题是什么，中国人民肩负着怎样的历史使命，中国的目标何在？当代大学生作为社会主义事业的接班人，要如何正确认识上述问题，如何去做？等等。思想政治理论课教学内容设置这些问题的目的就是从中国共产党探索中国新民主主义革命和建设中国特色社会主义的伟大实践中，"让学生认识和把握人类社会发展的历史必然性，认识和把握中国特色社会主义的历史必然性，不断树立为共产主义远大理想和中国特色社会主义共同理想而奋斗的信念和信心"。② 从中国特色和国际比较中客观认识当代中国，冷静理性看待外部世界。从中华民族的伟大复兴之梦中让学生认识时代责任和历史使命，用中国梦激扬青春梦，为学生点亮理想的灯、照亮前行的路。从培养学生品格的过程中，让学生既要树立远大理想和抱负，也要脚踏实地。

---

① 《习近平在全国高校思想政治工作会议上强调：把思想政治工作贯穿教育教学全过程，开创我国高等教育业发展新局面》，载《人民日报》，2016 年 12 月 9 日，第 1 版。

② 光明日报评论员文章：《引导学生正确认识世界和中国发展大势》，载《光明日报》，2016 年 12 月 10 日 01 版。

要落实这些内容，就要注重联系理论本身形成和发展的实际，让学生理解思想政治理论课程中的理论不是空中楼阁，它是在实践中形成的，是对实践经验的科学总结，对建设中国特色社会主义具有指导意义，使理论具有说服力。注重联系学生的思想实际，根据学生的思想实际进行有针对性的教学，帮助学生分析和解决实际问题，使思想政治理论课具有吸引力。联系社会发展的实际，联系历史、联系当下，联系改革开放和社会主义现代化建设中的重大理论和现实问题，让学生正确了解他们身在其中的这个社会，生发出积极的感情、信心、信念，使思想政治理论课具有感染力。做到使思想政治理论课教学具有吸引力、说服力、感染力，没有科学的教学方法无法实现。

（3）适应当代大学生成长新特点需要教学方法的科学化。

当前我们的教学对象是"90后""95后"的学生，他们是在社会主义市场经济体制建立、网络信息技术的发展、经济全球化发展、文化多样化发展的社会背景下成长起来的一代。社会发展的特点反映在他们的思想行为上，表现出鲜明的特点。一方面他们的"自我意识觉醒、主体意识增强，价值观由务虚、服从、保守向务实、竞争、追求个性与多样性"[①]演变；另一方面在他们身上体现出了迷茫、功利性、模糊性、矛盾性的一面。华中师范大学的万美容教授曾对90后大学生的思想行为特点做了调查，调查结果显示57.9%的大学生不满足于无聊的生活和现状，又不知道该做点什么；56.9%的学生表示喜欢个性张扬，追求新鲜，标新立异；47.9%的学生对很多事情都无所谓，没有明确的标准；32.6%的学生表现出行为处事现实功利、目的明确。大学生的这些思想行为特点也体现在他们对待思想政治理论课的态度上。本人曾就大学生对思想政治理论课的态度进行过调查，在200个调查对象中，56%的学生认为思想政治理论课是国家意识形态教育，是一种说教，希望能够减少课时，有13%的学生认为思想政治理论课是学校安排的，于是

---

① 万美容、胡咚、曾兰：《论影响90后大学生思想行为发展变化的主要因素》，载《学校党建与思想教育》，2013年第11期。

就看着学，只要能及格就行，只有31%的学生认为思想政治理论知识对自己的理论认识水平提高有帮助。73%的学生对课程表示不感兴趣，但问及学习该类课程的收获，90%的学生表示肯定有收获，这些课程能够让他们掌握理论、拓展思维、了解党和国家的路线、方针、政策。可见，当代大学生对思想政治理论课的认识是矛盾的，一方面觉得课程有价值，另一方面又不感兴趣。从课堂调查来看，有约69%的学生不认真听课，其中有约43.5%的学生上课会开小差、聊天、玩手机等，只有31%的学生会做笔记。他们对待课程学习表现出极强的功利性，注重专业课程的学习，注重职业技能的培养；轻视思想政治理论课程的学习，忽视自身思想道德修养的提高。他们对于思想政治理论课程价值的认识是模糊的，还不完全明白形成正确的世界观、人生观、价值观的重要意义，有的学生觉得思想政治理论课有必要开设，但不知道这类课程真正能发挥什么作用，有的学生则认为思想政治理论课没用。在学习思想政治理论课的过程中，他们希望期末能有好成绩，但对这一课程又无法提起兴趣学习。学生对课程是否具有学习兴趣，直接决定着教学的成效，因为兴趣对学生来说就是学习的主动性、积极性，就是学习的内在动力。因此，要扭转学生对思想政治理论课的认识和态度，激发他们的学习兴趣，使思想政治理论课真正发挥价值引导的功能，一定程度上要靠科学的教学方法。

适应当代大学生学习和交往的方式需要教学方法的科学化。信息网络化是当今时代最大的一个特点，互联网的普及深刻地影响着人们的生产生活方式、学习方式，当代大学生是互联网的原住民，互联网伴随他们长大，网络已经是他们生命的一部分，尤其随着移动互联网的普及，使当代大学生成了"拿着手机的追梦人"，尤其是各种社交软件的运用，如QQ、微信、微博的广泛运用，使他们随时随地手机不离手。学生的学习和交往方式发生了极大的变化，碎片化学习已经成为当代大学生的重要学习方式，网上交流已成常态。他们通过各类社交软件推送的信息，各种网站获取他们需要的信息。这样的变化要求思想政治理论课教学要跟上时代的步伐，除了传统的课堂教学和实践教学,也要开展网络教学,创新网络教学的方式方法。

2. 思想政治教育科学化要求思想政治理论课教学方法科学化

在中国共产党思想政治教育史上,科学化一直是重要问题,早在1929年,毛泽东就提出了思想政治教育科学化的问题。但因为中华人民共和国成立前处于战争状态,思想政治教育的科学化没能得到及时的总结,中华人民共和国成立后又受到"左"的思想影响,不能正确看待思想政治教育。直到改革开放后,这一问题才再次受到重视,并在理论的层面上进行研究。1979年,在党的理论工作务虚会上,邓小平专门提出了思想政治工作的任务问题,为了能够使四项基本原则与时俱进,深入人心,他明确提出了思想政治教育的科学化问题。从这时开始,中国的思想政治理论工作者们开始关注思想政治教育科学化问题。1979年,一篇题为"思想政治教育是一门科学"的文章引起了人们的广泛关注,并引发了全国对思想政治教育科学化的大讨论,这一讨论引起了党中央的重视,之后,在一些文件中陆续表达了思想政治教育是一门科学的思想。1988年,中共十三届三中全会通过的《中共中央关于加强和改进企业思想政治工作的通知》中明确提出:"思想政治工作是一门科学",这表明思想政治教育是一门科学已成为全党的共识。

思想政治教育科学化问题的提出和确立促进了思想政治教育研究和学科建设的发展。关于思想政治教育研究方面逐渐出现了专门的学术研究杂志,《思想政治工作研究》(1983年)《思想教育研究》(1984年)、《思想理论教育导刊》(1994年)等一批专业期刊的创办,推进了思想政治教育科学化。1984年,思想政治教育学科成立,部分高校开始招收思想政治教育专业本科生和第二学士学位生;1988年,开始培养思想政治教育专业硕士研究生;2005年,马克思主义一级学科成立,下设的六个二级学科有了硕士、博士不同学历层次的培养。规范化的人才培养造就了一大批从事思想政治工作和思想政治教育研究的人员,在推动学科建设发展的同时,也间接地推动了思想政治教育科学化。

思想政治理论课教学方法科学化既作为思想政治理论学科教学方法论研

究的重要组成部分，也作为思想政治教育科学化这一课题中的不可或缺的一部分，备受关注。这体现在党中央和教育主管部门在历次加强、改进高校思想政治教育（推进科学化）的文件中。说明思想政治理论课教学方法科学化是思想政治教育科学化题中应有之义，思想政治教育科学化发展必然要求思想政治理论课教学方法的科学化。思想政治教育科学化内容非常丰富，包括思想政治教育学术研究科学化、人才培养科学化、实际工作科学化。①其中实际工作科学化体现在理念、目标、内容、方法、体制机制几个方面。思想政治理论课是思想政治教育实际工作中的一种方法，它以理论教学的形式完成思想政治教育任务。因此，思想政治理论课教学方法科学化程度体现着思想政治教育科学化的水平。

三、高校思想政治理论课教学方法科学化的基本要求

在高校思想政治理论课教学中科学选择、运用、创新教学方法，最终目的是将国家的意志转化为大学生个人的意志。立德树人是高校立身之本，思想政治理论课是立德树人的主要渠道，思想政治理论课教学要促进立德树人目标的实现，需要科学的教学方法。思想政治理论课教学方法科学化是科学性与价值性的统一，科学性也就是真理性，即"遵循思想政治工作规律，遵循教书育人规律，遵循学生成长规律"②，价值性就是意识形态性、思想性、政治性，即遵循意识形态建设的规律。思想政治理论课课程体现国家意志，同时要有助于学生的成长和发展。既要体现科学性、真理性的一面，又要体现价值性、政治性、意识形态性的一面。

（一）遵循教育教学规律

特殊规律寓于一般规律之中，一般规律通过特殊规律来体现，教学一般

---

① 刘建军：《论思想政治教育的科学化》，载《教学与研究》，2011年第3期。
② 《习近平在全国高校思想政治工作会议上强调：把思想政治工作贯穿教育教学全过程，开创我国高等教育事业发展新局面》，载《人民日报》，2016年12月9日，第1版。

规律中包含着思想政治教育规律，思想政治教育规律中又蕴含着思想政治理论课教学的规律。教学一般规律通过思想政治教育规律、通过思想政治理论课教学规律体现出来。因此，思想政治理论课教学方法科学化既要遵循教学的一般规律，也要遵循思想政治教育规律和思想政治理论课教学的规律和特点。

1. 遵循思想政治教育规律

2016年12月7日，习近平总书记在全国高校思想政治工作会议上讲道："高校思想政治工作关系高校培养什么样的人、如何培养人以及为谁培养人这个根本问题。高校思想政治工作，既是我国高校的特色，又是办好我国高校的优势。面对新形势新任务，高校思想政治工作只能加强不能削弱，只能前进不能停滞，只能积极作为不能被动应对。"① 可见，高校思想政治工作在高校工作中非常重要，这项工作能否做好决定着高校能否坚持社会主义的办学方向。大学生思想政治教育是高校思想政治工作的重要组成部分，能否做好大学生思想政治教育影响着一代青年能否树立正确的思想观念，能否选择正确的价值取向，能否拥有健康的精神风貌。一言以蔽之，大学生思想政治教育能否做好关系到能否培养出合格的中国特色社会主义事业建设者和可靠接班人。高校思想政治理论课是思想政治教育的主渠道，是高校坚持正确的政治方向、践行立德树人宗旨的重要途径。发挥思想政治理论课在人才培养中的积极作用，必须在教学过程中遵循思想政治教育的特殊规律，偏离或违反思想政治教育的规律，不能达到思想政治教育的目的。思想政治教育做的是人的思想政治工作，得要围绕人来展开工作，"围绕学生、关照学生、服务学生，不断提高学生思想水平、政治觉悟、道德品质、文化素养，让学生成为德才兼备、全面发展的人才。"② 人是具有主观能动性的，他会思考、有

---

① 《习近平在全国高校思想政治工作会议上强调：把思想政治工作贯穿教育教学全过程，开创我国高等教育事业发展新局面》，载《人民日报》，2016年12月9日，第1版。
② 《习近平在全国高校思想政治工作会议上强调：把思想政治工作贯穿教育教学全过程，开创我国高等教育事业发展新局面》，载《人民日报》，2016年12月9日，第1版。

思想，能活动。因此，思想政治理论课教学要从人的这些基本特点出发进行方法的科学选择、运用、创新，在教学过程中站在对方的角度考虑问题，尊重彼此的观点，尊重彼此的传统习俗或"经历"，保持言论和行动的自由，共同决定对话的形式和内容，关心具体的生活经验，等等。同时，思想政治理论课教学也要遵循思想政治教育过程的一些具体规律，比如，"教育要求与受教育者思想政治素质发展之间保持适度张力的规律、教育与自我教育相统一的规律、协调与控制各种影响因素使之同样发挥作用的规律"① 等等。

2. 遵循教学的一般规律

思想政治理论课是一门学科课程，具有一般学科课程共有的特点。它有课程计划、课程标准、教科书，用科学严密的逻辑组织课程体系，体现社会意志和社会选择，有相对稳定性，外在于学习者并凌驾于学习者之上，学习者必须服从课程，在课程面前扮演接受者的角色。因此，这一课程的教学遵循学科课程教学过程的一般规律，学科课程教学过程是由多种要素构成的，各要素之间存在内在的、本质的、必然的联系。思想政治理论课教学方法科学化，只有符合和反映教学过程各要素之间的相互作用关系，符合和反映教学过程各个要素各自发展规律的方法才是科学的方法。教师只有深刻、全面、科学地认识一般教学规律，自觉地遵循规律，思想政治理论课教学才可能取得良好的效果。

具体而言，首先，遵循间接经验和直接经验相结合的规律。学科课程教学是一种经过提炼的、简约的认识过程，学生学习的是间接的经验或者说是书本知识，这些知识是别人认识的成果，甚至有些知识尚无定论，学生要将这些知识转化为自己的知识经验，需要有一定的直接经验为前提。有效的教学以了解学生的认知水平和认知结构为前提，否则教师传授的知识就只是抽象的教条。其次，遵循传授知识与发展智能相统一的规律。掌握知识是发展智能的基础，智能发展是掌握知识的重要条件，二者之间可以相互转化。教

---

① 陈万柏：《关于思想政治教育过程规律的再思考》，载《华中师范大学学报（人文社会科学版）》，2001年第2期。

师在传授知识的同时，要科学地组织教学过程，重视操作与活动，利用非智力因素（情感、兴趣、意志、气质、性格）完成教学任务，引导学生自觉掌握知识和运用知识，促进其能力的发展。再次，遵循传授知识与思想教育相统一的规律。学生思想品德的形成以掌握知识为基础，学生思想品德的提高有助于学生积极地学习知识。处理好教学过程中知、情、意的统一，处理好知识学习与思想、情感、意志培养的关系。最后，遵循教师主导作用与学生主体作用相统一的规律。教师在教学过程中处于组织者的地位，充分发挥教师的主导作用，学生在教学过程中具有学习主体的地位，要充分发挥学生参与教学的主体能动性。建立合作、友爱、民主、平等的师生关系。高校思想政治理论课教学方法只有遵循上述规律才能算是科学的方法。

3. 遵循思想政治理论课教学的规律和特点

思想政治理论课教学有自身的规律性、特殊性或特点。思想政治理论课教学是一种特殊的实践和认识活动。这种特殊性体现在教师身上，也体现在学生身上。在思想政治理论课教学活动中，教师是特殊的实践者。一是教师代表一定社会需要进行教学活动，受到意识形态的制约。二是教师教学的最终目的不是让学生掌握思想、政治、道德、法律等知识，而是通过世界观、人生观、价值观的教育，让学生成为符合社会发展需要的人，同时也为了满足学生发展的需要。三是教师教学结果是让学生的思想、政治、道德等方面的认知、观念、能力发生变化，而要使学生发生这样的变化，教师的实践活动离不开学生积极主动的参与，否则教师的实践活动就不能获得成功。思想政治理论课教学活动对学生而言是一种特殊的认知活动。一是这不是通过自身直接的经验去认识客观事物，而是通过间接的知识、间接的经验去认识客观事物。二是学生认知的目标、内容、方法都是受到教师教学活动制约的。三是学生的认知是有目的的，但这种目的的实现是在教师及教育主管部门的指导下按步骤进行的。四是学生学习的内容是由教育主管部门和教师筛选出来的，经过加工改造后形成的。由于思想政治理论课教学具有这样的特点，教学方法的选择和运用、创新就必须紧密结合学生的身心发展的规律，充分调动学生的积极性和主动性，努力把传授知识和陶冶情操、培养良好的行为习惯结合起来，努力把学生个人的成长和国家的前途命运、社会发展需要结合起来，从学生的实际需要出发，用学生关注的焦点、热点、难点问题的分析和破解，来引导学生需求和国家社会需求的衔接和融合。概括起来，思想政治理论课教学方法的科学化，要遵循个人成长和社会需要相统一的要求，立足社会现实与把握科学理论相统一的要求，立足当下和面向未来相统一的要求。

（二）遵循大学生思想、心理、行为发展的规律和特点

"现在高校学生大多是'95后'，再过两年，新世纪出生的青少年也将走进高校校园。他们朝气蓬勃、好学上进、视野宽广、开放自信，是可爱、可信、可为的一代。"① 但同时，当代大学生正处在人生成长的关键时期，他们的知识体系还没有完全搭建好，价值观还没有完全塑造成型，情感心理趋向成熟但尚未完全成熟，需要加以正确引导。思想政治理论课教学方法的选择、运用和创新要符合当代大学生思想、心理、行为发展的规律和特点，只有遵循大学生思想、心理、行为发展的规律，抓住其特点，才能进行有效教学。

1. 思想政治理论课教学方法的科学化要有效促进大学生合理知识体系的构筑

知识是对人类社会生活经验的理论化概括后形成的，它有不同的类型，如自然科学知识和社会科学知识，有理论知识和实践知识，有专业知识和非专业知识，有智育知识和德育知识，等等。大学生接受了十多年的教育，但他们的知识体系还未完善。具体表现为：一是大学生有间接知识，但直接知识缺乏。所谓间接知识是指从课堂上、书籍上获得的概念化了的、系统的、抽象的知识，是人类历史的积淀。所谓直接知识是指从鲜活的生活实践和社会实践中获得的经验性知识。当代大学生成长于物质生活丰富的年代，教育

---

① 《习近平首次点评"95后"大学生》，载《人民日报》，2017年1月3日，第2版。

发展的时代，九年义务制的普及，以及父母对孩子学习的重视，使他们从小学一路读到大学，从学校到学校，从家庭到学校，这样的学习生活模式使大学生掌握了大量的书本知识，但是缺乏社会阅历，社会生活知识不够。虽然间接知识是从实践经验中概括总结出来的，是对社会现实生活的一种反映，但是间接知识有一定的滞后性，不能及时反映瞬息万变的社会生活。因此，大学生对社会的了解如雾里看花，有一些了解，但又看不清楚，弄不明白。对于一些社会现象似懂非懂，常常被表面现象所蒙蔽，无法看清其本质，从而片面看待问题，在行为上表现出易冲动、不成熟、不稳重等。二是大学生有专业技术知识，但非专业知识不够。专业技术知识是为未来职业发展准备的知识，它使学生在未来能够从事专门的职业。非专业知识则是帮助大学生提高道德、人文素养以及指导为人处世的知识。在当前重教育轻育人、重智育轻德育的现实环境下，大学生重视专业技术知识学习，但忽视非专业知识学习。当代大学生成长于社会主义市场经济发展的时代、互联网发展的时代，市场经济的规则、网络生活的规则深深地烙印在他们身上，表现出较强的主体意识、自我意识、竞争意识，这些意识表现在行为上就是上进好学，勇于竞争。但同时也表现出缺乏谦让精神、公共精神，凡事从自身利益出发，对公共生活不够热心等思想和行为特点。思想政治理论课是社会科学课程，反映的是中国共产党探索中国特色社会主义道路、实现中华民族伟大复兴的历史和现实。这一课程教学不仅仅给大学生教授思想、政治、法律等方面的专业知识及书本上间接的知识，更重要的是做到理论联系实际，通过各种手段，弥补学生直接知识不够、非专业知识不足的现实。运用完善的知识体系引人以大道，启人以大智，使学生提高自身的思想政治道德修养，正确认识自己承担的时代责任和历史使命。人无德不立，没有崇高的理想和良好的品质，掌握再多的书本知识或专业知识也不能成为优秀的人才。思想政治理论课教学方法科学化要有效促进大学生间接知识增长的同时，更要促进直接知识的增长，促进大学生专业知识增长的同时，更要促进非专业知识的增长。

2. 思想政治理论课教学方法的科学化要有效促进大学生正确价值观的塑造

价值观是人们对客观事物及自身行为结果的重要性、作用、意义所持有的看法和评价,一方面表现为价值追求、价值取向,凝结为一定的价值目标;另一方面表现为价值尺度和准则,是人们评判事物和自身行为有无价值或价值大小的评价标准。树立正确的价值观是人生存发展的重要基础。成长于改革发展时代的大学生,网络化、信息化、全球化、市场化是他们价值观形成的时代背景。在这样的时代背景下,传统价值观、西方价值观、社会主义价值观相互交织,当代大学生的价值也呈现出多元、矛盾的特点。有学者曾对当代大学生群体的价值观进行了实证调查,认为:从人生价值观看,当代大学生群体在保持积极人生态度的同时,并没有确立积极的价值取向。他们金钱观是模糊的,幸福观是纯朴的,在处理国家、集体与个人之间利益关系时是务实的,对于工作和生活的期待是平民化的。从政治价值观看,当代大学生群体有基本的政治信仰,有积极的政治参与意愿。也存在对一些时政国策、命运前途认识不够的问题。从道德价值观看,当代大学生群体具有良好的道德心理和一定的道德认知与实践,也存在因功利需要所表现出来的对道德的认知、实践不足的问题,对非道德行为的评价缺失坚定明确的立场。从职业价值观看,当代大学生群体在职业的选择和价值判断上坚持实用原则。从社会责任观看,当代大学生的社会责任观是务实的,履行责任的能力是欠缺的。既需要正当规则来保护自身利益,又愿意改变正当规则获取自身利益。[①]可见,当代大学生的价值观是多元而又矛盾的,需要社会主义核心价值观的引领。2014年5月4日习近平总书记同北大师生交流时讲"青年的价值取向决定了未来整个社会的价值取向,而青年又处于价值观形成和确立的时期,抓好这一时期的价值观养成十分重要。这就像穿衣服扣扣子一样,如

---

① 宣海江:《"90后"大学生群体价值观取向实证研究》,载《学校党建与思想教育》,2015年第7期。

果第一粒扣子扣错了，剩余的扣子都会扣错。人生的扣子从一开始就要扣好。"① 在大学时代树立正确的价值观是非常重要的，而思想政治理论课承担着引领大学生价值观的重任，教学方法的科学化要有助于促进大学生正确价值观的塑造。思想政治理论课要感染当代大学生，就要用学生喜爱并愿意接受的话语和活动方式，只有学生认可和接受这样的活动，才有可能进一步接受活动承载的价值观。

3. 思想政治理论课教学方法的科学化要有效促进大学生情感心理的成熟

情感心理是对某一事物的情绪感受及在此基础上形成的肯定和否定的心理。情感心理是对家庭关系、学校关系和社会关系的反映。积极的情感心理有助于人处理好人与人、人与自然、人与社会及人自身复杂的关系。大学生的情感心理正处于从不成熟走向成熟的关键时期，需要进行科学地引导。当代大学生"是思想活跃、清新健康的一代，是朝气蓬勃、积极向上的一代，是衣食无忧、坐享成果的一代，更是受到社会各界关注和热议的一代"②。因此，他们的情感心理有着自己的特点，从情感上看，当代大学生通常表现为情感强烈而又缺乏深度，浮躁的社会环境造就了他们张扬的个性，丰富的物质生活背后有着空虚迷茫的精神生活，他们的喜怒哀乐犹如疾风怒涛般的强烈，不善于控制自己的情绪情感。从思想和心理上看，他们有着超前的观念，对事物的认识有自己独到的看法，他们常常用成年人的眼光审视一切，懂得成年人的规则，但又表现出单纯和脆弱。看似成熟，实则不成熟。同时他们敢爱敢恨，但有时又不能正确判断是非对错。他们有着很强的自我表现意识，但有时又缺乏对自己客观的评价和认识，因此有的学生骄傲自满，有的又妄自菲薄，有的则迷失了自我。总的来说，当代大学生睿智而又轻狂，成熟而又盲目，理性而又躁动。思想政治理论课教学方法的科学化就是要促进大学生的情感心理从不成熟走向成熟，满足大学生成长发展的需求和期待。从不同学生的情感心理特点和实际出发，注意教学的方式方法，讲求教

---

① 习近平：《习近平谈治国理政》，外文出版社2014年版，第172页。
② 张宝君：《90后大学生心理特点解析与对策》，载《思想理论教育导刊》，2010年第4期。

学的艺术性。通过熏陶、感染、陶冶、讲理等手段使学生在潜移默化中实现情感的升华、心理的净化。

（三）符合思想政治理论课课程性质的特殊要求

如果上述两方面反映的是思想政治理论课教学方法科学化的科学性（真理性）的要求，那么这里就涉及到科学化要求的另一层面：价值性。讲规律性、科学性，首先要能够认识或揭示客观规律，要能够把握、运用好客观规律。科学性就是真理性，是对真理的认识、无限地接近真理。但是思想政治理论课教学除了具有真理性的一面外，它还有自身的价值属性，这种价值属性体现在思想政治理论课的课程性质里。

思想政治理论课具有其特有的价值属性，即体现国家意志。思想政治理论课对研究者而言是以马克思主义理论学科为基础的学科课程；对教师而言，是由马克思主义理论教育和思想品德教育构成的德育课程；对大学生而言，是必修课程；而对国家而言，它是体现国家性质和高等教育发展方向的国家课程，发挥着价值教育和价值引领作用的课程。这里面体现了国家的意志，而国家意志是课程价值性的根基，课程的价值性体现为"为人民服务，为中国共产党治国理政服务，为巩固和发展中国特色社会主义制度服务，为改革开放和社会主义现代化建设服务。"它体现中国高等教育的发展方向，体现它的价值立场、价值要求。国家性质的课程是国家意识形态建设的一个组成部分，体现了政治性和意识形态性的特征，其核心问题是价值引导。因此，思想政治理论课教学方法的科学化在遵循教学规律、符合学生思想、心理、行为发展规律和特点的同时，更要体现思想政治理论课作为国家课程的性质和特点，保证体现意识形态性，遵循意识形态建设的规律。

思想政治理论课教学工作的任务之一：将国家的意志转化为学生的意志。具体地说，"对学生进行系统的马克思主义基本理论的教育，从正面进行理论灌输。青年学生只有用系统的马克思主义理论武装起来，具有深厚的马克思主义理论功底，才能具有坚定的政治信仰和立场，才能在变动不居的社会变革中不迷茫、不盲从、不落伍，才能成为名副其实的社会主义的建设者和接班人，担当起党和人民交给的未来重任。"①在价值观多元化、文化多样化的社会背景下，大学生的价值取向是多元的，其信仰也呈现出多样化的特点。因此，对大学生进行马克思主义理论灌输是必要的。

思想政治理论课教学方法科学化是价值性和科学性的统一，二者不可偏废。不能片面地强调科学性（客观规律性）而忽视意识形态性（价值性），也不能片面强调意识形态性而忽视科学性。过分强调思想政治理论课的价值属性，就有可能脱离学生的生活实际，忽视学生的思想行为方式的变化，不符合学生思想行为特点，不遵循教育教学规律，使思想政治理论课缺乏吸引力、说服力和感染力，教师教学很投入，但往往容易导致自话自说，最终导致无效教学。过分强调思想政治理论课的科学性，忽视价值属性，就又容易成为一般的智育性的课程，同时也会失去课程教学的目标和方向。这就要把课程的国家属性和个人的发展结合起来，使得课程的科学性和价值性，知识性和思想性、政治性（意识形态性）统一起来。

---

① 顾海良等：《高校思想政治理论课程建设研究》，经济科学出版社2009年版，第59页。

第二章　高校思想政治理论课教学方法科学化发展回顾

回顾高校思想政治理论课教学历史，在教育主管部门、各高校和思想政治教育者的共同推动下，高校思想政治理论课教学方法逐渐走向了科学化道路，积累了丰富的经验，形成了一些科学的教学方法。然而随着时代的发展，教学对象、教学环境和教学内容等都在发生变化，要求思想政治理论课教学方法要与时俱进，适应变化了的条件和环境。

一、高校思想政治理论课教学方法改革创新和科学发展回顾

在现有的思想政治理论课教学方法研究的成果中，鲜有"思想政治理论课教学方法科学化"的提法，但在实践中，思想政治理论课教学方法科学化却是伴随着新中国成立后高校开设思想政治理论课就开始了，被人们普遍称为教学方法的改革或者创新，因此，思想政治理论课教学方法改革和创新的历史就是进行科学化探索的历史。这种改革和创新在"文革"时期曾一度中断。直至改革开放后，思想政治理论课程恢复，由于教育主管部门、各高校、教学单位各方共同努力，思想政治理论课教学方法改革逐渐进入了科学和理性发展的阶段。纵观思想政治理论课教学方法改革的历史，可以概括为两个发展的阶段：1949年—1978年是教学方法改革的初步探索和曲折发展的阶段。从新中国成立到改革开放前，我国社会经历了社会主义改造，社会主

义建设曲折探索及十年"文革",作为高校教育的重要组成部分,思想政治理论课也经历了很多的波折。在思想政治理论课程建设的曲折发展中,各级教育主管部门和思想政治理论课一线教师对思想政治理论课教学方法改革方面形成了一些科学的认识。1978年至今是高校思想政治理论课教学方法深化改革和科学发展的阶段。改革开放后,高校思想政治理论课建设逐步走上正轨,尤其每一次课程体系的变革,要求教学方法进行变革,每一次课程改革都伴随着教学方法的改革和创新,推动着教学方法的科学化发展。从高校思想政治理论课教学方法科学化发展的两个历史阶段来看,呈现出以下几个方面的特点。

(一)教学理念由"注入式"向"启发式""参与式""互动式"教学转变

注入式教学是把学生视为知识的容器和美德品格袋子,由教师将知识灌注给学生,而不管学生是否接受。忽视学生的积极性、能动性、主动性、创造性,忽视学生是有感情的、有思想的、有个性的人,是一种目中无人的教学方法。其基本特征表现在以下一些方面:一是以教师为中心,信息单向流动,即"教师通过讲述、讲解、讲演等方式把教学内容传递给学生,而学生则通过静听、复述、记忆、口头作业或课堂书面方式接收和理解这些教育内容,以使学生在政治、思想、道德等方面发生改变。"[1] 表现在课堂上就是"我讲你听""我打你通""我说你记"。二是强调思想政治理论课程教材和内容在学生知识系统中的权威和强势地位,忽视学生的经验性的知识。三是不注重学生的个体差异性,教学过程中不能因材施教。注入式教学和启发式教学、参与式教学、互动式教学相对立。启发式教学从学生的实际情况出发,做到"不愤不启,不悱不发"[2],意思就是说不到学生想求通又无法弄通的时候不去开导他,不到想说出来又说不出来的时候不去开导他。强调的是

---

[1] 刘丽红主编:《当代大学生思想政治教育工作探索》,中国文史出版社2015年版,第115页。

[2] 杨伯峻译注:《论语释注》,中华书局2004年版,第68页。

学生的主观能动性的充分发挥，在此基础上，教师和学生通过对话、讨论等方法进行互动。参与式教学是指学生和教师共同介入教学活动的各个环节，运用科学的方法，完成一定教学任务，在此过程中，获得知识和能力，实现成长。在参与式教学活动过程中，教师和学生通过共同讨论和解决问题推进教学。参与式教学能激发学生学习的兴趣，调动学习的积极性和主动性。互动式教学是指在教学过程中，教师和学生在多边互动的教学环境中进行双向地、平等地交流，以此达到思想的碰撞和共振，激发教师和学生的主动性、创造性，提高教学效果。这一教学模式的最大特点是以学生为中心，在互动式教学中，学生从作为一个知识的容器、美德袋子的客体转化为能动的主体，教师在教学过程中不再处于绝对权威的地位，而是教学的组织者、引导者，帮助和促进学生的知识建构，能力、品德的培养。

从"注入式"教学向"启发式""参与式""互动式"教学转变是高校思想政治理论课程开设不久就提出的，但时至今日，仍然存在着注入式教学，这种转变仍然没有彻底完成。在实际教学中，教师们常常脱离生活实际、学生的实际，在课堂教学中多采用"注入式"教学。针对思想政治理论课教学中存在的这些问题，教育部及相关部门颁布各种文件。1950年10月4日，《教育部关于全国高等学校暑期政治课教学讨论会情况及下学期政治课应注意事项的通报》（以下简称"通报"）中，关于教学方法方面存在的问题提出批评，认为教师在教学方法上有突出地"教条主义偏向，对理论与实际一致的真实意义不清楚，不明了什么是理论，什么是实际，不懂得或不会用马列主义、毛泽东思想的系统理论知识，去联系同学的思想实际，甚至主张在落后学校讲政治课，必须抄黑板、背诵原句。有的不会走群众路线，不重视自学，而用旧的灌输式的教学方法。有的教学陷于被动解决一些枝节琐碎的问题，不会以系统理论知识，针对主要问题有重点地去解决。"[①] 思想政治理论课教学中存在的这些问题最终导致思想政治理论课的功能得不到很好

---

① 教育部社会科学司组编：《普通高校思想政治理论课程文献选编（1949－2008）》，中国人民大学出版社2008年版，第5页。

发挥。因此,教育主管部门高度重视思想政治理论课教学方法改革的问题,紧随《通报》提出了《关于高等学校政治课教学方针、组织与方法的几项原则》,指出:"在进行教育的过程中,须按照学生的觉悟程度,逐步提高,克服有意拖延、不愿改造的思想;同时要着重防止用粗暴方法、急于求成的偏向。"①1957年12月10日《中华人民共和国高等教育部、教育部关于在全国高等学校开设社会主义教育课程的指示》中提出:"为了使学生认真学好这门课程,能够达到改造思想、提高社会主义觉悟的目的,进行讲授与辅导时,必须密切联系学生思想实际,用工人阶级思想批判资产阶级思想、小资产阶级思想,用马克思列宁主义的立场、观点方法克服非马列主义的立场、观点、方法。同时,应有计划地指导学生精读文件,并组织自由和充分讨论、辩论。讨论和辩论时,应当坚持团结—批判—团结的原则,用摆事实、讲道理的方法把各种事实和观点摆出来,充分说理,反复争论,让大家畅所欲言,达到明辨是非的目的。"②1961年4月8日,教育部在《改进高等学校共同政治理论课程教学的意见》中指出:"教师要着重帮助学生理解经典著作和阅读教科书,并注意引导学生运用理论分析实际问题。讲授要抓住重点。讨论要有教师指导,要真正做到摆事实,讲道理,以理服人。提倡认真读书、刻苦钻研和在学术问题上的自由争辩。"③1964年10月,中宣部、高教部党组、教育部临时党组印发《关于改进高等学校、中等学校政治理论课的意见》,提出要坚持启发式,废止注入式。启发式教学法可采取的步骤:"一是启发报告,即教师提出问题,指出要解决的矛盾,指定阅读的教材或讲授的提纲;二是引导学生带着问题去读书、思考;三是在认真读书和独立思考的基础上,引导学生敞开思想、发表意见;四是教师根据学生在学习过

---

① 教育部社会科学司组编:《普通高校思想政治理论课程文献选编(1949–2008)》,中国人民大学出版社2008年版,第7页。

② 教育部社会科学司组编:《普通高校思想政治理论课程文献选编(1949–2008)》,中国人民大学出版社2008年版,第31页。

③ 教育部社会科学司组编:《普通高校思想政治理论课程文献选编(1949–2008)》,中国人民大学出版社2008年版,第42页。

程中提出的问题和在讨论中争论的问题,做出有分析性的总结或解答。"① 中华人民共和国成立初到"文革"前的这些文件无一不强调思想政治理论课教学要理论联系实际,采用启发式教学,克服注入式教学。在具体的实践中,思想政治理论课教师也积极探索如何让理论联系实际,但由于受各种主客观条件制约,思想政治理论课教学中单向灌输的做法没有根本性的扭转。1966年,"文革"开始后,教育事业停滞不前,这一时期强调"开门办学",高校思想政治理论课被政治运动代替。

改革开放后,高校思想政治理论课得以恢复并逐渐得到丰富和发展,但其教学并不令人满意。1979 年,教育部发现"高校政治课还存在不少问题,教师难教,学生不愿学。不仅理工农医专业的学生重理轻文,忽视政治,对政治理论课不感兴趣,政教和党史专业的学生也不安心学习。"② 多年来,思想政治理论课教学不受学生重视的状况并没有从根本上得到扭转和克服。原因是多方面的,包括课程设置不科学和教材编写难、教师队伍理论水平低、文化科学知识差、部分高校领导不重视、教师采取注入式教学方法,等等。为此,教育主管部门高度重视,在随后几年的时间里都强调要采取启发式教学、互动式教学、参与式教学,以调动学生学习马列主义理论和思想品德课的积极性和主动性。比如,1984 年《中央宣传部、教育部关于印发＜关于加强和改进高等院校马列主义理论教育的若干规定＞的通知》中指出"要大力改进教学方法,实行启发式教学,培养学生的独立思考能力,把教学变为师生一起运用马列主义立场、观点、方法研究和讨论问题的过程,坚决克服'注入式'的教学方法。"③ 随后,在 1985 年《中共中央关于改革学校思想品德和政治理论课程教学的通知》中提出:"要改变注入式的教学方法,尽

---

① 教育部社会科学司组编:《普通高校思想政治理论课程文献选编(1949 - 2008)》,中国人民大学出版社 2008 年版,第 52 页。

② 教育部社会科学司组编:《普通高校思想政治理论课程文献选编(1949 - 2008)》,中国人民大学出版社 2008 年版,第 75 页。

③ 教育部社会科学司组编:《普通高校思想政治理论课程文献选编(1949 - 2008)》,中国人民大学出版社 2008 年版,第 96 页。

量实行启发式的教学方法。要善于引导学生通过自己的学习和思考来提升认识，寻求问题的答案。讲课应当用丰富而生动的事实来引出和论证有关的观点，而不能简单地灌输抽象的概念。"① 进入90年代以后，各级教育主管部门及思想政治理论课教师更多地专注于解决如何使"注入式"教学向"启发式""互动式""参与式"教学转变的问题。比如，1991年，《国家教育委员会关于加强和改进高等学校马克思主义理论教育的若干意见》中指出，教师"要根据教学要求认真备课，深入研究和把握教学中的基本内容和疑难问题，了解社会实际情况，了解和分析学生普遍存在的思想理论问题，结合各门课程的特点，有针对性地进行教学。课堂教学应力求生动活泼，以理服人，以情动人。"② "采取小课堂教学，有利于教师和学生的相互了解，有利于教师及时掌握教学情况和开展课堂讨论、课外辅导等教学活动。要努力创造条件，逐步实行按小班级组织教学。"③ 1995年，《国家教育委员会关于印发＜关于高校马克思主义理论课和思想品德课教学改革的若干意见＞的通知》中指出"教师应深入地了解和分析学生的思想状况，普遍关注理论和实际问题，有针对性地进行教学。要努力丰富教学环节，活跃教学气氛，启发学生思考，指导学生阅读重要原著，精心设计和组织课堂讨论，调动学生学习的积极性，引导学生学习和运用马克思主义的基本理论和方法，明辨是非，寻求问题的答案；增强分析和解决问题的能力。"④ 2005年，《中共中央宣传部、教育部关于进一步加强高等学校思想政治理论课的意见》中强调："充分发挥学生学习的主体作用，激发学生学习的积极性和主动性。教学方式和方法要努力贴近学生实际，符合教育教学规律和学生学习特点，提倡启发

---

① 教育部社会科学司组编：《普通高校思想政治理论课程文献选编（1949－2008）》，中国人民大学出版社2008年版，第108页。
② 教育部社会科学司组编：《普通高校思想政治理论课程文献选编（1949－2008）》，中国人民大学出版社2008年版，第140页。
③ 教育部社会科学司组编：《普通高校思想政治理论课程文献选编（1949－2008）》，中国人民大学出版社2008年版，第141页。
④ 教育部社会科学司组编：《普通高校思想政治理论课程文献选编（1949－2008）》，中国人民大学出版社2008年版，第159页。

式、参与式、研究式教学。"

在各级教育主管部门的指导和支持下，为增加课程的吸引力、感染力，增强思想政治理论课教学实效性，各大高校也纷纷展开对启发式教学、互动式教学、参与式教学的探索。比如华中科技大学自 2008 年开始"一直致力于高校思想政治理论课互动教学的探讨，以激发学生参与教学过程的积极性和主动性"①。天津大学则致力于研究高校思想政治理论课"研究型互动式"教学方法的探索。大连理工大学致力于研究案例教学法的研究和实践。还有很多高校的思想政治理论课教师在总结教学经验的基础上，在科学的教学理论和学习理论的指导下，努力探讨着启发式教学、参与式教学、互动式教学的具体方法。逐渐形成了一些科学的教学方法，就启发式教学而言，最典型的启发式教学的具体方法有：案例教学法、讨论教学法、对话教学法、问题教学法、情境教学法等。参与式教学的具体方法种类就更多了，除了讨论、辩论、对话、讲故事等语言性的方法外，还有设计研究、角色扮演、头脑风暴、游戏、戏剧等方法。

（二）教学手段由传统向现代转变

教学手段是教师和学生进行教学信息交流的物质基础，教师的教学手段是否科学合理，影响教学信息传递的质量、效果和教学的效率，进而影响学生知识、技能、智力能力的培养。传统的教学手段主要借助文字、图表、教具、模型、黑板、粉笔、教师的口头语言传播教学信息。既有优点，也有缺点，从优点来看，简单易行、成本较低；在教学中教师运用传统的教学手段，主要是面对面传授，教师可以利用板书的时间给学生留有充分思考的时间，可以通过眼神的交流，把握学生对教学内容的领会程度，控制教学的进度；而学生可以通过教师的形体语言，比如表情、动作等，来领会教师的用意，从而帮助对教学内容的消化吸收。概括地说，它在加强教师和学生之间的互动关系、调动学生思考的积极性方面发挥了积极的作用。但它也存在缺

---

① 本书编写组：《善教之道——高校思想政治理论课教学方法改革"择优推广计划"入选项目经验交流文集》，高等教育出版社 2014 年版，第 51 页。

点，即费时费力、形式单一，容易使学生感到枯燥无味，而且教学信息传递量小，教学效率低。现代教学手段以计算机和网络信息技术为基本条件，通过教育信息技术化，提高教育信息的传播效率。主要的形式有多媒体教学、网络教学、虚拟现实教学等。其优点有：可以通过文本、图片、视频、音频等资料形成图、文、声并茂的多媒体课件，能够给学生的视觉、听觉带来更多的刺激，甚至是享受，学生接受的信息量大；如果将教学和网络技术相结合，教学不会受时间、空间的限制。但现代教学手段也有局限，信息量太大不利于学生对知识的消化吸收，教师容易过分依赖多媒体课件，等等。

长期以来，高校思想政治理论课教学都采用传统的教学手段，一本教材、一张嘴、一支粉笔是思想政治理论课教学标配。但是，在科学技术发展的浪潮中，传统教学手段更加显现出其乏味单调、信息量小、效率低、时间和空间受限等缺点。而大学生是对新的科学技术手段比较敏感的一个群体，他们喜欢新鲜的事物，也善于从新鲜事物中获得知识和能力。传统的教学手段已经不能满足大学生的需要。在思想政治理论课教学中运用现代教学手段是必然的了。

1991 年，《国家教育委员会关于加强和改进高等学校马克思主义理论教育的若干意见》中提出，"要积极利用现代化教学手段，适当开展电化教学。有条件的省市和学校可以根据教学要求，制作一些观点正确，材料丰富生动的电化教学片。国家教委有关部门也要组织制作一些适合教学需要的电教片。"[1] 1995 年，《国家教育委员会关于高校马克思主义理论课和思想品德课教学改革的若干意见》中指出，"要充分利用影视资料，开展电化教学，有关部门要组织制作配合课程教学使用的电视教学片。"[2] 1996 年，《全国高校"两课"管理工作座谈会会议纪要》中记录道："加大教学方法的改革力度，

---

[1] 教育部社会科学司组编：《普通高校思想政治理论课程文献选编（1949—2008）》，中国人民大学出版社 2008 年版，第 141 页。

[2] 教育部社会科学司组编：《普通高校思想政治理论课程文献选编（1949—2008）》，中国人民大学出版社 2008 年版，第 160 页。

大力推动教学手段的现代化,国家教委和有条件的省(市、区)要建立相应的协作组织。"① 1996年3月,《关于落实"两课"教学改革<若干意见>几项重要工作的实施计划》中提出"把教学方法的改革和教学手段的现代化作为教改重要内容,切实加以推动。国家教委和省(区、市)都要对此项工作进行规划,建立相应的协作组织,积极加以推动,取得较快的进展和较大的效果。"② 同年,《国家教育委员会关于进一步加强高等学校<形势与政策>课程建设的意见》中提到"进一步改进教学方法,要注意发挥现代化教学手段在形势政策教育中的作用,充分利用现代传媒手段、影视音像资料,丰富教育资料,拓展教学的内容和空间。提倡各地教育部门和高校从实际出发,在本地区或相近学校之间加强电化教学协作,充分利用现代化教育手段和资源,提高教学效果。"③ 2005年,《中共中央宣传部、教育部<关于进一步加强和改进高等学校思想政治理论课的意见>实施方案》中指出要优化教学手段,组织制作"精彩一课"多媒体课件,组织建立高校思想政治理论课教育教学资料数据库,为其搭建信息资料服务平台。随后每一年,教育部都给各高校赠送思想政治理论课相关的电影纪录片和电视政论片,组织"精彩教案"、"精彩多媒体课件"的制作。

在教育主管部门政策的激励下,各高校和研究部门充分发挥了积极主动性,使现代教学手段在思想政治理论课教学中的运用不仅仅体现在多媒体课件制作,更体现于对网络媒体技术的运用。从国家精品课程资源网、"爱课程"网的建设,Blackboard在线教学管理平台的使用,到网络社交媒介(QQ、微信、微博、博客、公共邮箱等)的利用,再到大规模网络在线课程的建设。很多高校通过创建多主体参与的教学平台进行网络互动,将日常思

---

① 教育部社会科学司组编:《普通高校思想政治理论课程文献选编(1949-2008)》,中国人民大学出版社2008年版,第172页。
② 教育部社会科学司组编:《普通高校思想政治理论课程文献选编(1949-2008)》,中国人民大学出版社2008年版,第174页。
③ 教育部社会科学司组编:《普通高校思想政治理论课程文献选编(1949-2008)》,中国人民大学出版社2008年版,第176页。

想政治教育和思想政治理论课教学通过网络即时链接。如上海市教委建立了"上海高校思想政治理论课易班平台"、西南大学创建的"思想政治理论课云教学平台"等。近两年,"教学课程的网络化共享开始尝试。以激发学生的主动学习兴趣为核心的大规模开放在线课程——'慕课'建设。作为一种新型的'翻转课堂教学模式',将网络媒体技术由辅助教学的手段转变为教学本身。"①

如何让思想政治道德理论让大学生入心、入脑,如何让思想政治理论课成为大学生真心喜欢、终身受益的课程?高校思想政治理论课一线教师对教学手段进行了探讨和实践。也摸索到了一些全新的受学生欢迎的教学方法和手段,比如:有的教师开展了网络教学。"南京师范大学王跃教授构建了课堂教学和网络教学互动的一体化教学体系。"②"重庆交通大学王戎教授将教学与重庆历史文化资源、社会热点、学校特色和学生所学专业结合,通过制作高质量的多媒体课件与建立内容信息量极为丰富的教学网站,使学生开展在线自主学习,将课堂教学与网络教学密切结合。"③ 有的教师利用 QQ、微信、微博等多种网络媒介作为思想政治理论课的教学平台,如大连海事大学的曲建武教授、上海交通大学的施索华教授等都是运用网络社交软件进行思想政治理论课教学的典范。有的教师"整理微博、微信中近年来大学生比较关注的热点问题,选取典型案例运用到课堂教学中,为学生答疑解惑"④。还有的教师将微课视频教学模式、微电影教学法运用于思想政治理论课教学中,比如河北大学的柴素芳教授组建的"微电影教学法"创新团队,陈红教授采用"微电影"方式创新教学情境。有的老师则建立微信公众号来开展思

---

① 李忠军、孟宪生主编:《国高校思想政治理论课教学方法改革年度发展报告(2013)》,高等教育出版社 2014 年版,第 8-9 页。
② 李忠军、孟宪生主编:《国高校思想政治理论课教学方法改革年度发展报告(2013)》,高等教育出版社 2014 年版,第 93 页。
③ 李忠军、孟宪生主编:《国高校思想政治理论课教学方法改革年度发展报告(2013)》,高等教育出版社 2014 年版,第 93 页。
④ 薛秀娟:《"微时代"背景下高校思想政治理论课的系统改革》,载《系统科学学报》,2017 年第 2 期。

想政治理论课的在线教学活动。2016年清华大学推出了智慧教学工具：雨课堂。当前这一教学工具正在推广运用，"雨课堂旨在连接师生的智能终端……教师只需在电脑下载一个雨课堂的插件，就可以在正常PPT编辑的基础上，加入MOOC视频、网络视频并发送给学生，具有名校课程视频资源随时用、PPT制作和学习零成本、微信贴身推送等优势。"①

以上诸多探索和实践已初见成效，但也存在一些问题，比如"过于追求手段的新奇，过于追求课堂形式的丰富多彩和课堂场面上的热闹互动，往往可能偏离了思想政治理论课本身的目的，往往可能失去了思想政治理论课应有的严谨、思辨、理性和真理的魅力。"② 因此，如何将现代化教学手段和思想政治理论课教学目的、教学内容更加紧密地结合在一起，还需要进一步深入研究。

（三）教学组织形式由单一转向多种方式相结合

教学组织形式是以一定的教学思想为指导，一定的教学目标为指向，结合教学内容的需要及教学条件组织安排教学活动的方式。现代课堂教学组织形式有"班级授课，分组教学，伙伴协作学习，独立学习。"③ 除课堂教学组织形式外，还有辅助性的教学组织形式，即个别教学与现场教学（实践教学），还有一种特殊的组织形式，即以慕课为基础的混合式教学。在高校思想政治理论课教学历史上，教学组织形式经历了从单一走向多种方式结合的过程。

课堂教学是思想政治理论课教学的基本形式，多年来，课堂教学的组织形式由单一走向多种方式相结合。1950年，《教育部关于全国高等学校暑期政治课教学讨论会情况及下学期政治课应注意事项的通报（节录）》中指出：

---

① 肖安宝、谢俭、龚付强：《雨课堂在高校思政课翻转教学中的运用》，载《现代教育技术》，2017年第5期。

② 康树元：《论思想政治理论课教学方法和手段的改革》，载《思想政治教育研究》，2012年6月。

③ ［德］希尔伯特·迈尔：《课堂教学方法（理论篇）》，尤岚岚、余萬译，华东师范大学出版社2010年版，第106页。

"教学组织还不健全。在新解放区中，各校的中层机构（如班）及基层组织（如小组）多半是很弱的，甚至没有"①。可见当时教学组织形式是较为单一，班级教学和分组教学还没有完全发展起来。因此强调要设立班级、小组以便开展教学。随后几年的时间，对讲授、课堂讨论、自学等教学组织形式高度重视，并做了学时数规定。1980年，教育部提出，"马列主义课的课堂教学，应逐步做到小班教学"②"自习、课堂讨论或小组讨论是必要的教学环节……必要时，组织学生进行参观和社会调查。"③ 1984年，中央宣传部、教育部提出了"课堂讲授是教学的基本环节……自习、课堂讨论、辅导、阅读马列和毛泽东著作，都是帮助学生掌握马列主义基本原理和提高分析问题能力的不可缺少的重要环节"。这里规定了课堂教学组织形式，即学生自主学习、分组讨论。概览教育部关于思想政治理论课的文件，发现从20世纪80年代以来，在教育部及各级教育主管部门比较强调自主学习、小组讨论、小班教学。

思想政治理论课教学从单一的课堂教学转向多种教学组织形式相结合。思想政治理论课教学的目的是实现学生在思想、政治、道德方面知、情、意、行的统一，仅仅靠课堂教学并不能很好的实现这一目的。做好课堂理论教学是实践教学的前提，没有革命的理论，就不会有革命的运动，人的实践活动必须要有思想理论的指导，只有这样，才能有方向、有目标，理论一旦被人掌握，就会转变成强大的精神动力。但理论要具有说服力，就必须联系实际，理论必须要经得住实践的检验，因此，实践教学是高校思想政治理论课教学的重要方法。为此，教育主管部门倡导积极开展丰富多彩的校园文化活动和社会实践教学活动，使课堂教学和校园文化、实践教学等各种组织形

---

① 教育部社会科学司组编：《普通高校思想政治理论课程文献选编（1949－2008）》，中国人民大学出版社2008年版，第6页。
② 教育部社会科学司组编：《普通高校思想政治理论课程文献选编（1949－2008）》，中国人民大学出版社2008年版，第87页。
③ 教育部社会科学司组编：《普通高校思想政治理论课程文献选编（1949－2008）》，中国人民大学出版社2008年版，第87－88页。

式相结合。1980年,《教育部、共青团中央关于加强高等学校学生思想政治工作的意见》中提出了"要开展丰富多彩的有感染力的内容健康的课外活动,包括举办讨论会、专题报告会、讲座以及文娱体育活动,以利于培养学生高尚的情操和广泛的知识兴趣。"① 这是对课堂教学的拓展,同时也丰富了思想政治理论课教学组织形式,使思想政治理论课教学不再局限于课堂。1984年,中央宣传部、教育部提出"为了提高教学效果,应该围绕教学内容,适当地组织学生参加社会活动和进行社会调查,鼓励他们在接触实际中接受教育。"② 同年,教育部提出"课堂讲授与生动活泼的教育活动相结合。思想品德课要有课堂讲授,同时辅之以生动活泼的教育活动,以增强感染力,提高教育效果。如推荐阅读有教育意义的文学作品、放映优秀影片和录像片、组织参观访问等。"③ 1991年,国家教育委员会指出要组织学生参加社会实践活动,以增强马列主义课的吸引力和说服力。

1995年,国家教育委员会提出要鼓励教师开展课外实践教学,开展课外理论学习。1996年又进一步强调加强实践环节、课堂教学和课外实践教学相结合。2004年8月,中共中央、国务院指出:"坚持政治理论课与社会实践相结合,既重视课堂教育,又注重引导大学生深入社会、了解社会、服务社会。"④ 2005年,中共中央宣传部、教育部提出要加强实践教学,并在课时、经费、教学目标、具体教学方法方面都进行了明确规定。2011年,《中共教育部党组关于学习贯彻胡锦涛总书记给北京大学第十二届研究生支教团成员回信精神的通知》中指出要强化实践教学环节,要大力实施"卓越工程师教育培养计划",启动实施"卓越文科人才培养计划",建设一批国家级实践教

---

① 教育部社会科学司组编:《普通高校思想政治理论课程文献选编(1949 – 2008)》,中国人民大学出版社2008年版,第82页。
② 教育部社会科学司组编:《普通高校思想政治理论课程文献选编(1949 – 2008)》,中国人民大学出版社2008年版,第96页。
③ 教育部社会科学司组编:《普通高校思想政治理论课程文献选编(1949 – 2008)》,中国人民大学出版社2008年版,第101页。
④ 教育部社会科学司组编:《普通高校思想政治理论课程文献选编(1949 – 2008)》,中国人民大学出版社2008年版,第205页。

育中心。2012年,《教育部等部门关于进一步加强高校实践育人工作的若干意见》中提出要强化实践教学环节,认真组织军事训练、系统开展社会实践活动、加强实践育人队伍建设,发挥学生主动性,加强实践育人基地建设,加强实践育人工作的组织领导。2015年9月10日,教育部颁布的《高等学校思想政治理论课建设标准》中提出要统筹思想政治理论课各门课的实践教学,并落实实践教学的学分:本科2学分,专科1学分,并对教学内容、指导教师和教学经费都作出了要求。要求要建立相对稳定的校外实践教学基地,并指定了责任部门,由教务处、财务处、学生处、团委、思想政治理论课教学科研机构共同负责。从上述文件中,我们发现,从80年代强调可以适当组织实践教学,到90年代组织必要的社会实践活动,进入21世纪后强调加强实践环节,进行整体的部署和规划。党中央和教育主管部门对于高校思想政治理论课实践教学是越来越重视的。

在教育主管部门大力推动的同时,各高校也积极探索,积极开展社会实践活动。经过长期的摸索,形成了一些普遍的做法:服务实践、专业实践、创业实践、军事训练,等等。这些方法对学生认知、情感、意志、信念等方面的培养发挥了积极的作用,有益地补充了思想政治理论课课堂教学存在的不足,形成理论教学和实践教学相结合的局面。有些高校为了将思想政治理论课教学延伸到课外,积极利用社团活动或大学生课外活动,形成了一些较有特色的实践教学方法,比如一些高校建立了"中国特色社会主义理论宣讲团""马克思主义理论学习研究会"等类似的社团,通过社团活动培养学习马克思主义理论的学生骨干,再由这些学生骨干带动其他学生,营造全校学生共同学习理论研究理论的氛围。还有的高校积极组织主题教育实践。

以慕课为基础的混合式教学是一种新型的教学组织形式,是一种线上线下相结合的形式。线上线下结合就是学生在网上自主学习,线下在课堂进行面对面的讨论。这一新型教学组织形式集班级授课,分组教学,伙伴协作学习,独立学习等多种教学组织形式于一身,"利用数字化信息网络技术,努力构建多个教学空间,即数字化的网络教学空间、传统的课堂教学空间和符合思政课课程特点的实践教学空间,重新划分思政课的教学功能和教学内容,实现多个教学空间的优势互补,能够将传统单向灌输的教学方式'教—学—考'的教学流程转变为'学—导—行',即学生自主学习→教师重点引导→学生参与实践。"① 由复旦大学牵头,多所高校共建,基于慕课的混合式教学组织形式较早运用于思想政治理论课教学中,"我们把现代教育技术与传统的解惑传导相结合,安排了大量的见面讨论,是独特的中国式慕课,即慕课与传统课堂教学有机结合,着力建设混合式大规模在线课程,加强见面互动,打造成一个集选课、测验、即时跟踪学习进度、班级管理、师生互动于一体的课程共享平台。"② 随后,有较多的高校纷纷加入基于慕课的混合式教学试点改革潮流中。基于慕课的混合式教学是多种教学组织形式相结合的典型。

为了促进教学方法的改革,教育部在科研政策方面也作出了较大的改革,以配合思想政治理论课教学改革。这些政策措施的出台为高校思想政治理论课教学方法科学化发展提供了有力的支撑。这些政策措施也大大激发了思想政治理论课教师进行思想政治理论课教学研究的热情,在此背景下,相继研究出了很多新的教学方法,并运用于教学实践中。比如北京师范大学的分众教学法,中央财经大学的问题锁链教学法,东北师范大学的"四维并进、集成创新",大连大学的案例教学法,武汉大学的立体多元教学模式,天津大学的研究型互动教学模式,等等。

二、高校思想政治理论课教学方法科学化的经验总结

回顾我国60多年以来高校思想政治理论教学方法科学化的历程,经验

---

① 杨志超:《高校思想政治理论课混合式教学模式的建构路径探析》,载《思想教育研究》,2016年第6期。
② 本书编写组:《善教之道:高校思想政治理论课教学方法改革"择优推广计划"入选项目经验交流文集》,高等教育出版社2014年版,第151页。

总结如下:

(一) 中央、各级教育主管部门和各高校的重视是推进思想政治理论课教学方法科学化的重要保障

中央对思想政治教育高度重视,不断就加强和改进高校思想政治理论课教学做出部署,推动了思想政治理论课教学方法的科学化。

首先,马克思主义一级学科的设立为思想政治理论课教学提供了学科支撑。为增加思想政治教育教学的科学性,党中央批准设立了马克思主义理论一级学科,这使"广大教师工作有了新条件、干事有了新平台、发展有了新空间,责任感、使命感和归属感得到前所未有的增强。"①广大教师乘势而为,在进行科学研究的同时,积极开展教学研究,形成了一批有影响力的教学研究成果,其中有很大一部分是教学方法研究的成果,这些研究成果在一定程度上推动了教学方法科学化进程。

其次,加强师资培训,大力加强思想政治理论课教师队伍建设,为思想政治理论课教学方法科学化提供了人力支持。教学方法科学化需要有高素质的师资队伍作支撑。当前我国高校思想政治理论课教师队伍专兼职相结合,优化了教师队伍构成;在教师培训方面建立了三级培训体系和网络远程培训,提高了培训效果;在教师培养政策方面,出台了骨干教师培养计划、教师择优资助计划、国内高级访学计划、教学科研团队择优支持计划,不断提高思想政治理论课教师的学历层次,提升他们的思想政治教育水平和马克思主义理论水平。为此,曾专门办两课教师研究生班,当思想政治理论课教师研究生学历达标后,专门设立思想政治理论课教师博士班,各高校设立博士点,近几年中国社会科学院和中央党校都办了"马克思主义理论骨干人才培养计划"博士研究生班,马克思主义理论一级学科的博士培养规模在壮大,在对博士培养的过程中重视马克思主义基本理论教育的同时,加强对博士生的思想政治教育理论和方法的培养。同时,对思想政治理论课教师的职业伦

---

① 张正光:《中央16号文件颁布以来高校思想政治理论课建设举措、成效及经验》,载《思想理论教育》,2016年第2期。

理提出明确规定，在政治上要求思想政治理论课教师必须是中共党员。这些举措大大提高了思想政治理论课教师教学科研的水平，也在无形中推动着教学方法的科学化。

再次，各级教育主管部门对科研政策调整推动了思想政治理论课教学方法科学化研究。为了促进思想政治理论课教学方法改革，教育部在科研政策方面也作了较大的改革。从2007年开始，教育部哲学社会科学研究重大课题中设立了"高校思政课'精彩一课'全程教学示范片研究制作"委托项目，2012年开始，推出了高校思想政治理论课教学方法改革"择优推广"项目、"马克思主义理论教学与研究文库"出版资助项目。定期开展思想政治理论课精品课程评选，优秀教学案例征集，教学方法择优推广项目的评选，等等。各高校和教学单位设立教改项目，鼓励广大教师积极研究教学方法。这些政策措施的出台为高校思想政治理论课教学方法的改革创新和科学发展提供了有力的支撑。也大大激发了思想政治理论课教师进行思想政治理论课教学研究的热情，兴起了一股教学方法改革创新和科学发展研究的热潮，极大地推动了思想政治理论课教学方法科学化研究。

（二）教师教育教学能力的提升有力推进了高校思想政治理论课教学方法的科学化

首先，各级人民政府和教育主管部门加大对人文社科类科研项目、思想政治理论课专项的经费支持力度，大力支持实践教学基地建设，为思想政治理论课教师营造了良好的科研和学习环境，有助于提升他们的教育教学能力，间接地推进了思想政治理论课教学方法的科学化。每一年的国家社科基金项目、教育部人文社科课题都设置了大量的与思想政治理论课有关的选题，这为思想政治理论课教师提供了更多的研究机会和研究经费。同时，教育部思想政治理论课专项课题更是专门针对思想政治理论课课程建设、学科建设及教育教学而设，这极大地调动了思想政治理论课教师科研的积极性，同时也增强了思想政治理论课教师的职业认同、学科认同，有助于提升教师的成就感和荣誉感，提升了教师的教育教学能力，一定程度上促进了教学方法的科学化。另外,实践教学基地建设为思想政治理论课教师提供了更多的学习机会,每年各高校都会选派教师参加由教育部组织的社会实践考察,这使思想政治理论课教师开阔了视野,了解了社会现实,增强了理论联系实际的能力。

其次,各高校积极开展了思想政治理论课教师培训,有助于教师教育教学能力的提高,间接地促进了教学方法的科学化。教师培训的方式多种多样,一种是走出去,组织思想政治理论课教师到各地进行参观学习,到各高校听课、参加教学科研活动、吸收借鉴各高校的课程教学改革经验,选派优秀教学教师代表参加讲课比赛,等等。另一种是引进来,邀请名师来培训思想政治理论课教师,提高业务水平。近年来,在国家高度重视高校思想政治工作的背景下,各高校越来越重视思想政治理论课教师的培训,通过教师培训来加强思想政治理论课教师队伍建设,在培训交流合作中转变教学理念,获取教学方法,开阔视野,提升思想政治理论课教师的思想认识和教育教学的水平和能力。

再次,在教研室层面积极组织集体备课,提升了思想政治理论课教师教育教学能力,有力推进了教学方法的科学化。当前各高校的思想政治理论课教学主管部门强调集体备课的重要性,思想政治理论课四门课程的教研室也积极开展集体备课,针对教学中存在的问题,积极开展讨论,切磋教学技巧、研究和解读教材,专题教学讨论,等等。教师们相互启发,相互学习,取长补短。同时教育教学资源共享,解决了教师单独备课的各种局限,极大地促进了教师成长和发展。

最后,教学观摩展评活动的大量开展提升了思想政治理论课教育教学的能力,有力地推进了教学方法的科学化。近几年来,思想政治理论课教学能手大赛在各高校、各省区乃至全国范围内积极开展,比赛旨在加强思想政治理论课教师队伍建设,提高教师的教学能力和水平。在比赛中,选手们或精讲知识点、或引导探究、或与学生互动,精炼的课堂语言、规范的教学环节、新颖的主题设计展现出参赛教师们扎实的教学功底。这实质上是一种教学观摩展评活动，参与其中的讲课教师对教学过程反复推敲，精雕细琢，在讲课过程中尽量展示自己的最高水平。讲课结束由评委点评。教学观摩展评对于讲课教师自身来说是一种极好的锻炼，能迅速提升他们的教育教学能力和水平，对于观摩的教师，是一种极好的学习，讲课教师为观摩者提供了很好的示范。同时，评委点评的过程是一种教学研讨，是对教与学的行为分析，不论是讲课教师还是观摩者都能从点评中学到先进的教学经验和教学思想，形成某种信念。这是促进教师成长的有效方式，有利于提升教师教育教学能力，推进教学方法的科学化。

（三）转变教学理念是高校思想政治理论课教学方法科学化的思想基础

在哲学史上，最早对"理念"一词进行解释的是柏拉图，按柏拉图的理解，理念是指一种离开具体事物而独立的精神实体，并非主观的意念。理念"是事物的本质和共性，是具体事物所追求的一种理想的标准。"[①] 教学理念建基于教学理论和对教学实践理性认识，它是对教学应然状态的认识，"反映着人们对教学实践的价值期待和理想追求。"[②] 科学的教学理论是在教学实践基础上对教学本质和规律的客观反映，教师一旦掌握了教学理论，或是对教学实践形成理性认识，就有可能形成一定的教学理念，去自觉地反思和审视教学活动，向教学的"应然状态"发展。当然，教师形成教学理念并将其贯彻落实于教学实践活动，是知、情、意、信、行的统一，缺少其中任意一个环节都无法实现教学理念与教学实践活动有机结合。

实现从传统教学理念向现代教学理念的转变是推进高校思想政治理论课教学方法科学化的思想基础。传统的教学理念是以教师为中心的，往往忽视学生的主体地位，强调教师单向的知识传递，学生被动接受，追求学生对知识掌握的数量，教学手段单一，主要靠记忆。现代教学理念则在强调教师主导地位时，更加强调发挥学生的主体性，强调师生之间、生生之间的互动，

---

① 段作章：《教学理念如何走向教学行为》，华东师范大学出版社2014年版，第31页。
② 段作章：《教学理念如何走向教学行为》，华东师范大学出版社2014年版，第31页。

强调学生是能动的、个性丰富的学习者,它追求学生认知结合和学习结构的形成,它要求教师把主要的精力放在对学生的引导、教学生如何学,而不是知识的灌注。长期以来,高校"思想政治理论课教学方法过多注重教师的'教法'而忽视学生的'学法',注重教师单向主体性的发挥,而忽视学生作为学习主体性发挥,学生学习中客体地位和学习动力的不足严重制约了教学效果的实现。"① 这反映了思想政治理论课教师仍然将自己作为教学的中心,将自己视为知识占有的权威,而将学生视为被动的接受者。然而思想政治理论课教学效果不好、实效性不强的问题时时在提醒着思想政治理论课教师需要转变传统的教学理念,树立现代教学理念。

根本地说,是要树立"以生为本"的教学理念。高校思想政治理论课教学过程是教师和学生双向互动的过程,学生接受教师的教育影响,教师根据学生的反应调整教学思想和行为。教师单向的灌输不能实现教学目标。因此,教师教学首先要深入了解学生的实际情况,有针对性地进行教学。其次要建立民主、平等、和谐的学习氛围,以调动学生学习的积极性和主动性。再次,教学的内容和方法要符合学生思想实际和成长需要,以激发学生学习的兴趣。教师只有树立起"以生为本"的教学理念,才可能在教学方法的选择、运用和创新过程中贯穿这一理念,也才可能实现教学方法的科学化。

(四) 自觉运用现代教育信息技术是推进思想政治理论课教学方法科学化的必要手段

当今社会正处于信息技术迅猛发展的时代,尤其是网络信息技术的发展给人的生活方式、生产方式、学习方式等都产生了巨大的影响,信息技术在教育教学领域的广泛运用,给教育教学带来了深刻的变革,同时也使教育技术的内涵得到了极大的丰富和发展。现代教育信息技术的发展在硬件和软件、资源和学习、模式和方法、文化和观念等方面为教育变革提供支持,对教育教学的各个方面,比如教学模式、教学关系、教学组织形式、教的方法

---

① 郭凤志:《现代教育理念下高校思想政治理论课教学方法改革路线研究》,载《思想理论教育导刊》,2013年第10期。

和学的方法都产生了深刻的影响。

我国思想政治理论课教学从20世纪80年代开始开展电化教学,那时期主要是视听教育,比如将电影、广播等运用于思想政治理论课教学,到90年代,开始有计算机辅助教学,在90年代末,在高校思想政治理论课教学领域开始使用多媒体课件,使课堂教学的内容变得更加丰富,展现形式更加多样。随后,互联网开始普及,这极大地改变了思想政治理论课教学方式,教师们不再仅仅将信息技术产品当作视听教育的物质媒介,更是将其作为教学信息传播的重要手段。尤其是新媒体顺应现代人碎片化的阅读方式,成为了思想政治理论课教学的新宠。现代教育信息技术的运用使高校思想政治理论课教学方式更加多样化,多媒体技术在课堂上的运用使教学内容的信息量大大增加,大量的信息不仅仅以语言、文字的抽象形式呈现,而且通过图片、视频、音频、动画等直观的媒介来呈现,大大提高了教学效率。互联网技术的发展和普及推动着思想政治理论课教师教学方式的变革,也推动了学生学习方式以及师生互动方式的变革。这种变革促进了大学生对思想政治理论课教学信息的接收、消化和吸收,是高校思想政治理论课教学的有效途径。因此,将现代教育信息技术运用于高校思想政治理论课教学是教学方法科学化的必要手段,而这要求思想政治理论课教师要不断提高现代教育信息技术应用能力。

三、高校思想政治理论课教学方法科学化的新要求

在教育主管部门和各高校、教学部门及教师的共同努力下,高校思想政治理论课的教学方法在理论和实践上都经历了改革和创新,教学理念上从注入式向参与式、互动式、启发式转变;教学手段从传统向现代转变;教学组织形式从单一的课堂教学向多种组织形式相结合。在这种转变中思想政治理论课教学方法逐渐走上了科学化的道路,积累了一些经验,形成了一些科学的教学方法。然而,事物运动变化发展是永恒的,思想政治理论课教学也一

样,随着教学环境、教学对象、教学内容的变化,教学方法也需要作出相应的变化。当下,我国社会正发生着深刻的社会变革,信息技术革命蓬勃发展,教育对象在发生变化,思想政治理论课教学内容也在不断地更新和发展。而思想政治理论课教学方法的改革和创新滞后于时代发展的步伐,还存在着很多的问题,这要求思想政治理论课教学方法需要进一步科学化。

(一) 高校思想政治理论课的新使命对思想政治理论课教学方法科学化提出了新要求

2016年12月7—8日,在全国高校思想政治工作会议上,习近平总书记指出"高校思想政治工作关系高校培养什么样的人、如何培养人以及为谁培养人这个根本问题。"①"与思想政治工作一样,思想政治理论课本质上是一个解疑释惑的教学过程。这一过程中,要着力于帮助学生认识人生应该在哪用力、对谁用情、如何用心、做什么样的人这样一个根本性的问题。思想政治理论课特别要在'为谁培养人'这个关键问题上,发挥好在理论武装、政治引领、思想教育和道德修养等方面,以及在科学的世界观、人生观、价值观形成和培育上的重要作用。"②

高校思想政治理论课要立足于实现立德树人的根本任务,需要科学的教学方法。立德树人是高校安身立命之本。党中央提出建设双一流的大学,高校成为一流大学最根本的是能培养出一流的人才。而一流的人才应该是德智体美全面发展的人,其中"德"统领着其他几个方面。高校思想政治理论课作为德育课程,自然要将立德树人作为其根本的任务。十年树木,百年树人,培养人是一个艰难的过程。思想政治理论课要实现立德树人的根本任务,需要科学的教学方法。当前思想政治理论课教学存在科学性和价值性统一难、政治性和主体性统一难、主导性和多样性统一难的问题,极大地影响

---

① 《习近平在全国高校思想政治工作会议上强调:把思想政治工作贯穿教育教学全过程,开创我国高等教育事业发展新局面》,载《人民日报》,2016年12月9日,第1版。

② 顾海良:《高校思想政治理论课"要坚持在改进中加强"》,载《思想理论教育导刊》,2017年第1期。

思想政治理论课发挥主渠道作用，影响立德树人任务的完成。这些难题为思想政治理论课教学方法提出了科学化的要求。

坚持高校思想政治理论课的教育教学方向对教学方法提出了科学化的要求。"思想政治工作从根本上说是做人的工作，必须围绕学生、关照学生、服务学生，不断提高学生思想水平、政治觉悟、道德品质、文化素养，让学生成为德才兼备、全面发展的人才。"① 更好地满足学生成长发展的理论需要和学习期待，要求教学方法的科学化。

思想政治理论课实现四个"正确认识"的任务要求教学方法的科学化。习近平总书记在全国高校思想政治工作会议上提出要引导学生正确认识世界和中国发展大势，从我们党探索中国特色社会主义历史发展和伟大实践中，认识和把握人类社会发展的历史必然性，认识和把握中国特色社会主义的历史必然性，不断树立为共产主义远大理想和中国特色社会主义共同理想而奋斗的信念和信心。正确认识中国特色和国际比较、全面客观认识当代中国、看待外部世界。正确认识时代责任和历史使命。正确认识远大抱负和脚踏实地。"这四个'正确认识'切合了学生成长成才中理论滋养的需要和学习要求的期待，具体体现了高校马克思主义理论和思想政治教育的主要任务，也具体体现了高校思想政治理论课的改进方向。"② "这四个'正确认识'是对思想政治理论课中'问题意识'探索的深刻概括。"③ 解决好四个"正确认识"的问题要求科学的教学方法。

(二) 当代大学生思想行为新变化对思想政治理论课教学方法提出了针对性的新要求

大学本科阶段的年龄一般处于18—23岁之间，不论哪个时代，这个年龄

---

① 《习近平在全国高校思想政治工作会议上强调：把思想政治工作贯穿教育教学全过程，开创我国高等教育事业发展新局面》，载《人民日报》，2016年12月9日，第1版。
② 顾海良：《高校思想政治理论课"要坚持在改进中加强"》，载《思想理论教育导刊》，2017年第1期。
③ 顾海良：《高校思想政治理论课"要坚持在改进中加强"》，载《思想理论教育导刊》，2017年第1期。

段的人都有共同的特点。但同时我们也要看到不同时代环境塑造出不同的人，在不同时代这一年龄段的人具有不同的特征。当前，思想政治理论课教学对象不再是"70后""80后"，而是"90后"，准确地说是"95后"。由于成长的时代背景、生活环境的不同，与"80后"大学生相比，不论是"90后"，还是"95后"，他们身上都带有新世纪新阶段快速发展、急剧变革的鲜明特点。思想政治理论课教学对象已经发生变化，已有的教学经验、教学方法已不能完全满足教学的需要，这要求思想政治理论课教学方法进一步科学化。

1. "90后"大学生个性独立、张扬、自信，但有依赖性、抗压能力弱，需要教学方法更具科学性

"90后"大学生具有矛盾的个性。一方面，他们个性独立、张扬、自信，另一方面他们又有较强的依赖性，抗压能力较弱。之所以形成矛盾的个性，有几个原因：第一，从大的社会环境上看，20世纪90年代，东欧剧变、苏联解体，中国因为改革开放和社会主义市场经济的实行在全球化进程中快速崛起，复杂的社会大环境带来了国人思想的进步和成熟，这一时期，真理标准大讨论已趋于成熟，并深入人心，这使成长起来的"90后""自我选择性极强，趋同意识很淡，更习惯于通过亲身实践认识过程来接受前人的结论。"[①] 同时，改革开放和社会主义市场经济带来了丰硕的物质成果，使人们生活衣食无忧，造就了"90后"乐观、自信的个性和心态。电视和互联网的普及使"90后"掌握的知识和信息丰富，这使他们思想活跃、充满自信，但成人的世界也一览无余地呈现在"90后"的面前，使他们习惯用成人化的思维思考问题，思想早熟。第二，从家庭环境看，"90后"普遍是独生子女，他们享受着来自众多长辈的关爱和物质条件，同时也担负着来自父母和长辈的厚望。父母们倾注全部精力为他们创造良好的教育条件，使"90后"视野开阔，知识素养良好，多才多艺。但父母和长辈的过渡关爱也部分地剥夺了

---

① 俞亚萍、郝永贞：《"90后"大学生的思想特点与高校共青团工作创新》，载《教育与职业》（下），2009年11月。

"90后"锻炼成长的机会，使他们不善于自我管理，同时，在面对困难、失败和挫折时抗压能力较弱，往往需要寻求父母的帮助，依赖父母，得不到帮助时容易走极端。第三，从学校教育看，"90后"成长于应试教育的环境中，分数、名次是他们学习的指挥棒，为名次、为分数而奋斗，长期的应试教育使他们形成了积极进取的习惯，但同时也造就了功利的心理。

"90后"大学生独立、张扬、自信，但又有依赖性、抗压能力弱的思想特点，表现在行为上，就是他们在课堂上沉默，但不轻易认同别人的观点，他们对各种事物和社会现象有自己的见解，他们不喜欢老师的说教，不喜欢注入式的教学模式。喜欢和老师平等地进行讨论，通过讨论、甚至争论产生思想的碰撞，进而形成自己的观点。他们喜欢新奇的知识，不喜欢枯燥乏味的教材。在网络空间里，他们非常活跃，乐于表达，想说就说，敢说、敢讲，不仅仅是信息的接收者，更是信息传播者。他们成长于众多长辈的关爱中，自己私密空间小，因而他们极力保护自己的隐私，为了摆脱长辈们的监视，他们在网络上常常使用"火星语言"来保护自己的隐私。同时，相较于父母和老师居高临下的训导，他们更喜欢在网上平等地交流，因此，他们将交往的重心放在网络上，网络是他们的江湖，在网上他们的朋友遍天下，然而在现实中，他们疏于同父母、老师、同学之间的交流和沟通。

当代大学生思想行为不同于"70后""80后"的大学生，他们独立、张扬、自信的个性特征以及有依赖性、抗压能力弱等思想特点，要求教师进行教学时要更加注重教学方法的科学选择与科学运用，使教学具有针对性，在教学中既能尊重学生的个性特点，又能巧妙地解决学生存在的各种思想问题。

2. "90后"大学生具有成人式的自我意识，但又不够成熟，要求教学方法更具针对性

自我意识是人对自己身心状态即对自己同客观世界的关系的意识。也就是自己对自己生理、心理以及与他人关系的认识。在20世纪50年代，美国心理学家艾瑞克·伯恩将人的自我状态分为三种："父母自我状态、成人自

我状态、儿童自我状态。"① 父母型的自我状态就是将父母认知、意志和情感、行为模式作为自己的。它又分为控制型父母和养育型父母。控制型父母强调的是父母对子女控制和教育的部分，养育型父母强调的是父母对子女关怀和养育的部分。成人自我状态不再将父母认知、意志、情绪和行为模式作为自己的，而是在成长的过程中根据现实自己做判断、自己做决定，有独立的见解。儿童自我状态是指保留了儿童时期的思想、行为状态，可分为自由型儿童自我状态和适应性儿童自我状态。前者是儿童本能的部分，后者指儿童为适应环境服从权威的部分。用伯恩的自我状态理论来看"90后"大学生的自我意识，有研究发现，"较多的90后大学生属于控制型父母自我状态多而自由型儿童自我状态少"②，成人自我状态则有待提高。从这份研究中我们可以管窥"90后"大学生的自我意识状态。他们中大部分还没有真正意识到他们自己秉持的认知、情感、意志等心理层面的东西是否就真能代表他们自己，他们虽然表现得独立、成熟，有时与人相处时也会表现得像控制型父母一样的指责、批评，对别人表现出不尊重、不理解，或者像儿童一样的恐惧、讨好等。总体来讲，就是表现得成熟，但实际上离真正的成熟还很远。他们有反叛意识，但辨别能力弱，他们的价值观多元，知行不一。

面对着当前教育对象已经发生变化这一客观事实，不少高校思想政治理论课教师还不能很好地把握大学生的思想实际与心理特点，不能对原有教学内容、方法、手段、方式等进行及时改革和创新。还不能有效地将教材体系转化为教学体系，将知识体系转化为学生的信仰体系。这使得"90后"大学生理想信念教育缺乏针对性和创新性，影响了教育实效性的发挥。面对这样一个群体，思想政治理论课教师如果仍然采用传统的教学方法，已经无法适应当代大学生的需要，因此，有必要进一步实现教学方法的科学化。

---

① 徐辉、彭秀芳、梁凌寒：《90后大学生的自我状态分析》，载《中国青年研究》，2011年第5期。

② 徐辉、彭秀芳、梁凌寒：《90后大学生的自我状态分析》，载《中国青年研究》，2011年第5期。

（三）网络信息技术的新发展对思想政治理论课教学方法提出了现代化的新要求

从用计算机辅助教学开始，计算机及其相关的技术产品就被引入了思想政治理论课教学中，最先引入的是计算机多媒体辅助教学系统，包括电脑、投影仪、大屏幕、扩音设备和中控系统。由于这些设备的引入，能够方便地将文本、音频、视频、动画等媒体集合在一起，给教师的教提供了极大的方便。所以计算机多媒体教学系统深受教师和学生的欢迎，得到迅速普及与推广。由于多媒体技术的使用使思想政治理论课变得生动、直观，使学生在视觉、听觉等方面都得到刺激。但是，这种技术的引入并没有从根本上改变教师为中心的、注入式的传统教学模式，教师按照事先准备的课件从头讲到尾，多媒体课件只是代替了传统的"黑板+粉笔"模式，信息量大于传统的教学模式，但并未触及教学的核心，即师生关系，仍然是教师中心的教学模式。

20世纪末期，网络技术开始普及，"信息技术的核心是网络，网络的核心特征是互联互通和信息共享，离开这个核心，所有的教育、教学变革都无异于缘木求鱼。"[①] 在没有网络的时代，教师是知识的权威，相对学生而言，教师的信息占有量大于学生，但是，随着网络的普及，大学生可以通过网络获得大量的信息，思想政治理论课知识可以通过网络大量获得，这使思想政治理论课教师和学生在课堂中的地位悄悄发生了变化，教师不再是知识的唯一占有者，学生也不再是知识灌输的对象。然而，很多思想政治理论课教师似乎并没有认识到这一点，仍然将自己作为信息占有优势方。于是，就出现了教师在台上讲得口干舌燥，学生在台下讲话、玩手机、听音乐……面对这样的状况，思想政治理论课教师不得不改变观念，以生为本，进一步推进教学方法的科学化。

在网络时代，碎片化学习已经成为大学生的一种学习方式，这要求思想

---

① 王竹立、李小玉、林津：《智能手机与"互联网+"课堂——信息技术与教学整合的新思维、新路径》，载《远程教育杂志》，2015年第4期。

政治理论课教学改进教学方法，适应学生的学习方式。碎片化学习也叫非正式学习，指的是对学习内容或者学习时间进行分割的学习方式。信息供给者将学习的内容进行碎片化的分割，每个碎片的学习时间较短。学习者根据自身的需求对碎片化的内容进行有选择地学习，学习者学习的时间和空间不受限制。随着智能手机和 Wifi 技术的普及，碎片化学习越来越成为一种重要的学习方式。它相对于系统化学习而言，具有灵活度高、针对性强、吸收率高的特点。相对系统化的知识而言，"知识的碎片化本身并不带来优势，它的优势在于碎片化后的有效利用给学习者带来的价值，这种价值来源于学习者的碎片化的需求，而且这个碎片化需求是随着情境变化而变化的。"① 当代大学生被称为拿着手机的追梦人，手机就如身体的一个器官一样须臾不能分离。碎片化的学习已经成为他们学习的一种方式。如果思想政治理论课教学仅仅是在课堂上进行系统的教学，或者使用传统的长达40—60分钟的教学视频，显然很难符合当今伴随着短小网络视频成长起来的"网络一代"。当前虽然已形成一批网络教学的平台、微信公众号等，通过微课、微电影等形式进行传播，以适应大学生学习的特点，很多思想政治理论课教师也尝试着使用各种社交软件向学生推动思想政治教育内容。然而从总体上看，这些方法和思想政治理论课内容还没有完全契合，还不能完全适应大学生碎片化学习的需要，这需要思想政治理论课教师进一步改进教学方法，做到课上学习和课下学习互补，让思想政治理论课教学实现无缝对接。

---

① 周玉陶编著：《人际网络环境下的信息检索》，东南大学出版社2014年版，第36页。

第三章　高校思想政治理论课教学方法的科学选择

选择是发自自我的主动行为，是对同一指向的不同对象做出抉择，是运用的前提。教学方法的选择是一种主观行为，但这一行为需要根据客观事物的本质属性和发展规律才是科学的。如果要在高校思想政治理论课教学中科学选择教学方法，就要依据思想政治理论课教学过程中各个要素的本质属性及发展规律来进行选择。具体来说就是要依据思想政治理论课教学目标、教学内容、教学对象、教学环境选择教学方法。

一、高校思想政治理论课教学目标与教学方法选择

科学选择教学方法对教学目标的实现具有重要意义。俗话说，"工欲善其事，必先利其器"，说的就是工具和手段的重要性。"方法是达到目的的手段，目的是要借助方法来达到的。两者密不可分，教学方法总是为着一定目的服务的。因此，在所有的内部制约中，教学目标乃是教学方法选择所要依据的最重要的因素，亦即，一种教学方法是否合适，最主要的衡量标准就是看这种方法对于达到教学目标是否起到应有的作用。"[①] 因此，要实现思想政治理论课教学目标，就要首先选择好教学方法。正确选择教学方法将会带来

---

① 潘懋元、王伟廉主编：《高等教育学》，福建教育出版社2013年版，第173页。

老师和学生都满意的的教学效果。依据教学目标科学选择教学方法，有两个方面的意思：一方面，同一教学目标可以由不同的教学方法来实现，但总有实现目标的最佳方法，需要在众多的教学方法中选出最优的方法。另一方面，每一种教学方法都有自身的特点和适用范围，没有万能的教学方法，不同的教学目标选择不同的教学方法。与高校思想政治理论课教学目标有关的有高校德育目标、高校思想政治理论课课程科目目标、各门课程单元目标、各门课程教学行为目标。高校德育目标是一般性的目标，在教育目标中占支配性地位，它从整体上反映教育系统任务的基本价值取向以及对学习者发展的一种期待，这种目标来源于社会发展对人的要求和期望，是一种理想目标，具有高度抽象性和概括性，和国家教育宗旨和政策相关。高校思想政治理论课课程科目目标就是各门课程的目标，是德育目标具体化的表现。各门课程单元目标指的是思想政治理论课各门课程各个章节或各个专题的目标。高校德育目标、思想政治理论课课程科目目标、课程单元目标三者之间紧密联系，环环相扣，思想政治理论课课程科目目标是为实现德育目标服务，思想政治理论课各门课程单元目标为课程目标服务。然而课程单元目标付诸实施，就需要靠教学行为目标，只有教学行为目标才具有可操作性。教学方法的选择只有建立在具有可操作性的教学目标基础上才是科学的，目标不具有可操作性，就没办法确定教学方法。教学行为目标"是对学生在完成一个预定的教学单元后能够'做什么'的叙述，将学生如何表现他所学得的内容和程度非常清楚的说明。"① 高校思想政治理论课教学目标是使学生能够系统把握马克思主义理论知识，将马克思主义理论知识内化为自己的思想、信念，并在实际行动中体现出来。简言之，就是实现马克思主义理论"知—信—行"的统一，"知"即认知，"信"即信念、信仰，"行"即行为。据此，我们可以借鉴美国教育学家布卢姆的学习目标分类方法，将高校思想政治理论课教学目标分为认知目标、情感目标、行为目标。

---

① 李咏吟：《教学原理》，（中国台湾）远流出版事业股份有限公司1986年版，第288页。

(一) 高校思想政治理论课教学的认知目标及教学方法选择

认知与情感、意志、信念、行为相对应,是教学目标体系中的起点,指获得知识和应用知识的过程,是人最基本的心理过程。教学的认知目标包括事实性知识、概念性知识、程序性知识、元认知知识的记忆、领会、应用、分析、综合、评价。[①] 具体到高校思想政治理论课教学认知目标,首先,是使学生能够回忆该课程的术语、概念、原理、理论、事实、过程、方法等,在此基础上能够概述、说明所学的知识,能用自己的话表达已学内容,能够将思想政治理论课各门课程之间的知识建立联系,将新旧知识建立联系,形成新的认知结构。其次,学会运用马克思主义的理论和方法来分析和解决现实问题,使学生能够合理评定所学知识的价值和意义,即做出价值判断。概括地说,在认知这个层面上,思想政治理论课教学主要是形成智慧,包括通过掌握思想政治理论课程知识体系,形成完整的马克思主义理论知识结构;养成科学的思维方式,学会用马克思主义的立场、观点和方法去观察、分析和解决问题,能正确做出价值判断。

1. 帮助大学生获取和加工知识的教学方法

掌握课程知识体系是高校思想政治理论课教学的基础性目标,也是最低层次的目标,因为智慧的形成需要知识为原料,"学生智力发展、世界观和思想道德素质的形成和发展都离不开知识的传授活动,都是在传授知识的过程中促进学生各方面的发展的。"[②] 知识是形成信念的基础,没有丰富的、生动的、科学的知识作为基础,思想政治理论课就不会有说服力。思想政治理论课知识性教学目标的实现可以选择多种教学方法,包括直观的方法、语言的方法、实践的方法,等等。教师运用口头语言、声音、文字符号、图片、视频等作用于学生的视觉、听觉来传递知识,学生通过主动学习将外在的知识内化为自身的知识结构。

---

① 皮连生主编:《教学设计》(第二版),高等教育出版社2009年版,第76-77页。
② 佘双好:《论思想政治理论课程教学法的特殊性》,载《思想政治课研究》,2016年第5期。

第一，语言的方法。语言的方法是思想政治理论课教学中最基本的方法，是人用听觉和视觉系统获取语言文字信息的一种方法。语言方法包括讲授法、问答法、讨论法、指导阅读法等。首先，讲授法是教师运用口头语言连贯地向学生传递知识的方法。它通常以解释、叙述、描绘、推论等形式来传递知识信息，阐明概念，论证各种原理，引导学生认识和分析问题，促进学生智力和品德的形成和发展。讲授法的优点在于能在较短时间内传递大量信息，且运用方便。尤其是在思想政治理论课课时有限，很多抽象的理论问题学生一时难以明白，必须要通过教师讲授才能让学生很快地明白道理。讲授法又可以分为讲述、讲解、讲演三种。讲述法就是教师向学生叙述事实性知识，适用于历史发展过程知识的总结等。讲解法是教师向学生说明、解释或论证一些概念、原理、规律、现象等知识，适用于基本概念、原理、理论、作用、性质、意义等知识的教学。讲演法是教师通过全面系统的描述、分析、论证、归纳、概括，向学生阐明事实的方法。这三种方法各有侧重，但通常情况下在思想政治理论课教学中，这三种方法是综合运用的。其次，问答法是教师根据教学要求向学生提出问题，学生回答，通过问答引导学生掌握知识的方法。问答法的优点在于能激发学生思考，调动学生学习的积极性，并能培养他们的语言组织和表达能力。问答法有启发式问答和回顾式问答。启发式问答是教师向学生提出问题引导学生进一步思考，探索新知。回顾式问答中教师向学生提出的问题是帮助学生巩固、深化旧知。再次，讨论法是学生在教师指导下为解决某个问题而进行探讨的方法，在探讨过程中，学生们各自发表看法、相互交流、启发、争议，在关键的时候教师进行引导，最后得出一定结论，并由教师点评。这一方法的优点是能培养学生的思维能力、表达能力、也增长学生的见识。在思想政治理论课教学中，对一些具有争议性的问题，或者没有明确定论的观点，或者有关思想、政治、道德、法律等方面的社会现象都可以组织讨论。在讨论的过程中深刻掌握知识。最后，原著选读法，是学生在把握教师讲授的思想政治理论课各门课程知识结构的基础上，选择最重要、最基本的马克思主义经典原著，实现对马克思主义理论的深刻、全面、科学地理解,领悟思想政治理论课各门课程中各个理论的精神实质,把握各个理论的特质和品质。原著阅读法有两种,即在教师导读下完成或独立阅读。当前很多高校选择了读书会的形式开展思想政治理论课教学工作,这样的读书活动没有讲台、没有课件,没有严肃的氛围,师生围桌而坐,每人轮流朗读不同的章节,或者每个人主讲一部分,共同品读一本书,倾听者与朗读者或主讲者随意交流,共谈感悟。同时建立读书会QQ群或微信群便于在读书会结束后继续交流读书心得。

第二,直观的方法。直观的方法是"把抽象信息形象化,便于接受者直接感知、理解和领悟的一种方法。"① 其实质是借助形象思维帮助人理解抽象问题。具有具体、明了的特点,使人一目了然。通常情况下,不易被人理解、接受的理论可以用直观的方法来呈现,把抽象的概念和原理形象化、具体化,可以收到良好的效果,但是直观方法不能代替逻辑方法(即通过演绎或归纳方式论证理论的方法)它只是教学的一种辅助方法。在教学活动中,直观方法主要有演示、图示、参观等。高校思想政治理论课是理论性很强的课程,是说理性的课程,抽象的理论往往需要用直观的图片、图表、图示来说明或论证,或者通过参观工厂、博物馆、科技馆等各种场馆来使学生明白道理,而不仅仅是用枯燥的文字说明。比如:《中国近现代史纲要》的课程里,讲到"中国为什么要选择并坚持马克思主义为指导"这一问题时,教师可以采用一些图片和数据,包括反映鸦片战争后的中国民众生活状况以及社会发展状况等图片,也包括新中国成立尤其是改革开放后中国社会发展状况及民众生活状况的图片,以及国家地位变化的数据,等等。经过古今数据和图片的对比,引出中国为什么会发生这样的变化,原因是我们选择了马克思主义理论来指导中国的革命和建设,接着追问为什么马克思主义理论能指导中国革命和建设取得胜利和成功?这时就可以深入讲解马克思主义理论具有科学性、真理性的问题。通过直观的图片展示,让学生在视觉上有冲击,进

---

① 田运主编:《思维辞典》,浙江教育出版社1996年版,第303页。

而引发思考，正当学生想要弄明白又不太明白的时候给他们进行深刻而透彻的讲解。这样能收到较好的教学效果。当然并非所有的内容都可以用直观的方法呈现。直观方法在思想政治理论课教学中运用范围是有限的。

西南大学周琪教授从大学生处于图像时代的背景出发，提出了用图像化教学方法改进思想政治理论课教学。她认为"图像改变思想政治教育主体的认知方式，并生成思想政治教育主体的多元形态。"[1] 文字和图像都是人们认知世界和信息交流的方式，但是相比文字，直观的图像在信息传递方面更具表现力和感染力。在思想政治理论课教学中教师往往强调权威性，容易将思想政治理论课教学演变成刻板的"我说你听"，而忽视学生的主体性，塑造出的是没有创造性的"机器人"，或者是对思想政治理论课程的疏离甚至抵制。选择图像化教学是通过具体、可感知的形象和图像叙事方式将教师和学生之间的角色对立转化为"我们"的角色同构。在图像的观看过程中，教师和学生的角色具体隐藏在具体形象后面，学生的主体性会被充分激发出来，在观看过程中主动接受教学内容。图像化教学将抽象的语言和理论具体化，同时是一种非强制性的、愉悦的、具有很强渗透性的方法。在思想政治理论课教学中运用图像化教学能够减少教师和学生角色对立，减少学生和课程的疏离，在潜移默化中使学生受到熏陶和感染，推动学生思想和行为的转化。

第三，实践的方法。实践是人获得认知的根本途径。这里的实践是狭义的，指人们亲自参与活动、操作。高校思想政治理论课的理论性、思想性要求在教学过程中用一些实践的方法促进学生对理论的理解认知，用活生生的现实证明理论的正确性、必要性等问题，使理论具有说服力。同时也在实践过程中培养学生的社会责任感，培养对党和国家的感情，培养坚强意志。在思想政治理论课教学中，常用的实践方法有课堂实践和课外实践，其中课外实践包括大学生社团活动和社会实践活动、专业实习等。课堂实践包括角色扮演、讨论、练习等。在思想政治理论课教学中选用实践的方法能够使学生

---

[1] 周琪：《思想政治教育主体图像化构建》，载《思想教育研究》，2016年第10期。

巩固已有的知识、获取新的知识。比如：在《中国近现代史纲要》教学中，可以充分利用当地的历史文化资源，将学生带到历史博物馆、革命战争纪念馆等地方参观，也可以发掘当地的历史人物，革命先烈的先进事迹，通过参观革命先烈的故居，学习革命烈士的先进事迹，加深学生对某一段历史的认识和理解，同时培养爱国情怀，坚定社会主义信念。

2. 培养大学生思维能力的教学方法

掌握知识不是为了掌握而掌握，机械地、被动地接受学习，不是对知识的记忆、浅层次的理解和近迁移的应用。如果只是为了记住这些知识，这种学习常常就是被动的、外在牵制的、接受的、抽象的，最后形成的是客观性的知识，是显性化的知识，通常这样的知识是呆滞的、惰性的、缺乏生存力的，无法适应时代发展所需要的能力和素质。因此，形成智慧，即形成科学的思维方式，学会运用马克思主义基本立场、观点和方法观察分析解决问题，具有正确的价值判断能力，是思想政治理论课教学认知的重要目标。

思维方式是人们观察、分析、解决问题的认知模式，它是人的价值观念、知识素养、人生经历以及性格心理的反映，不同的思维方式导致人们对事物得出不同的认识和判断，作出不同的选择和决定。思维方式有科学和非科学之分，科学的思维方式是用全面的、发展的、变化的观点看问题，用辩证的、系统的方法分析问题，注重探寻规律、发现规律，依据规律办事。科学的思维方式是开放的、创新的，它不断寻求真理。思想政治理论课教学的一个重要目标就是培养学生科学思维的能力。说到底就是学会用马克思主义的历史唯物主义和辩证法来分析和解决问题。培养科学的思维能力就要给学生更多时间和机会去发展这一能力，在思想政治理论课教学中就要选择适合发展思维能力的教学方法。案例教学法、辩论式教学法、探索发现法等都能够发展学生科学思维能力。

第一，案例教学法。指教师依据教学目标，以案例为媒介，引导学生综合运用所学的理论知识，对案例进行讨论分析，提出各自的见解，以培养和提高学生分析问题、解决问题能力的一种启发式教学方法。案例教学注重启发学生独立思考和探索，注重培养学生分析和解决问题的能力，在案例教学过程中，学生通过阅读、思考、分析、讨论案例，逐渐建立起适合自己的逻辑思维方法和思考问题的方式。案例教学法是培养大学生思维能力的有效教学方法。

第二，辩论式教学法。"辩论式教学法是以学生为主体，以反向思维或发散性思维为特征，由小组或全班成员围绕特定的论题辩驳问难，各抒己见，互相学习，在辩论中主动获取知识、提高素养的一种教学方法。"① 在高校思想政治理论课教学中运用辩论式教学法，不仅有助于学生巩固旧知识，增长新知识，更有助于提高学生的思维能力，因为学生在准备辩论时收集各种知识和信息，并且要考虑如何处理这些知识和信息，哪些知识和信息可以支撑自己的论点，如何才能使论点正确，论据充分，具有说服力，等等。对这些问题的思考实质上就是一个思维能力锻炼的过程。正是在辩论准备和实施过程中使大学生的批判性思维能力、逻辑思维能力、创造性思维能力、辩证思维能力得到很好的发展。

第三，研究式教学法。就是教师依据思想政治理论课教学内容，向学生提出某一问题的研究任务，并适当给学生提供研究问题的条件和资源，使学生通过研究加深对某一问题的认识和理解，开阔视野，激发学生探索和发现创新的欲望。这一方法能够提高大学生发现和解决问题的能力，提高他们创新创造的能力，提高他们查找、收集、分析、处理和利用信息的能力，拓展他们的知识面，同时能够广泛接触社会、了解社会，从而树立正确的世界观和人生观。

事实上，除了上述三种教学方法，讨论式教学方法是锻炼学生思维能力的有效的教学方法，前面已论述，在此不再赘述。同时，讲授讲解法，情境教学法等在一定程度上有提高学生思维能力的功能，但在效果上要比上述几种方法更弱一些。

---

① 张雪飞编著：《高校思想政治理论课教学实效性研究》，沈阳出版社2011年版，第81页。

综合上述两个观点，高校思想政治理论课教学认知目标可以粗略地分为两个层次，一个是知识的获取和内化，一个是知识的运用，即形成思维能力，运用马克思主义理论分析和解决问题的能力。知识目标的实现可以选择直观的方法、语言的方法、实践的方法，而思维能力的提高可以选择案例教学方法、辩论式教学方法、研究式教学方法等。但是具体到高校思想政治理论课各门课程教学目标及各个章节的目标，则要具体问题具体分析，适合选择哪种教学方法要根据具体的教学目标。

（二）高校思想政治理论课教学情感目标及教学方法选择

正确认知是认可、认同、甚至生成马克思主义信仰的基础，没有对马克思主义理论的正确认识和理解，不可能生成信仰。但对马克思主义理论的正确认知，运用马克思主义理论分析和解释现实问题，并不是思想政治理论课教学的终极目标，之所以在高校进行思想政治理论课教学，是为了用马克思主义理论武装大学生，使大学生信仰和践行马克思主义。概括而言，掌握系统的马克思主义理论知识并不是最终的目标，掌握知识是为了形成智慧，形成思想，最终形成信仰。而信仰马克思主义，需要有情感的积极参与。情感不论在认知发展还是在信仰形成，或是在行为实践中都发挥着诱导和激励的作用。它发挥着动力作用，为认知发展、信仰生成和行为实践服务。没有情感的参与，认知、信仰、行为就会失去动力。在教学中，忽视情感方面的教育教学，学生也不可能很好实现认知，更不可能产生良好的思想信念，也难以将思想信念转化为行为。

1. 高校思想政治理论课教学情感目标的内容结构

教学的情感目标包括哪些？在这个问题上曾有很多教育学家和心理学家提出过各种各样的维度模型。有的基于"内化"概念对情感进行分类，比如布卢姆将情感目标分为5个层次：接受、反应、形成价值观念、组织价值观念系统、价值判断个性化。这些层次之间是从低到高层层递进的过程，描述的是外在价值标准转化为人内在的个性倾向的过程，在内化过程中包含了信念、态度、价值观等情感领域的基本要素。有的基于"自我发展"或者"个体成长"的角度对情感的维度进行划分,比如有美国学者将其划分为情绪发展、道德发展、社会发展(社会交往或沟通)、精神发展、审美发展、动机发展六个维度,每个维度分为知识、技能、态度三个层面。① 这说明情感的内容并没有统一的认识,可以从不同的角度进行划分。从这不完全的介绍中发现,不论是从哪个角度研究,都离不开对情感、态度、价值观几个基本要素的研究。为此,高校思想政治理论课教学情感目标也可以从情感、态度、价值观几个方面来构建。

情感是人对客观事物所产生刺激的一种心理体验及反应。态度则是指人对客观事物产生的心理倾向。"价值观是关于价值的一种信念、倾向、主张和态度的系统观点,起着行为取向、评价标准、评价原则和尺度的作用"②。情感决定态度,态度体现情感,情感和态度是价值观形成的基础。三者是紧密联系在一起的。

高校思想政治理论课教学情感目标中,情感既指大学生对思想政治理论课程知识学习的动机、兴趣、热情,更指大学生对这些知识的内心体验和心灵世界的丰富,将这些知识内化为自己精神生活的一部分。态度目标不仅指大学生学习思想政治理论课的态度和责任,更指通过课程的学习形成乐观向上的生活态度、实事求是的科学态度、豁达宽容的人生态度。价值观目标指大学生通过思想政治理论课的学习,将社会主义核心价值观和社会主义荣辱观内化为自身的价值尺度,融入自己的个性结构,成为自身孜孜以求的价值目标。概括地说,高校思想政治理论课教学的情感目标不但要求大学生树立正确的政治立场,形成良好的思想道德品质,而且包含了为人处世的道理,指导大学生如何做人、做事,不但培养适应社会发展需要的人,而且要培养具有良好个性和健全人格的人。

---

① [美]芭芭拉·L.马丁、查尔斯·M.瑞戈鲁斯:《情感领域的教学设计理论》,载《开放教育研究》,张铮译,2004年第1期。
② 吕宁、苏付保、陈峥主编:《构建开放型实效型创新型德育模式》,中国文史出版社2015年版,第84页。

2. 实现高校思想政治理论课教学情感目标的教学方法

促进高校思想政治理论课教学情感目标的实现，需要科学选择教学方法，这些方法一方面能够充分展现教材中蕴含的情感因素，另一方面能充分发挥教师的情感优势。使学生能从中受到情感的熏陶，逐渐实现对思想政治理论课程知识地被动接受到主动追求的转变，通过学习树立起正确的价值观念和态度，最终将课程知识融入自身的精神世界，融入个性。产生情感的关键是动机的激发。为此，要经历引起注意、激活情感经验、提供榜样示范或指导观察学习、促进价值内化、激励积极行为的过程。促进教学情感目标实现的教学方法有直接的教学方法和间接的教学方法。直接的教学方法是专门为教学设计的活动和方法，主要是情境教学法，情境教学法形式多样，有角色扮演法、讲授法中的情绪渲染、通过多媒体创设情境等，在认知过程中强化情感体验。间接的教学方法则是一种与课程内容有关，但不是通过课堂教学的方法，包括营造良好的思想政治理论学习氛围、开展弘扬主旋律的校园文化活动，开展社会实践活动、榜样示范等，就是在实践中强化情感体验。

第一，情境教学法。"是指在教学过程中，教师有目的地引入或创设具有一定情绪色彩的、以形象为主体的生动具体的场景，以引起学生一定的态度体验，从而帮助学生理解教材，并使学生的心理机能得到发展的教学方法。"[①] 这一教学方法重视情感教育，以发展学生的非智力因素为目的，同时通过情境创设营造轻松愉快的课堂氛围，能调动学生积极参与并主动探索和学习，将抽象的理论知识通过具体情境形象化、具体化，有利于促进学生对知识的理解。概括地说，情境教学法能激发动机、启迪思维、陶冶情操、升华情感，同时能很好地将外在知识转化为学生内在的知识，融入学生的认知结构中，而不轻易被遗忘。高校思想政治理论课具有理论性强和现实性强的特点，在课堂教学中进行情境教学，有三种情境创设的方法：首先是讲授过程中用情绪渲染法。就是教师用口头语言和身体语言（表情、手势等）描绘

---

① 张有录主编：《信息化教学概论》，中国铁道出版社2012年版，第159页。

情境，生动而富有逻辑，准确而富有趣味，恰到好处地进行情绪渲染，将学生带入相关的情境中，从而达到感染和教育学生的目的。比如在《中国近现代史纲要课》中讲到日本侵华的历史时，可以将教学内容故事化，对重大事件、重点历史人物进行聚焦，深入描述细节，并适当运用悲痛的表情、悲愤的语言来渲染日本侵略者的残暴和中国人民的悲惨境遇，从而激发学生的爱国热情。当然，渲染情绪要适度，不能让激情变成煽情。其次，用多媒体教学手段创设情境。多媒体教学手段是高校思想政治理论课教学的必备教学技术，因为它集文字、图片、音频、视频于一身，具有很强的表现力。能够对学生的视觉、听觉造成很大的冲击。比如通过具有很强视觉冲击效果的图片或视频将学生迅速带入某一特定的情境，或是通过音频使学生展开想象、引发思考。再次，通过表演模拟情境。常用的方法是角色扮演法，就是"让一部分学生当演员，一部分当观众，演员和观众都处于一种真实的情境中，形成解决问题的愿望和对参与的理解，产生移情、同情、愤怒即爱慕等情感，再在此基础上进行分析、讨论。"① 角色扮演法能使学生在类似于真实生活的情境中，使他们能学到典型的、真实的情感和态度。角色扮演法也使学生处于群体情境中，使他们能融入群体的意识中。同时，能使他们形成新的情感和态度。角色扮演具体形式多样，可以用现场表演小品、短剧的形式，也可以用拍微电影、纪录片的形式。

浙江大学对"马克思主义基本原理概论"课情境式教学进行了探索。面对"学生们对马克思主义理论是否过时的质疑"②，他们选择历史情境教学法，认为这一问题产生的主要原因是马克思主义基本原理的"理论脉络所贯穿的历史跨度较长而带来的理解障碍所造成的"③。因此，要回归历史情境，"将情境教学法用于分析马克思主义创始和发展的历史背景，以'历史情境'

---

① 皮连生主编：《教学设计》（第2版），高等教育出版社2009年版，第327页。
② 本书编写组：《善教之道——高校思想政治理论课教学方法改革"择优推广计划"入选项目经验交流文集》，高等教育出版社2014年版，第86页。
③ 本书编写组：《善教之道——高校思想政治理论课教学方法改革"择优推广计划"入选项目经验交流文集》，高等教育出版社2014年版，第86页。

作为厘清理论脉络的'穿针线',从学科梳理和学派分析的角度,从与同时代的相关社会思潮、学派的比较分析中,展示马克思主义发生发展的历史过程"①。并且将马克思主义发展历史和全球历史联系起来,凸显马克思主义在全球历史发展过程中变迁提升的过程,彰显马克思主义与时俱进的理论品质。面对学生对马克思主义理论学习方面存在的知识性建构不够、理论纵深不够的问题,他们选择用文献情境教学法。由于"原理"课的原初形态是经典原著,它的理论性、抽象性较强,为了展示马克思主义理论的生命力,就要加强对马克思主义经典著作的学习,展示出马克思主义的理论原生态和理论魅力,增强学生的学习兴趣。面对学生缺乏理论自信的问题,他们选择了现实情境教学法,他们认为学生缺乏马克思主义理论自信是因为在教学中很多教师回避现实,将马克思主义理论和现实割裂开来,降低了马克思主义的说服力。因此,需要创设现实情境,用现实情境作为激发理论活力的"催化剂"。面对大班授课带来的教学效果差的问题,他们选择团队情境教学法,即用大班授课、小班讨论的方式。面对当代大学生缺乏反思和批判精神的现实,他们选择论争情境教学法,在具体教学设计中,设置思辨性的、有争议的话题来进行论争。

第二,榜样示范法,指向学生提供榜样,示范榜样行为并使学生进一步做出模仿进而习得良好态度和品德的方法。榜样示范法中可以是教师为榜样,也可以是以学生为榜样。可以是榜样现场示范,也可以通过视听媒介,如电影、电视、小说、戏剧等。榜样示范法可以使学生通过观察习得新技能和行为模式,通过反面示范或正面示范抑制自己的不良行为或是加强自己原有的良好行为,通过观察榜样表达的情感,唤起学生类似的情感。在思想政治理论课教学中,首先,要慎重选择榜样,榜样本身要具有典型性、道德性、感染性。其次,榜样示范的方式要多样,要有利于学生观察和模仿。再次,榜样示范要遵循学生模仿行为发展的规律。最后,教师要以身作则,为

---

① 本书编写组:《善教之道——高校思想政治理论课教学方法改革"择优推广计划"入选项目经验交流文集》,高等教育出版社2014年版,第86页。

人师表。作为思想政治理论课教师,对马克思主义理论不仅要做到"真学、真懂",更要"真信、真做"。只有对马克思主义理论做到"四真",才能对学生言传身教,才能发挥榜样的作用和力量,也才能使自己的教学具有较好的效果。如果教师自己一知半解、半信半疑,那么教学中就难以自信,表现力自然也就弱。同时,教师要有饱满的热情和积极的教学态度、良好的行为举止、富有表现力的表达,以增强学生的吸引力。

第三,以文化人法。以文化人是以文化为载体,通过各种文化活动和文化氛围,潜移默化中转变人的思想和行为的方法。文化滋养心灵,文化涵育德行,文化引领风尚。要促进高校思想政治理论课教学情感目标实现,就要注重文化浸润、感染、熏陶,既要重视显性教育,也要重视潜移默化的隐性教育,实现入芝兰之室久而自芳的效果。文化育人的形式是多种多样的,要根据思想政治理论课教学需要和具体情况,选择不同的文化育人的方法。通常情况下,以文化人有以"己"育己、寓教于文、文以自教等几种形式。"所谓以'己'育己,就是用人民群众在劳动实践中创造的教育内容和生活方式教育人自己"①。所谓寓教于文,就是将思想政治理论课教学内容蕴含在学生的日常生活实践及其熟悉的文化现象中。比如,营造良好的校园文化环境,开展丰富的校园文化活动,高雅艺术进校园的活动,大学生社团活动和党、团组织活动,等等。而文以自教是在教师的引导下,学生通过自主学习、自我反思提升自我修养的方法。在思想政治理论课教学中,可以列出相关的书目,或者学习资源供学生自主学习。

(三)高校思想政治理论课教学行为目标及教学方法选择

高校思想政治理论课具有实践性的特点,也就是说课程教学不仅仅是为了获得知识技能,形成智慧,更重要的是将知识内化于心,外化于行,做到知—行统一,"行"是高校思想政治理论课教学的归宿。"美国课程专家瑞夫·泰勒从行为目标论的观点出发认为'教育的真正目的不在于教师完成某

---

① 王振:《遵循以文化人规律 创新思想政治教育方法》,载《思想教育研究》,2017年第4期。

种活动，而在于在学生的行为范型中引起某种重要的变化'。"① 有了正确的认知而没有行动或是没有将这种认知贯穿到日常行为中，认知的价值就得不到充分的体现，那么高校思想政治理论课教学的意义也就没有了。虽说高校思想政治理论课侧重于在理论层面使学生明白"为什么"的问题，但仅仅了解"为什么"是不够的，还要知道"怎么办"。在高校思想政治理论课教学中较少有行为领域目标的研究，但这不代表它不重要。之所以高校思想政治理论课实效性不强，实质上就是教学的效果没有很好地从学生的思想行为中体现出来。为什么实效性不强，这和我们缺乏行为领域教学目标或教学行为领域目标不明确有关，使学生往往"知"而"不信"、"知"而"不行"。因此，有必要明确高校思想政治理论课行为领域的教学目标。并探索实现行为领域教学目标的教学方法。高校思想政治理论课行为目标指的是"课堂外的世界中生活、工作和履行义务所必需的更加完整的行为。"② 是通过课程教学使学生在思想、政治、道德、法律等行为方面发生的积极变化，在真实的行为活动中体现出学生的能力、品行和素养。

在高校思想政治理论课教学不可能涉及学生课堂外的全部行为，它不是万能的，但是在一定的范围内可以对学生的行为进行引导，同时为学生在课堂外的真实行为做好相应的训练和准备。一是行为习惯的培养。好的态度和好的行为只有使它成为习惯，才能随时发现，随时应用并内化到人的本性中，才能一辈子受益。在高校思想政治理论课教学中的"行为习惯"包括道德行为、文明礼貌行为、良好的学习生活习惯等。比如家庭美德、职业道德、社会公德方面行为习惯的培养，如孝敬父母、敬重尊长、诚实守信、博爱仁慈，有责任心等。二是行为能力的培养。包括自我管理、自我教育、自我服务能力的培养，培养为未来生活而自主学习、选择和探索的能力。政治生活、经济生活、文化生活参与能力培养。正确处理生活中竞争与合作关系

---

① 钟启泉编著：《现代课程论》（新版），上海教育出版社 2015 年版，第 348 页。
② ［美］加里·D. 鲍里奇：《有效教学方法》（第 7 版），朱浩译，江苏凤凰教育出版社 2014 年版，第 107 页。

的能力。增强依法办事、依法律己和依法维护自身权益的能力。发展采用多种方法特别是现代信息技术、收集、筛选社会信息的能力，等等。

思想信念是否能转化为学生的实际行为，受到多种因素的影响，包括学生具体所处的环境、条件，学生的意志等因素。因此在行为层面上的教学是有限的。首先，是言传身教，即教师的行为示范。言传身教实质上是一种榜样示范法，通过教师的言谈和行为举止影响学生的思想和行为。教师是学生最好的榜样，在教学过程中，教师有意无意的行为都会影响学生的判断。这要求教师要对思想政治理论课教学内容要真学、真懂、真信、真做，只有如此才能让学生上行下效。其次，是在教学过程中规范学生的行为习惯实现训练目的。也就是教学过程本身就是学生行为训练的过程，习惯养成的过程。比如在课堂管理的过程中培养学生守时的习惯，如不迟到、不早退；培养学生尊重他人的习惯，包括尊重老师、尊重同学，上课不讲话、不捣乱等，通过课堂管理使学生逐渐养成良好的行为习惯。再次，是让学生有更多实践的机会。实践教学法是实施行为领域目标的有效的途径。实践是主观见之于客观的活动，在主客观相互作用的过程中内含人全面发展的现实机制，它使大学生在认识世界和改造世界的同时改造自己的思想观念，增长才干，磨炼意志，培养品格。不论行为习惯还是行为能力的培养都是在实践中生成的。高校思想政治理论课实践教学的方法形式多样，既有课堂实践的方法，也有课外实践方法。

社会实践。社会是个大课堂，当代大学生要成长为国家栋梁之材，既要读万卷书，又要行万里路。社会实践对提高思想政治理论课教学的说服力具有非常重要的意义，通过社会实践能拓展大学生的眼界和能力，能充实大学生的社会体验并丰富他们的生活，学生正是通过社会实践和生产劳动中树立起对人民的感情、对社会的责任、对国家的忠诚。因此，要积极开展社会实践活动，让学生在亲自参与中认识国情、了解社会、接受教育、增长才干。有了这样积极认识，才有践行的动力。社会实践的方式有很多种，包括社会调查、志愿者活动、支教、勤工助学、各种公益活动等。

总之，认知、情感、行为三个领域的教学目标在实际生活中是相互作用、相互渗透的，在此为了分析方便，将这几个因素分割开来，相应的教学方法也分别阐述。但实际上，有的教学方法是有多种功能的，比如实践教学法、情境教学法，既能促进认知领域目标的实现，也能促进情感领域、行为领域目标的实现。同时，教学方法和教学目标之间也并非一一对应的关系，不是选择了一种教学方法就一定能实现某个教学目标。教学目标的实现有着非常复杂的关系，仅从教学方法而言，一种教学目标的实现可能是一种教学方法导致的，也可能是多种方法共同作用的结果。这说明，教学方法选择的过程，不是用一种机械的方法为每一种目标选择明确规定的教学方法，而是一个创造性的过程。面对不断变化的教学活动，只有不断进行教学方法的科学、灵活地选择，实现方法的结构最优，才能发挥最佳功能，才能保证思想政治理论课教学的有效进行。

二、思想政治理论课教学内容与教学方法选择

教学内容是为实现教学目标服务的，是对教学目标的具体落实。依据教学内容选择主体的不同，思想政治理论课教学内容可以分为三个层次：一是特定的社会和阶级所确定的、体现了阶级利益和阶级意志的教学内容。二是在具体的思想政治教育活动中，教育者根据相应的教学目的，按照思想政治教育教学的规律，对特定的社会和阶级所确定的教学内容进行筛选、组织、编制后形成的成体系的教学内容，体现为教材或者是教科书。三是思想政治理论课课程执教者围绕教材和各种教学参考书进行选择、提炼后形成的教学内容。这三个层次的教学内容具有一致的一面，但也有不同的一面。第一层次的教学内容比较非常宽泛，存在的形式多样。第二层次的教学内容则以教材的形式存在，内容也相对集中。第三层次的教学内容是对第一层次和第二层次的融合、贯通和提炼，通过教学活动的形式呈现出来。在此，主要指的是后面两个层次的教学内容。因此，依据教学内容选择教学方法，包括了：

依据教学内容的性质选择教学方法，也包括了教材体系向教学体系转化时教学方法的选择。

（一）依据思想政治理论课教学内容的性质和特点选择教学方法

正如水需要用容器来装，而不能用筛子来装，不同性质和特点的教学内容需要选择不同的教学方法来呈现。各门学科都有其专门的特点，不同学科性质的内容应采取不同的教学方法。如果按照学科类型来分类，教学内容可以分为自然学科类、社会学科类、人文学科类，高校思想政治理论课属于社会学科类。在所有社会科学中，高校思想政治理论课程教学内容又有自己的特殊的性质和矛盾，即综合性、理论性、思想性、政治性。如果按思想政治理论课教学内容的目标属性分类，可以分为知识性内容、情感性内容、实践性内容。这里主要分析学科性质上的教学内容。

1. 高校思想政治理论课学科性质与教学方法的科学选择

不同的学科属性选择的主要教学方法不同。高校思想政治理论课属于社会科学，它不同于自然科学，因此，有些自然科学类课程的教学方法不能运用在思想政治理论课教学上。自然科学研究的是自然现象。自然科学集中研究自然界的因果关系，它关注的是真理，用规律来揭示个别现象，且自然现象是重复发生的。这一性质决定了它可以采用实验的方法来进行教学。但社会科学不同，社会科学研究的是人类社会现象，它探究的是人独特经验，每一个社会科学成果都是一定社会文化环境的产物，具有不可重复性。因此，教学时，不可能用自然科学的实验的方法。同理，反映人的思想、政治现象的高校思想政治理论课，作为社会科学的一部分，在教学过程中，不适合选择实验方法进行教学。

思想政治理论课也不同于体育、艺术、技术等实践性的课程，这类课程以实际操作为主，主要教学方法是示范和练习，辅之以讲授讲解。理论性是思想政治理论课课程特有的性质之一，在教学方法的选择上和以实践为主的课程（如实验课程、手工课程等）就不一样，要体现思想政治理论课程教学的理论性就要选择适合理论教学的教学方法，比如讲授法。

思想政治理论课教学内容的综合性决定了教学方法的多样性。思想政治理论课教学内容非常广泛，包括政治、经济、文化、社会、历史等各个领域的知识，体现了综合性的特点。这决定了思想政治理论课教学方法选择的多样性，与这些知识相对应的学科课程教学方法都可以加以借鉴。

当然，学科课程不同、内容不同，选择的教学方法也不同。但是，课程有共性的一面，这种共性决定了一些教学方法是所有课程都可以使用的。并不是所有的自然科学类课程的教学方法都不能用于思想政治理论课的教学，有些教学方法是通用的。比如口述法（讲述、讲解、讲读、讲演）。

2. 高校思想政治理论课内容包含的特殊矛盾和教学方法的科学选择

矛盾是普遍存在的，但是矛盾又具有特殊性，不同的事物具有不同的矛盾。相对于其他学科而言，思想政治理论课教学内容具有特殊的一面，从矛盾分析视角来看，除了解决其他学科课程所要解决的知与不知的矛盾，思想政治理论课教学所要解决矛盾更要解决信与不信、行与不行的矛盾。具体到思想政治理论课的各门课程，每门课程的具体内容不同，也有其特殊的矛盾。因此在教学方法的选择上也必然有一些不同。这就决定了各门课程具体要解决的矛盾是不一样的。比如，"马克思主义基本原理概论"是从理论、原理的角度认识和掌握马克思主义，侧重于解决知与不知的矛盾。"中国近现代史纲要"是从历史的角度来认识中国人民为什么选择马克思主义，选择中国共产党、选择社会主义制度的问题。侧重于解决学生信与不信的矛盾。"思想道德修养与法律基础"则是用马克思主义的立场、观点、方法解决大学生现实生活的实际问题，侧重于解决行与不行的问题。"毛泽东思想和中国特色社会主义理论体系概论"则是整个课程体系的中心，从现实的角度讲马克思主义的发展问题，讲中国特色社会主义的现实和未来。既要解决知不知的问题，也要解决信不信、行不行的问题。因此，同样是思想政治理论课，但每门课程的侧重点不同，具体方法和手段的选择上就会有所差别。

比如，在我工作的大学，从2016以来在思想政治课实践教学环节推行学生骨干宣讲法。这一方法的具体做法如下，首先，教师根据实践教学的内容、目的和要求，选择部分学生骨干，对学生骨干进行全员培训。其次，组织学生到学校教学实践基地进行现场教学，在教学实践过程中聘请当地专家进行现场教学点评，或请基地讲解员讲解和回答有关问题，以增强学生的感悟和体验，加深学生对有关知识和问题的理解。再次，学生骨干回校后在教师指导下精心准备，并向全班学生进行实践教学的感悟宣讲，组织讨论。最后，由教师对此进行点评。在实施过程中，各门课程结合各自的教学内容，选择了不同的实践地点。"纲要"课结合当地的红色文化资源，选择了革命历史博物馆和革命烈士纪念馆，选择了典型的先进人物事迹。"概论"课则选择参观现代农业种植基地，通过参观、访问了解当地现代农业发展的现状，了解现代农业发展方向。而"基础"课则选择了敬老院，通过学生实实在在的行动，比如陪老人聊天、帮助老人做力所能及的事情。也就是说，由于各门课程内容的不同，具体的方法、手段的选择上就会有所区别。

3. 依据思想政治理论课程知识的特点选择教学方法

不同性质的知识，人们接受知识的心理过程不同，教学方法也应不同。识别思想政治理论课程中不同类型的知识，并针对不同知识类型选择教学方法。一般情况下，知识类型分为陈述性知识、程序性知识、策略性知识。陈述性知识主要讲"是什么"的知识。程序性知识是有关"怎么办"的知识，包括概念、规则、原理的运用，将学生已有的知识转化为分析和解决问题的能力，为此，教师要给予学生更多的练习机会。策略性知识是学生调控自己的认知活动的知识。

陈述性知识可以选择讲述法或者说明法，既可以由教师来进行讲述，也可以让学生来进行讲述，针对学生比较熟悉的内容，可以选择让学生来讲述，一方面能使学生回顾已有的知识，然后在讲述过程中发现未知。而全新的知识则适合由教师来进行讲述，因为新知识对学生而言是未知的，还未掌握的知识。对于学生半知半解、理解不深刻不透彻的知识，可以通过学生讲述、教师补充分析的方法。除了讲述法或说明法，陈述性知识还可以通过视频或者图片的方式来呈现，因为陈述性知识就是让学生知道"是什么"，直观的方法能使学生留下深刻的印象。

程序性知识告诉学生"怎么办",也就是如何分析和解决问题的知识。程序性知识的教学有两种方式,一种是直接告诉学生应该怎么做,另一种是让学生动手自己做,通过亲身体验来掌握知识。思想政治理论课教学中可以通过教师直接的示范,教学生在分析和解决问题时如何选择视角,如何分析,如何解决;也可以由学生自己实践,比如讨论、辩论、反思。

策略性知识,反思是获得策略性知识的重要方法。教师进行教学反思,学生可以进行学习反思。通过反思实现对所学知识的回顾和思考,认识自己对知识的掌握程度,进而决定教和学的策略。

(二) 教材体系向教学体系转化与教学方法选择

教材作为教学内容的载体,在实际的运用中,需要进行转化,即将教材体系转化为教学体系,而这种转化需要科学的选择方法。"05 方案"实施后,高校思想政治理论课四门课程的教材几经修订,形成"在结构上具有逻辑性、层次性、系统性和整体性;在内容上具有科学性、思想性、综合性和实效性"[①] 的教材体系。"一本好教材从学科角度在编写质量上被认定之后,怎样使它在使用效益上得到学生的认可和接受,充分发挥教育效益,使教材内容从'静态'的文本,成为'好用'的教材,就必须处理好教材体系和教学体系的关系,而灵活多样、富有技艺的教学方法则是把握和处理这一关系的重要环节和纽带。"[②]

1. 教学内容信息转化中教学方法的选择

高校思想政治理论课教学过程是信息传播的过程,所谓信息传播就是通过一定的渠道运用一定的方法,将有关信息从一个地方传送到另一个地方。在教学活动中,学生接受的教学信息量和教师传递的教学信息量并不平衡,

---

① 罗映光、张誉丹、冯媛媛:《简论思想政治理论课教材体系向教学体系的转换》,载《思想理论教育导刊》,2010 年第 5 期。

② 王贤卿:《论高校思想政治理论课教学方法创新的特点与路径》,载《思想理论教育导刊》,2011 年第 1 期。

原因是多方面的,其中一个重要的原因是教师在信息传输前没有进行信息的转化,或者没有将教学内容信息有效转化成利于学生接受的信息。为了提高信息传播的效率,必须将信息转化为有利于学生接受的信息,这就需要选择恰当的方法。"一般来说,表征信息的符号可以分为语言的和非语言的:语言符号一般有口头语言和文字语言;非语言符号包括动作(如手势、姿态、表情等)、图形(如示意图、图解等)、图像(动态图像、静态画面等)、音响(如音乐等)。"① 思想政治理论课是国家统编教材,是由马克思主义研究专家或专业人员编写的,教材编写和编排都是抽象的书面语言。因此,在具体教学过程中,思想政治理论课教材内容不能原样呈现在课堂上,而需要进行转化。具体如何转化,一方面要根据教学内容信息的特点,将语言符号和非语言符号有机地结合起来,比如具有思辨性的理论内容选择文字、口头语言和思维结构图。叙述性的内容则可以选择图片、音乐、视频等形式。另一方面,还要根据学生的接受能力和接受特点。比如"95 后"大学生喜欢使用火星语、或网络流行语,为了贴近学生生活实际,教师在教学中不妨用这些流行语来表达教学的信息,加上非语言符号,使课堂能生动活泼。

2. 突出教学重点和突破教学难点与教学方法科学选择

在教学内容传输过程中,哪些信息是需要学生重点把握的,哪些信息是难点,这些问题的解决都需要选择适合的教学方法。首先,内容重复的问题需要科学的方法来解决。在思想政治理论课教学中,往往会遇到内容重复的问题,包括思想政治理论课程之间内容的重复,也包括中学政治课和高校思想政治理论课内容的重复。这就需要科学的方法处理好这些重复的部分,突出重点。在教学中既能和原有的知识接轨,又不是简单的重复,而是有所侧重,使学生的认知在原有的基础上更上一个台阶,更高一个层次。其次,在思想政治理论课教学中,把握学生学习的难点,选择科学的教学方法突破教学的难点。为此,吃透教材是前提,包括自己执教的课程,也包括其他几门

---

① 谢利民主编:《教学设计应用指导》,华东师范大学出版社 2007 年版,第 11 页。

课程和中学政治课教材，在此基础上提炼出重点和难点。为解决教材体系向教学体系转化过程中突出重点、难点的问题，可以选择专题教学法、问题式教学法、案例教学法。专题教学法"就是教师根据教学大纲培养目标要求，对教材内容进行重新梳理和整合，形成既有重点又有难点、前后理论知识相互联系同时又具独立性的主体模块式教学方式。"① 其特点是主题鲜明、重点突出，教学针对性强。"问题式教学法是指教师通过创设情境、提出问题，引导学生在自主、合作、探究过程中发现问题、提出问题、探究解决问题的途径和方法，从而完成教学过程的一种方法。"② 问题式教学法以"问题"为纽带，通过建构合理的问题逻辑，实现了重塑教学内容，可以实现突出重点、突破难点的目标。案例教学法是教师本着理论联系实际的原则，设计和提供典型的案例，学生在教师的引导下对案例进行讨论，进而得出结论的一种教学方法。在案例教学中，教师设计和提供典型案例实质上也是对教学内容的重塑过程，通过典型案例突出教学的重点和难点，通过讨论突破难点。

除了依据教学内容的性质和特点，依据教材体系向教学体系转化的需要选择教学方法外，还需要依据教学内容的难易程度选择教学方法。思想政治理论课教学内容较简单的内容可以选择学生自学，中等难度的内容，即学生懂一些，但认识不深刻，或者认识有偏差的问题，可以选择互动教学法，如讨论、对话、辩论等教学方法。而较难的教学内容，即教学内容对学生而言是陌生的、很难理解的，则选择教师直接讲授的方法，结合读书指导法等。

三、依据当代大学生的认知特点选择思想政治理论课教学方法

按照建构主义学习理论的基本观点，学习是学习者在自己原有经验、知

---

① 李忠军、孟宪生主编：《全国高校思想政治理论课教学方法改革年度发展报告（2013）》，高等教育出版 2014 年版，第 192 页。
② 张春波：《递阶结构理论视域下高校思想政治理论课课程体系的建构逻辑》，载《黑龙江高教研究》，2013 年第 5 期。

识、概念、技能、信仰、习惯等因素的基础上，所进行的主动的、积极的意义建构的过程。依据建构主义学习理论的基本理念，教师在进行教学设计工作时，要能够针对学生认知结构的不同特点，选择和设计灵活多样的教学方式或教学模式。学生是教学活动中的学习主体，科学选择教学方法的主要目的就是为了有效地促进学生的学习。因此，全面分析和了解学生的现实发展水平，把握学生的认知水平和特点是科学选择教学方法的基础。了解大学生认知水平和特点，包括现有的知识基础和知识储备、学习的基本技能和技巧、个体认知结构和学习方式特点。

（一）根据大学生知识储备情况选择教学方法

针对学生已有一些认知，但认知比较浅或者认知有偏差的知识，可以选择讨论式教学方法，或研讨式教学方法。研究和讨论意味着学生要开动脑筋，全面动用已有的知识解决未知。通过研究讨论，使学生的新旧知识建立联系，巩固旧知识的同时，增加新知识。而对于全新的知识，即学生没有认知了解过的知识则适合选择讲授法。比如，实施"概论"课第八章"建设中国特色社会主义总体布局"第一节"建设中国特色社会主义经济"教学时，我们会发现关于"社会主义初级阶段的基本经济制度""社会主义初级阶段分配制度"两个问题，高中政治课里对此有常识性的介绍，学生对此有一定了解，知道"是什么"的问题。但对于"为什么"的问题就不甚了解，比如社会主义市场经济理论是如何提出的，为什么我国要搞市场经济，以及我国经济体制改革的历程，对于这些问题则不甚了解。而"把握经济发展新常态"这一问题则是全新的知识点。因此，针对学生对课程内容的掌握情况，在不同内容的教学上就选择不同的方法。比如"为什么要毫不动摇地巩固和发展公有制经济，毫不动摇地鼓励、支持、引导非公有制经济？"这是学生了解社会主义初级阶段基本经济制度的核心问题，也是整个教材的重点难点问题，能不能破解难题，关系到学生对社会主义市场经济理论的认同，甚至是对中国特色社会主义制度的认同。但学生在中学阶段对此问题已形成一定认知，如果完全由教师进行讲解，难以提起学生学习的兴趣，因此，在此可以选择研讨式的教学方法，即由学生搜集大量资料进行阅读研究，然后组织讨论，最后教师进行有针对性的点评和观点的提升。通过讨论使学生加深对这一问题的认识和理解。而"把握经济发展新常态"问题的教学，由于学生对此问题知之甚少，要由教师主讲。又比如"社会主义改造和改革的关系"这一问题的教学时，学生常常存在认识上的偏差，认为早知道改革开放后要实行市场经济，何必当初进行社会主义改造。为此，教师可以选择辩论式教学方法，分成正反两方，各方为自己的观点充分查阅资料，组织辩论，最后由教师进行评价。最终使学生认识社会主义改造的必要性。总之，高校思想政治理论课教学要根据学生对某一知识点的掌握程度选择教学方法，才能有针对性地解决学生存在的疑问，才能提高教学效果。

（二）根据大学生的学习技能和技巧进行教学方法的选择

大学生学习的技能和技巧各式各样，有了这些技能和技巧就能有效进行学习。当代大学生一般具有较强的思维能力，包括抽象思维、形象思维以及一定的辩证思维能力；运用现代信息技术的能力，如运用网络搜集信息；自主学习能力，自学或在教师指导下学习；阅读技巧：如哪些该精读，哪些该泛读，如何把握文章的核心内容等；分析和解决问题的能力等。教师要根据学生学习的能力和其掌握的学习技能技巧选择教学方法。比如，针对自学能力强、信息搜集能力强、学习自觉性高的群体可以多选择独立学习的方法，但是针对学习主动性较差、且学习理解能力较弱的群体则要减少独立学习的比例，而是多选择讲授讲解法、谈话法等。针对抽象思维能力较强的群体，可以多选择演绎和归纳推理的方法。而针对形象思维能力强的群体则多选择直观的方法。针对分析和解决问题能力强的群体可选择讨论式教学方法，等等。高校思想政治理论课是所有大学生必修的课程，这也就意味着，这一课程教学面对的学生规模庞大、构成复杂、学习能力参差不齐，而且在实际教学中，教师少，学生多，课程任务重，课堂规模大。要提高教学效果，就不得不认真研究学生，了解学生的学习能力，了解他们所掌握的学习技能和技巧，根据不同的能力、不同的水平选择不同的方法。比如，面对不同专业的学生,由于各个专业知识背景不同,所掌握的知识和学习技能技巧也不同,据此选择不同的教学方法。如对艺术类不同专业的学生进行情境教学时,针对表演班的学生采用让学生排演小品、短剧的方式,播音班的同学采用新闻播报或演讲的方式,影视动画制作等专业采用拍短片或制作课件、Flash 等形式来表现思想政治理论课的内容。

(三) 根据大学生的认知风格选择教学方法

认知风格"是个体组织和加工信息时所习惯采用的独特方式。"[①] 是学习者在学习过程中对外界刺激信息的感知、记忆、思维、记忆和解决问题等方面认知方式的偏好。它是学习者在长期学习过程中形成的,一旦形成就有较强的稳定性。认知风格可以从五个方面考察:一是知觉风格。知觉风格有场独立型和场依存型两种,具有前一种学习风格的学习者能独立觉察、判断信息,思维灵活,能运用已有知识解决问题,善于抓住问题的关键,对外界依赖较少。具有后一种学习风格的学习者在进行信息加工时,对外界依赖较大,喜欢合作学习、讨论,很难用已有的知识去解决遇到的新问题,缺乏灵活性。针对场独立型的学生可以适当增加自主学习的比例,多选择启发式、研究性学习教学法促进其学习,而针对场依存型的学生则可以选择讨论式教学的方法、讲授讲解的方法促进学习。二是对信息的同时性加工和继时性加工。信息的同时性加工是指学习者在同一时间对多种信息进行加工,在各种信息之间建立联系,获得事物的意义,他们可以从多个视角考虑问题,能在较短时间把握事物的全部信息。信息的继时性加工是指学习者对多个信息逐个加工,按部就班,一步一步地分析问题。因此,为了获得较好的教学效果,针对具有不同信息加工方式的学生来讲,要选择不同的教学方法,对于能够同时加工处理多种信息的学生而言,可以选择辩论法、讨论法、对话法,用头脑风暴法进行教学,而对信息加工处理较慢的学生,可以选择启发式教学,"不愤不启,不悱不发"。三是记忆风格。在学习过程中,学生会采

---

① 燕良轼主编:《高等教育心理学》,湖南大学出版社 2005 年版,第 286 页。

用不同的记忆方式，基本有两种记忆方式，趋同记忆和趋异记忆。趋同者不善于区别新旧知识之间细微的差别，将新知识同化到旧知识中，对新知识记忆模糊；而趋异者则能明确区分新旧知识的不同，能精确记忆新知识。根据学生不同的记忆特点，选择不同的教学方法。比如对于具有趋同记忆特点的学生可选择对新旧知识对比分析的方法、复现法等。四是思维风格。有分析性思维整体性思维、发散性思维、集中性思维等几种。分析性思维学习者常常把一个事物分解为几个部分，对各个部分逐一分析，而整体性思维学习者则将事物视为一个整体，笼统地把握，发散性思维学习者能够从不同的视角对信息进行审视、重组，进而产生新的信息，想象力丰富，具有很强的创造性，而集中性思维学习者往往善于利用熟悉的规则，朝着一个方向思维来解决问题，想象力不足。五是解决问题的风格，有沉思型和冲动型两种。沉思型学习者往往会运用较多的时间对问题进行思考、审视，权衡各种方案的利弊，做事谨慎，考虑较周全。而冲动型的学习者则往往急于求成，对问题考虑不周时匆匆忙忙下定论，导致常出现错误。每个学生可能具有多种思维风格，在解决问题时，有冲动的时候，也有沉稳的时候，但从大体的看，每个学生都会显示出一种比较明显的特质。在教学中要深入了解学生，才能把握其思维风格及解决问题的风格，并进行有针对性的教学。

　　当然，在思想政治理论课教学中，因为面对的学生较多，时间也较短，一般是一到两个学期。教师连记住学生的名字都困难，而且一门课程结束后，教师和学生的接触机会变少了，甚至也没有交集了。这使教师了解学生知识基础、学生的学习技能技巧以及认知风格变得非常困难，这就要采取多种方法，除了利用课堂教学的机会多观察、记录学生的认知准备情况，更要利用课余时间了解学生，比如通过网络社交工具和学生交流、用固定的时间地点约谈学生，通过老师、学生了解，等等。同时，加强教研活动，加强各门课程教研室教师之间的交流，通过各个教师对学生认知情况的分享间接地了解学生。除此之外，通过各个班级的班委、班主任，甚至学生处学籍科对学生进行了解。总之，要提高教学效果，首先要读懂学生，不懂学生没法选择合适的教学方法。

四、依据思想政治理论课教师自身的特点选择教学方法

思想政治理论课是否有魅力关键在教师,作为思想政治理论课教师,进行科学研究并具备较高的理论水平是做好思想政治理论课教学工作的前提。深厚的理论素养和学养需要通过科学的教学方法体现出来。因此,教师要做到知己知彼,才能百战不殆。所谓知己,就是清楚自己的现状,自己的优势和缺点;知彼就是要了解和掌握教学方法的特点和适用的范围,了解学生、了解教学内容。以此选择最适合自己的、能够扬长避短的教学方法。

(一)从思想政治理论课教师群体的特殊性看教学方法的选择

思想政治理论课教师和其他学科课程教师存在区别。首先,教学任务上的区别。从职业上看,思想政治理论课教师和其他学科的教师虽然都是教师,但还是有所区别,这种区别体现在他们所承担的教学任务上。思想政治理论课教师的教学任务除了智育,更重要的是德育,即塑造大学生思想和灵魂,使大学生具有马克思主义的信仰。而其他学科的教师也有德育的任务,但主要任务是智育、体育、美育等。其次,在教学工作的具体要求上的区别。思想政治理论课教师不仅要具有深厚的理论素养和教学知识,更要对马克思主义有坚定的信仰。这是思想政治理论课教师和其他学科课程教师的又一个区别。

思想政治理论课教师要认清自身工作的任务和特点,清楚教学工作的具体要求,才能科学地选择教学方法。德育学科课程和其他学科课程之间教学的任务不同,因此,在选择教学方法时可以参考和借鉴其他学科课程的教学方法,但不能照搬。比如思想政治理论课不同于自然科学类的学科课程,自然科学类的学科是研究自然现象的,本质上是实证科学,主要探索的是自然物质世界之间的因果关系,主要回答的客观物质世界"是怎样的"这样的问

题,"其教学方法注重的是对知识的认知和接受,它更多具有启迪智力的功能"①;思想政治理论课属于社会科学类的课程,但是它又不同于其他社会科学类的学科,比如社会学、政治学、教育学、人类学等,每一个学科都有其固定的研究对象,有自身的一套基本概念和理论,这些学科的教学方法也侧重于知识和技能的学习。思想政治理论课没有特别强的学科性,掌握知识是其教学的目标之一,但不是根本的目的,其"教学着眼于启迪人的心灵世界,建构人的生活方式,从而实现人的人生价值。因此,思想政治理论课教学方法更多的是一种启迪心智和精神引领的功能。它不仅要求接受和理解,更注重理性、实践和内化。要使学生掌握的理论知识具有向实践迁移的价值。即其教学目标不仅要解决学生对社会道德基本要求和法律规范的知不知、懂不懂的问题,还要解决信不信、行不行的问题。"②

(二) 从思想政治理论课教师个体特点看教学方法的选择

教学心理是教师个体特性的重要组成部分,是影响教师选择教学方法的主要因素。思想政治理论课教师的教学心理特点表现在他们对思想政治理论课教学的理解和把握上,表现在他们的教育教学的价值取向上,表现在他们对教学重点、难点的取舍上,表现在他们对学生的态度上,等等。每个教师都会倾向于选择和自身的教学心理特点一致的教学方法,但是,教学心理特点中有积极的一面,也有消极的一面,科学选择教学方法就是要克服自身教学心理特点中消极的一面,充分发挥积极的一面。

1. 教师对思想政治理论课程的教学观念影响教学方法的科学选择

教师的教学观念体现在对课程属性的认识上,体现在对教学过程主体的认识上,体现在对教学资源构成的认识上,等等。科学的思想政治理论课教学观念是科学选择教学方法的基础。比如,在课程属性的认识上,课程属性

---

① 王贤卿:《论高校思想政治理论课教学方法创新的特点与路径》,载《思想理论教育导刊》,2011年第1期。

② 王贤卿:《论高校思想政治理论课教学方法创新的特点与路径》,载《思想理论教育导刊》,2011年第1期。

是服从于课程性质的,思想政治理论课具有思想性、政治性、理论性、实践性,如果教师没有把握住思想政治理论课的课程性质,所选择的教学方法自然也无法体现这样的课程性质。在教学过程主体的认识上,教师和学生都是主体,但他们是在不同层面上的主体,教师是"教"的主体,学生是"学"的主体,教师以学生的"学"而设计"教"。如果教师将学生纯粹地视为像物一样的客体,那么在教学中选择的自然是灌输式的教学方法。从教学资源认识上看,如果教师仅仅将教材视为思想政治理论课教学资源,而没有将校内外的物质的、文化的各种资源纳入思想政治理论课教学的教学资源范畴,那么他所选择的教学方法必然以课堂讲授。因此,科学选择教学方法,有效实现思想政治理论课教学目标,思想政治理论课教师要在思想政治理论课教学中开阔视野,改变教学观念,克服片面性。

2. 思想政治理论课教师的知识和经验影响思想政治理论课教学方法科学选择

第一,思想政治理论课教师的知识既包括学科理论知识,也包括教学理论知识。学科理论知识掌握的程度也就是对思想政治理论课程中各个理论知识掌握的深度、广度,学科理论知识掌握程度越高,对理论的诠释能力就越强,在教学中就更有说服力,反之,就没有说服力。高校思想政治理论课内容是很杂很广的,涉及的学科众多,因此教师来自不同的学科和专业,由于学科和专业背景不同,不同的教师对学科理论知识掌握程度不同,有的对某些理论知识较为擅长,而对别的理论知识研究不深。在此情况下,在要求教师全面掌握教学内容的基础上,科学选择教学方法,扬长避短,尽量使每个教师的最擅长的部分得到最好的发挥。教学理论是体现教学规律的知识,有教学理论的指导,教学就会减少盲目性和无序性,每个教师所掌握的教学理论的多寡不同,掌握的重点不同,教师根据自己掌握的情况,将教学理论转化为教学的理念和方法。

第二,教学经验是教师长期教学中积累下来的好的做法,每个教师的教学经验不同,一般情况下,老教师教学经验丰富,年轻的教师教学经验较为欠缺。因此，往往出现这样的情况：有些教师习惯于根据已形成的固定工作方式，倾向于使用自己习惯使用的某类教学方法；有些教师虽然也选择使用多种教学方法，但是往往凭借经验来进行选择，在一定程度上主观性太强而失去了科学性；有些教师则盲目地照搬其他学科课程、其他人的教学方法，没有变通，也不考虑思想政治理论课的特点，以及教师自己的能力和特点，最终使整个教学形式化，没有实质性的内容。因此，教师要克服自身的工作惯性，对自己的教学工作进行自我分析，有意识地选择教学方法。每个年龄段的教师都有自己的优点和不足，应将自己的优点充分发挥出来，克服不足。总的来说，教学方法是随内容、对象、时间、空间变化的，某些教学方法在某种情况下是成功的，有效的，但对另一些情况、另一些对象、另一个环境而言，则可能是行不通的。教师只有在很好地认识每一种教学方法的性能和优点的基础上，从自己的知识和经验掌握情况出发，选择适合自己的教学方法。

3. 教师的教学风格在一定程度上影响思想政治理论课教学方法的科学选择

"教学风格是指教师的教学个性或特色，它是教师在长期教学实践中形成的富有成效的、一贯的教学观点、教学技巧和教学作风的独特结合和表现，是教学个性化的稳定状态的标志。"[1] 教学风格不是短期内就能形成的，它要经历从教学模仿到独立教学，到创造性教学，最后形成有风格的教学。教师的教学风格不同就会选择不同的教学方法，有的教师在教学过程中追求科学和理性，因此选择的教学方法能够使教学内容显得有逻辑、有条理、有说服力。有的教师则追求精神的感染和情感的陶冶，选择的教学方法要使教学内容富于艺术性，使教学具有感染力、富于想象力。有的教师则能将理性和感性交融在一起。使学生在教学过程中既能有理性思考，又能受到情意的感染。教师选择的教学方法既有体现理性的方法，也有体现感性的方法。思

---

[1] 张学斌、朱琼瑶编著：《教学设计理论》，辽宁师范大学出版社1998年版，第94页。

想政治理论课是既需要理性思维，也需要感性思维的课程，思想政治理论课在教学过程中应该追求理性和感性交融的教学风格。

打一场无准备的战争，必败无疑。作为思想政治理论课教师，吃透教材非常重要，吃透教材除了看教材后面的参考文献，看教学参考书外，还有要看学术界对相关问题的研究情况，深入学习。将教材内容一点点吃透，一个一个拿下，形成自己的思想，而这些是日常学习中积累的，不可能一夜吃成一个大胖子。作为教师，都希望自己能讲得精彩，能讲得和别人不一样，希望能突破自己。但做到这些，需要有丰富的积累和充分准备。要讲好一节课，别把目标定得太高，首先要思考自己能做到什么程度，并将这种自己能达到的水平充分发挥出来。尤其是年轻教师，经验不多，掌握得浅，因此，在教学中就要知道自己的缺点。

思想政治理论课教师要处理好专与博的关系。专就是要把专门的问题研究深入、透彻。但人的时间、精力是有限的，不可能把所有的问题都研究得既深又透，要求思想政治理论课教师一定要又专又博，能全部弄清楚思想政治理论课的全部内容，是不切实际的。专意味着我们能接触到别的领域、别的事物的机会减少，这容易造成知识有深度而没有宽度。博，就是博学多识，讲的是知识的宽度，有宽度就可能意味着没有深度。因此，作为思想政治理论课教师，首先要考虑学生的水平，接受的能力，乐于接受的方式以及学生的需要。再来衡量自己有什么，有多少，能给多少。先让自己尽量做到"博"，让自己的水平和学生的需要相适应，但同时，也要有所侧重，有自己主攻的方向。

除上述几个因素之外，教师的心理素质也在一定程度上影响教学方法的科学选择。比如教师对自己是否能掌握新的教学方法没有足够的信心，从而选择自己熟悉的、常用的教学方法，而不敢挑战新的教学方法。

五、依据环境和条件选择思想政治理论课教学方法

学校的教学软硬件、教学时空都是影响教学方法选择的重要因素。这些因素影响着教学方法功能的发挥。因此，思想政治理论课教师在选择教学方法时，要考虑教学的环境和条件，在条件允许的情况下，应最大限度地运用和发挥教学方法的功能，但也不能盲目选择。

当前，随着信息技术的发展，尤其是网络技术的发展，教学环境和条件都在发生着急剧变化，各个学科教学领域掀起了一股教学信息化和网络教学的浪潮。数字校园的建设、移动互联网的普及更是将网络教学推向高潮，翻转课堂、慕课、微课等成为教学新宠。翻转课堂以及微课、慕课与传统教学方式结合的方式也成了思想政治理论课教学研究领域的当红名词。

微课是一种根据学科课程的核心内容设计而成的，注意及时反馈的在线小段视频课件。有的微课强调内容传递性，即只是进行单纯的内容传递，教师录制完微课后上传到学校的课程管理系统供学生点击播放学习。有的强调内容的交互性，即除了小段视频进行内容传递，还有反馈交互环节。微课可以为慕课、翻转课堂提供有力的支持，也可以说是二者的基础，既可以辅助教师的课堂教学，也可以作为学生自学的材料。MOOC（慕课），"Massive Open Online Course"的缩写，就是大规模开放性在线课程。它具有完整的教学规程和标准，包括了讲授、参与、讨论、作业、反馈、评价、考核、发放证书系列过程。从教育技术的角度来看，慕课是将内容精短的微课通过许多小问题连贯起来，学生如游戏闯关一样，通过学习微课内容，回答问题，如不能正确回答就重复学习，直至能够完成这些小问题。除此之外，慕课也强调互动，包括学习者之间的讨论、互助，也包括和教师的在线交流互动，学习者通过互助完成教师布置的作业。通过师生、生生之间的在线互动交流解决学习中的疑难问题。在考核的环节，包括了学习者之间的互评和老师对学习者的评价，通过综合评价和游戏闯关式考核形成综合的考核结果，合格后就发放证书。翻转课堂是学生在课堂外先学习教师提供的在线学习材料，比如看微课、听播客、阅读电子书等，教师在有限的课堂时间里主要解决学生的疑难问题，和学生交流讨论。

不论是慕课、微课，还是翻转课堂，将教学资源划分为小片段，契合了当代人碎片化学习的方式和习惯。随着"各种智能化移动终端设备的不断出现和普及，使得学习者的时间经常被这些设备'切割'或'分离'为越来越小的时间段，便随之出现了所谓的'碎片化学习'，即一种每次持续时间短但发生频率高的新学习方式。"① 微课、慕课也正是在适应学习者新的行为模式的基础上应运而生。当代大学生作为网络运用的主力军，被称为"拿着手机的追梦人"，也养成了碎片化学习的习惯。在高校思想政治理论课教学中引入微课、慕课、翻转课堂等教学模式，是高校思想政治理论课教学主动适应学生的学习习惯、适应教学环境和条件的变化的表现。在一定程度和一定范围内促进了思想政治理论课教学方法的科学化。但是，这些教学模式也是有局限性的。并且这些模式实质上也就是教育技术手段，并不能代表教育本身，人的问题才是教育技术的根本问题。只有教师能很好地驾驭这些教育技术手段，而不是被这些教育技术手段所驾驭时，能够有效的运用它们，才能使这些教育技术手段发挥积极的作用。思想政治理论课是德育课程，目的是育德，如果慕课、微课等的运用仅停留在知识的传递，而学生的学习目的也停留在知识信息的获得，而不能养成科学的世界观、人生观、价值观，那么这样的课程教学形式无法实现育德的目的。因此，在没有弄清楚教育信息技术到底能帮助我们解决什么样的教学难题，如何应用教育信息技术手段解决教学问题等这些问题时，盲目的选择带来的是不可预知的后果。

---

① 赵国栋：《微课与慕课设计初级教程》，北京大学出版社2014年版，第17页。

第四章　思想政治理论课教学方法的科学运用

教学方法的科学运用是为实现教学目标,将多种教学方法科学地组合在一起,使其发挥整体的功能,是教学方法的综合运用。思想政治理论课教学的最终目的是帮助大学生树立正确的世界观、人生观、价值观、道德观、法治观,提高自身修养,将大学生培养成为有理想、有道德、有文化、有纪律全面发展的社会主义新人,成为德、智、体、美全面发展的中国特色社会主义事业合格建设者和可靠接班人。实现这个目标不仅要求学生掌握科学知识,更要让学生明白自己承担的社会责任、历史责任,具备与社会和历史责任相当的知识和能力,说到底,就是要求学生成长为符合社会发展需要的德才兼备的人才。培根曾说:知识就是力量。学生的成长成才离不开知识,既包括间接的知识,也包括直接的知识。间接的知识也称为书本知识,是人类历史经验经过概括、提炼后形成的成果,它具有理论性、系统性,是简化了的经验;直接知识是学生在实践经验中获得的,它具有直观性、经验性,实践性等特点。经过间接知识的学习,学生学习到了间接的经验,然而学生要将间接知识转化为直接的知识和经验,就需要学生的直接经验作为前提。瑞士著名心理学家皮亚杰认为,人在适应外部世界过程中,不断地同化外部信息于自身认识的结构中,同时又不断地改变着认识结构自身以顺应外部环境。也就是说在外部知识信息进入前,自身已存在一种认知结构。当新的知识信息和这种认知结构不相矛盾时,就会被吸收,纳入到这个认知结构中,使这一认知结构得到强化;当新的知识信息和这种认知结构相矛盾的时候,就会出现两种情形，一是新的知识信息完全被否定，保留了原有的认知结构；二是原有的认知结构被否定，构建起了新的认知结构。间接的知识是存在于学生外部的知识，它要转化为学生的直接知识经验，就必须和学生原有的认知结构或者说学生的直接知识经验有结合点，学生通过实践检验这些间接的知识是否符合原有的认知，如果符合，就将其同化到原有的认知结构中，形成学生直接的知识经验。如果不符合，要么将其抛弃，保持原有的认知结构，要么改变原有的认知。因此，教学方法的运用就需要了解学生的前认知结构，也就是了解学生的直接知识经验。需要让学生通过实践来检验这些间接知识的科学性、正确性，以及是否符合自身需求。着眼于"三个转化"，一是教材体系向教学体系的转化；二是着眼于知识体系向信仰体系的转化；着眼于理论学习向实践创新的转变。据此，思想政治理论课程为了充分发挥其功能，实现教学的目的，必须构建起两大课堂，一是第一课堂，即以传授间接知识为主的课堂，主要形式是课堂教学。二是第二课堂，即以检验间接知识和转化间接知识为直接知识的课堂，主要形式有社会实践和社团活动。同时，互联网已经突破了教学的传统边界，当代大学生是浸濡于互联网的一代，无时无刻不在关注网络，很多新的思想问题也是因为互联网产生的。互联网深深影响着当代大学生的生活方式、思维方式、思想意识、学习方式。如果能很好地利用互联网实施思想政治理论课教学，就能顺应大学生的学习方式，赢得大学生。所以，要运用新媒体新技术，推动思想政治理论课教学与信息技术的高度融合，构建思想政治理论课网络课堂。

一、思想政治理论课第一课堂及其教学方法的运用

第一课堂是以理论教学为主要内容的课堂教学，其主要教学目的和教学任务是对大学生进行系统的马克思主义理论教育，着重解决"正确认知"的问题。在正确认知的前提下牢固树立正确的世界观、人生观、价值观、道德观、法治观。这一方面"决定了思想政治理论课课堂教学要以如何组织和实

施好理论教学为中心"[①]。因为大学生正确认知的形成离不开理论的指导，且理论教学是思想政治理论课教学的主要形式，也是实现教学目标的主要途径。另一方面决定了思想政治理论课教学要以学生为中心，因为要促进大学生正确认知，形成正确的观念，教师在把握教学目的、选择教学内容、运用教学方法时，以学生为中心，既要考虑大学生的实际需求，贴近学生实际生活，又要根据学生的成长规律，激活学生的社会性需求、长远需求、潜在需求，关键是激发学生内在兴趣的需求性认同。遵循学生思想道德观念形成的规律。没有把握学生，不调动学生学习的积极性，没有学生的积极参与，思想政治理论课课堂教学不能发挥引领大学生正确认知的作用。为此，要运用好课堂教学的几种方法：第一，根据思想政治理论课程内容理论化、体系化的特点，要运用好专题式教学方法。第二，讲授法是所有课程教学的基本方法，尤其是作为具有很强政治性、思想性、理论性的思想政治理论课，更要科学地运用好这一基本的教学方法。因为在思想政治理论课教学中如果运用不好这一方法，就可能漫灌，形成无效教学。第三，在思想政治理论课教学过程中，教师和学生都是教学过程中的主体，但教师处于主导地位，学生是具有能动性的主体。要充分发挥学生的主体性，就要运用好互动式教学方法。第四，鉴于当代大学生具有主体意识强、独立性强等特点，可以构建自主型学习教学方法。

（一）专题式教学方法及其运用

思想政治理论课是学科课程，有教学计划、教学目的和教材。教材是教学内容的载体，它有自身规范性的特点，思想政治理论课教材编写者按照教学的基本遵循，即逻辑严密性、章节均衡性、层次清晰性、前后呼应性等进行结构设计；在教材内容的选择上考虑的是覆盖全面性、学术权威性、理论科学性、表述准确性。这要求教师必须对教材进行再创造，即将教材体系转化为教学体系。针对重大的理论和现实问题以及学生关注的实际问题，依据

---

① 黄刚、冯秀军主编：《北京高校思想政治理论课教育教学改革的实践与探索》，北京交通大学出版社2015年版，第31页。

教材，构建一个个专题，是有效解决教材体系和教学体系之间矛盾的方法，即运用专题式教学方法。

1. 专题式教学方法及其优缺点

专题式教学是一种以教学形式促进教学内容创新的方法，这一模式最早由清华、北大等高校开始运用。所谓专题式教学，"就是打破现行教材中章节的界限，针对教学内容的特征，学生能力与素质教育的重点，实现教学目标的有效途径，确定教学专题"①的方法，思想政治理论课专题教学，是针对重大理论创新，学生思想认识上的实际问题，社会现实问题，以问题为线索，凝练成专题，理论联系实际，培养学生观察和分析问题能力的教学模式。专题式教学模式有优点也有局限性。从优点来看，第一，专题式教学在教学内容的选择和教学体系的设置上具有很大的自由性，也有很强的专业性，思想政治理论课是一个学科跨度大、内容层次丰富的课程群，需要从多视角、多层面出发进行有针对性地教学，而专题式教学契合了思想政治理论课教学的需要。第二，专题式教学可以发挥教师的专长，思想政治理论课教师个人研究的方向、研究专长不同，专题式教学使每个教师负责自己擅长的专题，使教师之间形成优势互补的良性竞争关系，同时也能提高教学质量。第三，有利于思想政治学科建设，教师通过专题教学明确自己学术研究的方向，提高学术研究水平，进而有助于相关学科建设的发展。从局限性来看，第一，并不是任何高校都能实施、运用好专题式教学模式，因为，专题式教学对教师的科研水平和能力有很高要求，没有较高的科研水平无法有效实施这一教学模式。第二，专题式教学对学生的要求也比较高，要求学生具有较好的人文素质和思想政治方面的知识基础，如果学生的知识基础较差，实施专题式教学，高深的理论知识就难以被学生理解、消化、吸收，最终有可能使学生既没有掌握知识，也没有形成观察和分析问题的能力。

---

① 李松林主编：《思想政治理论课教学模式研究》，首都师范大学出版社2006年版，第230页。

2. 教学专题的设计

第一，科学划分和确定专题是专题教学的前提。在对教材、教学目标、教学内容、学生充分了解和把握的前提下凝练和确定专题。教师需要对教材体系和教学体系，知识体系与价值、信仰体系的不同特点和功能进行深入理解，在教学中按照教学目的和要求依据教材进行再创造。思想政治理论课教学内容涉及知识广泛，信息量大，而课堂教学时间有限，每个知识点都深入研讨是不可能的，也就是说实际进入课堂教学的内容容量是有限的。因此，教师在对教材进行再创造时要面向重大理论创新，面向重大现实问题，面向大学生的实际，针对实际问题，突出重点，深入难点，把有限的时间用在重点问题和观点的教学上。只有抓住重点，才能围绕教学目的和主题，同时通过观点之间的内在逻辑而关照到相关的支撑理论观点，扩展知识面。在确定专题时，教研室组织教学研讨会，教师充分讨论、协商，对专题作出科学规划和设置。比如："毛泽东思想和中国特色社会主义理论体系概论"课程第八章专题设计，要理论联系实际，贴近实际、贴近生活、贴近学生，从某个小的视角出发，以点带面，管窥全局。收入分配差距是当前社会存在的一大社会问题，也是学生非常关注的社会问题之一，在"建设中国特色社会主义经济"这部分可以设置"我国现阶段收入分配差距的原因、现状及对策分析"的专题，在这一专题中就会涉及我国的收入分配制度及其由来，进而涉及我国的基本经济制度、市场经济理论和市场经济体制等更深层次的理论问题，从而让学生深刻透彻地认识收入分配问题；为了让学生理解我国的民主政治制度，可以设置"从两会看中国特色社会主义民主政治制度"的专题，在这一专题中可以对我国的民主政治制度和美国的"三权分立""两院制"进行比较，同时也让学生认识到我国的民主政治还有很长的路要走，为后面的依法治国和推进政治体制改革做好铺垫。为了让学生认识到发展文化的重要性和树立文化自信，在"建设中国特色社会主义文化"这部分可以设置专题"借鉴世界文化产业发展经验，发展我国文化产业"，从中涉及如何正确认识我国传统文化，文化产业发展，社会主义核心价值观的传播等内容。为了更好地让学生了解社会、适应社会，在"建设中国特色社会主义社会"这部分结合学生面临的就业问题，设置专题"民生问题和大学生就业"。为了让学生正确认识保护环境的重要性，以及如何保护环境，在"建设中国特色社会主义生态文明"这部分，设置专题"生态危机与生态文明建设"。

第二，科学分工和教师认真研究是教学专题科学设计的保障。每个教师有自己的学科背景和研究专长，因此，在进行任务分配时充分考虑任课教师的专业背景、研究方向、教学风格等，尊重任课教师的意见，将不同专题与各个教师的研究专长和兴趣结合，结合教学需要，充分发挥各个教师的优点。教师在熟悉整个教材体系情况下，针对自己负责的专题，要依据主题的需要来选择和组织，为此，教师要对教学主题有深入的分析，思考设置主题的意义、目的，通过这一主题学习让学生形成什么样的认知。同时，教师在自身的学术研究基础上，及时补充学科前沿最新研究成果，使专题具有科学性的同时具有时代性和现实感，具有科学性和专业性。负责同一专题的教师实施集体备课、课件制作，教案撰写，都需要集体完成。

第三，各专题间严密的逻辑是教学专题设计科学性的体现。思想政治理论课各个教学专题是对教材内容的重新凝练和组织，但又不能背离教材知识之间的逻辑关系。因此，教研室要统筹各专题之间的逻辑联系以及各知识点之间的关系，衔接好各专题之间的顺序，同时也要衔接好各门课程之间的关系。事实上，思想政治理论课是一个完整的体系，每门课程之间是相互联系的，因此，教研室在做专题统筹工作时，要有开放的课程观念，即不能局限于本教研室的课程教学，局限于自己的专业和学科，而要有体系意识，注意四门课程之间以及与形势与政策课之间在内容上的联系。专题的确定不仅要注意本门课程内容之间的衔接，也要注意本门课程和其他几门课程之间内容上的衔接，避免重复和交叉。

3. 专题式教学的组织形式

专题式教学模式将思想政治理论课教学内容分为若干个既有联系又相对独立的专题，然后再把它们组合成完整的教学内容体系，并综合运用多种教学方法实施教学。专题教学的组织形式可以分为两种形式。

第一，每个教师专门负责一个或几个专题的设计和教学的任务。在课堂教学实际运用中，学生学习同一门思想政治理论课程，不同的专题由不同的老师来进行教学，比如，上一个专题由 A 老师来教学，下一个专题由 B 老师来组织教学。这种组织形式可以让学生领略到不同教师的教学风格和风采，不会因为总是面对同样的教学风格而发生审美疲劳。对教师来说，也可以让每个教师发挥自己的研究专长，有了较好的学科专业理论做基础，对专题有很好的把握，教学就会游刃有余。但这种教学组织形式需要有相应的配套改革，包括教师的课时计算、学生选课制度等都要进行相应的变化，而不再以传统的包干式的教学组织形式。同时，这种教学组织形式要求有充足的师资，否则在教师少学生多的情况下难以实施，而且同样的专题要在不同的班级进行讲解，这就使教师需要面对学生数量增加，造成教师了解学生的难度增加，无法因材施教。同时，同一门课程，学生面对的是几位教师的轮流教学，造成学生和老师之间互不熟悉，因而影响师生之间的有效配合和互动。有部分高校实行"四位一体"共同协调完成的教学形式，即教学团队由课程主持人、主讲教师、特聘专家、学生助教构成，"课程主持人总体上主持、负责整个课程的教学工作。主讲教师一般选择自己最熟悉的 2 至 3 个专题精心准备，其余的专题则由特聘专家来讲授。学生助教由 2—3 位硕士研究生担任，主要负责课堂的日常教学管理，如考勤、维持课堂秩序等，协助主讲教师批改学生作业及记录成绩，及时了解学生情况并反馈信息。"[①]

第二，每个教师专门负责一个或几个专题的设计，汇集成一个新的完整的教学体系，也就是实现了教材体系向教学体系的转化，在教学实施阶段依然实行包干制，即每个教师完成几个班级的教学工作。对学生而言，一门课程，从始至终面对的是同一个教师。这是不彻底的或者浅层性的专题教学形式，这种形式的专题教学可以极大促进教师的成长，因为在专题准备阶段，

---

① 王炳林、熊晓琳主编：《思想政治理论课教学方法创新研究》，北京师范大学出版社 2011 年版，第 59 页。

每个教师都发挥自己的聪明才智，形成完整的教学计划、教案、课件，通过集体备课和大家共享资源，教师之间相互学习、研讨，在整体上提高了教研室的教学质量。但是教学实施阶段仍采用传统的班级包干制，这实际上不能完全发挥专题式教学的优点。因为并不是每个教师都能把自己研究不够深入的专题教学做好。当然，这样的教学组织形式在教师少、学生多、且学校配套改革跟不上的情况下是适用的。

4. 专题式教学的评价

专题式教学的评价包括对学生学习情况的评价，对任课教师教学效果的评价，对这种教学模式本身的评价与反思。对学生学习情况的评价，因为打破了教材原有的均衡化结构，专题式教学体现出更强的整体性和系统性，这要求对学生的教学评价不能再以传统的知识性考核为主，在题型、题量、考核方式上都要有所改变，考核内容更加侧重对问题的观察、分析、解决能力，而不是对知识点的记忆。很多高校采用小论文的形式作为对学生期末考核的方式，这是较好的考核方式，能较全面地反映出学生对问题观察、思考、分析和解决的能力。但同时，也带来一定的困难，就是辨别学生是否抄袭，是否是自己真实水平的反映。因此，在考核过程中，不仅要做好期末考核，更要做好过程考核。对任课教师教学效果的评价，对教师教学效果的评价既包括学生评教，也包括督学评教、同行评教，在彻底的专题式教学模式下，同一个班级不同的专题由不同的老师进行教学，同一门课，学生面对的是几个教师，能够感受不同教师的教学风格，形成对比，因此，在评教时更加客观。专题式教学模式并非十全十美，它也有自身的局限性，因此，在专题教学结束后，教研室要组织教师进行反思，从学生、同行、督学反馈的意见总结经验教学，反思成败得失，为后续进一步优化专题教学提供思路。

（二）讲授法的科学运用

讲授法是高校思想政治理论课教学中最常见最常用的方法之一。指的是以教师为主导，由教师通过口头语言的方式有系统、有组织地向学生传授理论知识、解释相关的概念，论证相关的原则、原理，阐述有关规律，达成预设的学习目标，使学生完整无误地接受所学内容的方法。这一方法既用于传授理论知识，也用于解疑释惑。思想政治理论课课程内容丰富，但课时较少，这要求教师在短期内要系统地传授大量的知识。讲授法是一种省时的方法。这一方法有以下特点：教师是主动的，学生是被动的，即教师讲授，学生接受教师讲授的内容。一旦片面的一味使用这一方法，就会使学生处于被动接受的境地，最终变成了"填鸭式"教学。因此，要注意科学使用这一方法。讲授法的目的是使思想政治理论课教学内容内化为学生的思想意识，而大学生对知识的内化是一个复杂的过程，可以分为注意与感受、分析与理解、选择与接受几个环节。讲授法要取得好的效果要做到以下几点。

1. 讲授内容要能够引起大学生的注意和感受

心理学研究表明，只有在个体感知范围内的信息与事物才能对其产生刺激作用，产生心理活动和感官反映，形成初步的认识。因此，要善于利用清晰明确的直观教学，给出形象具体的描述。善于运用"矛盾情结"，利用矛盾和冲突来阐明问题。善于运用多变的形式、幽默的话语，运用师生地位的变化引起并提高学生的注意。外在的刺激固然能引起大学生对思想政治理论课的注意和感受，但是如果没有课程内容的提升，这样的课程对学生吸引也是暂时的。因此，为了维持学生长期的注意和感受，更多地要从课程教学内容上下工夫。使教学内容能够满足大学生的需要。注重教学内容的新颖性和现实性。

问题导向是引起学生注意和感受的关键。思想政治理论课教学之所以无法激发学生学习的兴趣，在很大程度上是因为教师毫无目的的灌输，既不能解决学生的思想困惑，也不能解决学生面临的现实问题。久而久之，使学生感觉思想政治理论课是无用的。因此，"坚持问题导向，培养学生的问题意识，激发学生对重大理论与实践问题的关注和兴趣，有针对性地组织教学活动，这是上好思想政治理论课的重要条件，通常也是教学切入的环节。所谓'问题'就是理论与现实之间的矛盾、理论与理论之间的矛盾以及理论内部的矛盾。"① "在课堂教学中,紧密联系相关教学内容而精心设计的问题往往先声夺人,能够激发学生对相关理论和实践问题的关注和学习兴趣。"② 思想政治理论课教学内容繁杂,当前大学生面临的问题和困惑也多种多样,"如何在繁多的教学内容中'以简御繁',如何在多样的问题与困惑中捕捉主要矛盾,就成为高校思想政治理论课教学无法回避的问题。"③ 虽然教学内容纷繁复杂,学生面临的问题复杂多样,但是仍有一些问题是始终存在的,是不论哪个时代的大学生都面临的问题,这些具有根本性、永久性、基础性的问题就是思想政治理论课需要回应的问题。这首先需要教师吃透教材,抓住教材的核心问题,对教材内容进行再组织。其次,深入研究学生,掌握大学生的所思、所想、所惑、所需。最后是对学生成长主题和教材主题的整合。

中央财经大学的"问题链教学法"很好地解决了讲授过程中无法激发学生学习兴趣的问题。高质量的思想政治理论课,应该既体现知识性,也体现政治性、生活性,是知识逻辑、意识形态逻辑和生活逻辑的有机统一。通过问题链的打造来实现三重逻辑的统一。比如在对"思想道德修养与法律基础"课程知识点"确立马克思主义科学信仰"进行问题链打造时,在"研究教材内容中的理论问题和调查学生的信仰思考和困惑"④ 的基础上,将问题聚焦于"如何在怀疑的时代确立科学的信仰?"在这一级问题下,再设置二级问题,"人为什么需要信仰?""到底什么样的信仰是好的?""马克思主义信仰为什么是科学的?"然后再结合教材知识点设计三级问题,推进学生进一步思考。

---

① 丁俊萍:《把握"六个结合"创新思想政治理论课教学方法》,载《思想理论教育导刊》,2017年第6期。

② 丁俊萍:《把握"六个结合"创新思想政治理论课教学方法》,载《思想理论教育导刊》,2017年第6期。

③ 本书编写组编:《善教之道——高校思想政治理论课教学方法改革"择优推广计划"入选项目经验交流文集》,高等教育出版社2014年版,第33页。

④ 本书编写组编:《善教之道——高校思想政治理论课教学方法改革"择优推广计划"入选项目经验交流文集》,高等教育出版社2014年版,第33页。

2. 讲授过程要有助于学生分析和理解教学内容

教师要给学生提示思路、教给学生思维的方法，培养学生的思维能力，教会学生分析与理解。而学生要分析和理解他们所接收到的信息，就必须在头脑中"有所作为"，即回忆原有知识和经验，并将其与新知识和新情境联系起来，作出预测和证实预测、填补未阐明的信息之空隙，这是对知识的主动建构过程。这种建构是在原有经验与外界情境的积极交互中产生的。因此，讲授法的运用要在新情境和原有经验的碰撞中提高分析能力，加深理解。创设情境是促进大学生分析和理解思想政治理论课教学内容的有效方法，当学生将新的情境引入到已有的知识结构中去时，新情境就会与原有的知识碰撞，或者融入原有知识结构中，使原有知识结构更加完善，或者产生差异与冲突，在这种差异和冲突中产生新的问题，新的思想，乃至产生新的设想，观察问题的新视角，决定问题的新思路、新方法等，从而提高对知识的分析和理解能力。同时，除了创设情境教学，案例教学也是促进学生分析和理解问题的重要方法。通过案例的分析促进学生对知识的理解和掌握。

不论是情境教学还是案例教学，实质上是启发式教学。启发式教学不是一种具体的教学方法，它是相对于注入式教学方法而言的。注入式教学是教师在讲授过程中满堂灌，无视学生的主体性。对于注入式教学，著名教育家蔡元培曾批评其只重学、不重思，只重灌输、不重学习兴趣和学生自觉性的调动与激发。在思想政治理论课教学中教师讲授不是满堂灌，更不是硬灌，而是用启发式的教学，只有用启发式教学才能激发学生思考问题的积极性，也才能有助于学生分析和理解教学内容。

3. 讲授结果要有助于学生做出正确选择和接受教学内容

人们对思想道德教育信息的选择与接受，受到原有的思想品德水平的影响。一般来说，对符合原有思想品德结构特性的信息就加以同化、吸收，产生新的成分，丰富和发展思想品德结构；对不符合原有思想品德结构特性的信息，则会产生矛盾运动，结果是可能被选择、被接受也可能不被选择而被排斥。因此，接受是内化的核心，没有接受，内化就无从谈起，思想品德就不能顺利形成与发展。要使学生接受教学内容，教师必须科学运用教学方法，针对大学生的心理活动特点，激发大学生对教学内容产生兴趣和期待，引起接受的动机。当选择和接受成为大学生强烈的内在需求时，大学生就会积极主动地接受并创造性地吸收教学内容，教学活动就能顺利进行了。如果教师采取的教学方式方法不能激发大学生的接受动机，学生不能接受，教师的教就会成为一种"灌输"，学生就会成为知识容器或是美德袋子。为促进学生选择和接受思想政治理论课教学内容，教师要恰当处理高校思想政治理论课教学内容，以符合学生的需要和期望。比如，在《毛泽东思想和中国特色社会主义理论体系概论》课讲授过程中，选择的主题或是问题要紧扣学生的所思、所想、所惑，结合具体的章节提炼出一些问题进行教学，例如在第八章讲到"建设中国特色社会主义政治"时"可以提出中国政治制度与西方国家的政治制度有何联系和本质区别？为什么我们不能实行西方资本主义国家的"多党制"和"三权分立"等？最终归结到怎样科学认识社会主义社会的民主、自由和人权。"①

（三）互动教学方法及其运用

互动教学模式是相对传统的以教师为中心的教学模式提出的，强调调动学生的主观能动性。思想政治理论课程的性质和当代大学生的思想和心理发展决定了运用互动教学的必要性。互动教学模式是由多种具体的教学方法构成的，在思想政治理论课教学要求运用多种互动形式实现教学目标。

1. 互动教学方法及其构建的必要性

"所谓互动式教学，是指在课堂教学中，以教学问题为基本教育媒介，充分发挥教师的主导作用，将教师和学生同时纳入多种互动情境之中，凸显学生的主体地位，促使学生通过独立思考和相互探讨去发现、判断、选择、接纳教学信息，并将教学信息内化进学生的思想体系，从而达到教育目的的

---

① 王向明：《"毛泽东思想和中国特色社会主义理论体系概论"课教学方法的若干探索》，载《思想理论教育导刊》，2014年第7期。

过程。"① 在课堂教学中，互动教学模式从形式上看，有师生互动、生生互动，从内容上看，有认知互动、情意互动、行为互动。这一教学模式最大的特点是师生的课堂参与性。传统的课堂上教师常常忽视学生的主体地位，一堂课教师从头讲到尾，进行单向灌输，学生被动接受，往往导致学生丧失了学习的积极性和主动性，丧失了对思想政治理论课的兴趣。现代教学理论强调以学生为中心，认为教学是交往的过程，师生互动实质上是在教学过程中，教师通过启发、诱导，激发学生学习的积极性、能动性，学生在接受知识的同时，不仅仅是记忆，更重要的是理解、分析、甚至将外在的知识融入自己的价值观念体系中。而互动教学模式有其自身的优点：一是互动教学模式在师生、生生互动过程中，使教学信息有效进入学生心理，促进学生对知识的内化；二是互动教学能促进师生、生生之间心灵的交流和沟通，形成和谐的人际关系，形成良好的课堂教学心理环境，使学生乐于学习，乐于交流。三是互动教学过程中教师能及时了解学生的思想，并有针对性地进行引导。

思想政治理论课的特性及当代大学生的思想心理特点决定了需要构建互动教学模式。思想政治理论课不同于一般的课程，它是对学生精神世界的塑造，是让学生改变或形成某些观念和意识。而学生正确观念的形成，对国家、集体，对社会主义、集体主义的情感培养不是单纯靠知识灌输就能达到的。按照"思想政治教育的一般规律，学生的学习结果要经历顺从、认同和内化等三个阶段，顺从是表面接受他人的意见或观点，在外显行为方面与他人相一致；认同在思想、情感和态度上主动接受他人的影响；内化则是出于理智上的考虑，将所认同的思想纳入自己的思想体系，作为自己观点的一部分。与顺从和认同相比较，内化是更扎根于个体心理结构中的最稳定的态度

---

① 王晶梅：《"毛泽东思想和中国特色社会主义理论体系概论"课互动式教学法探讨》，载《教育与职业》，2011 年 2 月中。

改变。"① 如果思想政治理论课教学仅停留在让学生顺从,则可能发生学生知行不一的现象,显然不能达到教学的目的。同时,当代大学生是主体意识、参与意识、平等意识、独立意识非常强烈的一代。对传统的填鸭式的教学只会引起学生的厌烦情绪,只有深入了解学生的思想实际,活跃课堂氛围、引导学生积极参与课堂,调动学生学习的积极性,才有可能使思想政治理论课教学实现教学目标。互动教学就是通过师生之间、生生之间的问答、讨论、辩论、合作学习等使学生充分参与课堂教学过程,它有助于提高思想政治理论课教学的效果。

2. 互动教学方法在思想政治理论课教学中的科学运用

在思想政治理论课教学中科学运用互动教学方法,主要解决好两个问题,一是如何发挥好教师的主导作用,二是如何体现学生主体地位。解决好这两个问题,要求教师既有深厚的理论功底和丰富的知识储备,又有高超的教学艺术,能够综合运用多种教学方法和手段发挥互动教学的优势。

第一,深厚的理论功底和丰富的知识储备是教师做好互动教学的前提。高质量、高水平问题提出是互动教学成功的开始,也是教师理论功底和知识储备的反映。互动教学是以问题为依托展开的,教师通过提出的问题,想要引出怎样的话题,提出的问题是否符合学生认知的水平、是否和学生的所思所想相关联,问题是否具有进一步探讨的必要性,能否引导学生正确认识所提出的问题。这是教师在运用互动教学模式时首先要思考的问题。高水平、高质量问题的提出是互动教学成功的开始。提出的话题没有可持续性,就无法展开互动,或者提出的话题远离了思想政治理论课程教学要求。同时,在互动教学中,学生可能随时提出和所设置问题相关的问题,需要教师及时解决,或者偏离教师设定的话题,需要教师及时引导回归话题上来,这就考验教师理论功底和知识储备的时刻。教师应该有深厚的理论基础,广博的知识储备才能应对互动过程中出现的诸多问题。

---

① 王晶梅:《"毛泽东思想和中国特色社会主义理论体系概论"课互动式教学法探讨》,载《教育与职业》,2011年2月中。

第二，充满智慧的教学策略和机智处理问题的能力是互动教学有效实施的保障。在问题提出后，有可能出现冷场，这时教师就要迅速分析和判断为什么会出现这种局面，问题出在哪里，是问题设置不当，让学生觉得无从下手，不知从何谈起，或者对这一问题没有任何的思路；还是学生不愿意参与互动，如果是学生不愿参与互动，是什么心理导致学生不愿参与？另外，在互动过程中，学生的讨论可能会偏离主题，这是常见的现象，学生讨论过于激烈，在讨论过程中就会出现很多意外的问题，这些问题学生很感兴趣，但又和主题不相关。这时教师就要适当地进行引导，既不因为话题的中断而出现冷场，也不能毫无控制地使话题偏离设置的主题。这里需要教师充满智慧的教学策略和机智处理问题的能力。

第三，多种教学方法的综合运用是互动教学模式成功实践的途径。互动教学模式不是指一种具体的教学方法，而是指师生、生生在课堂上的交往活动。这种交往活动需要通过具体的教学方法来实现。互动教学模式有多种具体的形式，讨论式教学法、对话法、辩论法、案例教学法等是思想政治理论课课堂教学中常用的互动方法。

讨论教学法，它是在教师的组织和引导下，学生通过语言交流达到预期教学目的的一种教学法。这一教学方法侧重于抓住重大问题展开讨论，得出结论后再来验证，而非系统地传授知识。在讨论的过程中，学生能更多地参与学习的过程，这能促进其对某一问题深入思考研究，加深对某一知识、理论的理解和把握，培养其多层次、多角度思考问题的能力；同时，这种教学方法也能促进教育对象的人际交往能力。讨论教学法以讨论为主要的教学方式，教育者通过设计讨论问题、引导讨论开展、汇总讨论结果、延伸讨论成效等环节促使学生在相互合作中探讨掌握知识，进而达到教学目的。讨论式教学法包括确定讨论目标、选题，科学合理分组，明确讨论形式，实施讨论、概括总结几个步骤。在思想政治理论课教学中成功地运用讨论式教学法，需要注意几点：一是教师所提问题要具有启发性，提出的问题要真正抓住学生的所思、所想、所惑。只有这样才能调动学生讨论的积极性。比如引导学生探讨一些社会现象发生的原因,这些现象之间的关系,认识这些现象的价值、意义等。二是问题要具有可讨论性,即没有固定的答案,或者标准答案。三是讨论前让学生有所准备,对讨论的主题要掌握较为丰富的信息。四是讨论过程让每个人都有表达自己观点的机会,这就需要教师对学生的回答持合宜的态度,如果教师对学生的回答采取不宽容的态度,主观独断地对待学生的回答,就难以让没自信的学生参与到讨论中来。在讨论过程中,学生的观点难免主观、独断,但教师应该允许学生自由思考,让全班学生激烈讨论,逐渐逼近客观正确的回答。

对话法,就是凭借正确地提问,刺激学生思考,引导学生朝着教师所希望的方向,通过自己的思考去发现真理。思想政治理论课教学的目的不是教授学生外在的知识,而是通过发展学生的思考能力,使每个学生自身掌握真正的知识。在思想政治理论课教学中运用对话法,首先教师要持有科学的教学理念,民主、平等、相互尊重是基本的要求,否则对话无法进行;其次,对话要围绕思想政治理论课教材内容展开,有主题、有原则、有深度、有规范的研讨,而不是信马由缰地聊天。再次,对话中体现对学生的关爱、尊重,懂得欣赏学生的优点,学会"倾听"学生的心声,常持鼓励、理解、宽容的态度,只有如此,对话才能更好地进行。在思想政治理论课教学中运用对话法,要从学生关心的日常生活问题开始,同一问题在不同场合可以有不同的提法,然后让学生作答,探寻学生对该问题的观点。如果学生在对话过程中对出现的一系列问题做出直接而正确的回答,说明学生对该问题的认识是较为深刻而全面的;但如果学生在回答问题的过程中不能直接作答,不符合教师意图时,教师可以从另一个角度提出新的问题,通过多个角度提出问题,让学生认识到自己观点的错误之处,即破邪阶段,然后进入显正阶段,即引导学生朝着自己希望的方向前进。在这个阶段,学生对原有的观念、观点进行否定后,教师要继续和学生对话,引导学生得出一些正确的见解和认识。

辩论法是针对某一问题,大家存在不同的认识,从不同的立场、角度展开争辩的方法。通过辩论能够使学生对事物认识更加清楚。在思想政治理论课教学中运用辩论法要注意，一是提出的问题要有可辨性和可听性；二是辩论双方在陈述观点的空间和难度相当；三是通过辩论能够促进学生对社会问题的关注和思考。此外，思想政治理论课教学中也常使用案例教学法，这一方法是通过对案例的讨论，形成一定的认知，也是互动教学的一种。

（四）自主型教学方法及其运用

自主型教学方法是学生独立解决教师提出的课题，教师间接指导学生展开学习的教学方法，教学活动的焦点在学生。这一教学方法强调学生的自主性，教师的任务是尽可能地调动学生自主学习的积极性，学习活动方案的设计、任务的设置、活动的实施都由学生自己完成，但这不是说教师就不管学生，不闻不问，关键时刻教师要给学生必要的指导。这一方法能够促进学生整体素质的提升。在思想政治理论课教学中，自主型教学方法包括原著阅读法、自主练习、自主活动等方法。

1. 原著阅读法的运用

学习马克思主义理论单纯靠思想政治理论课教材和研究马克思主义的书籍和文章是不够的，马克思主义原著是"源"，研究马克思主义的书籍和文章是"流"，我们既要掌握"流"，更要知道"流"来自哪里，即要掌握"源"。因此，在学好教材的同时，要辅之以原著阅读法，学生要尽可能地去阅读经典原著。

原著阅读法的运用要根据学生的实际情况。经典原著通常文字较为生涩，内涵深厚，对没有马克思主义理论功底或者理论功底较浅的学生而言，往往较难读懂，因此，教师在布置原著阅读任务时，要考虑到这一点，先让学生读一些比较通俗易懂的、同时和教材内容密切相关的原著。比如，在进行《毛泽东思想和中国特色社会主义理论体系概论》课程教学时，在新民主主义革命理论和社会主义改造理论教学时，可以让学生阅读毛泽东传记以及《论持久战》《矛盾论》《实践论》等难度适中、篇幅适当的著作。通过这样有针对性的阅读，使学生增强对毛泽东及毛泽东思想的正确认识和理解。

当然，运用原著阅读法强调了发挥学生的自主性，但并非放弃了教师的主导地位，教师在运用该方法的时候，首先要懂得精选原著，其次对于较难理解的部分要进行导读讲解。教师先让学生自主阅读，并要求做好笔记，然后将学生在阅读中遇到的疑难问题汇总起来，集中在课堂教学时进行导读讲解。这样才能既提高学生的理论素养，又提高学生的自主学习能力。

2. 练习法的运用

为了让学生掌握思想政治理论课程的知识点，让学生培养起较强的思维能力，需要适当地运用练习法。一是为提高知识水平进行的练习。要求教师要选择具有代表性、典型性的练习题让学生进行练习。在一个章节的学习结束后，教师可以布置适当的作业或者练习题让学生完成，检查学生对该章节知识点的掌握情况。这里教师的批改和讲解是不能缺少的，否则学生还是无法正确掌握知识点。二是为提高思维能力进行的练习。教师可以运用马克思主义的基本原理和方法来分析一些社会现象，为学生提供示范，然后让学生模仿教师的思路或思维方法来分析类似的问题，并反复地练习。久而久之就有了较强的思维能力，形成了自己的思维方式，达到举一反三、触类旁通的效果。在《毛泽东思想和中国特色社会主义理论体系概论》课程教学中，要求学生掌握矛盾分析的方法，用矛盾分析方法来分析中国特色社会主义发展道路上出现的各种问题，如此才能正确全面地看待各种社会问题，并找出解决问题的方法。

在思想政治理论课教学中运用自主型教学方法，除了原著阅读法和练习法，还有自主活动的方法，比如小组讨论、研究性学习、社会实践等。

二、思想政治理论课第二课堂及其教学方法的运用

思想政治理论课教学的最终目的是让学生成为良好品德的践行者。这个目的不是单纯靠课堂教学就能实现，"课堂理论往往只能让受教育者知道'是什么''为了什么'和'怎么做'，也即是说，往往只限制在'你应当'

的范畴。思想政治理论课的实际目的却是要达到塑造受教育者的'道德自我',要让受教育者从'你应该'转向为'我应该'。即把内在的'德性'转换为日常的'德行'。"① 而实践教学正是弥补课堂理论教学的这一不足,通过实践教学使学生在理论教育中形成的理性认知转变为实际行动。也就是说,思想政治理论课教学除了理论教学为主的第一课堂,还要开拓实践教学为主的第二课堂,这里第二课堂既包括社会实践活动,也包括校内各类学生社团活动。第二课堂的发展,有助于拓展学生的眼界和能力,充实学生的社会体验,丰富学生的生活。

(一)思想政治理论课社会实践教学方法的运用

社会实践教学是整个高校大学生思想政治教育的重要组成部分。它能引导大学生认识社情民情国情,增强学习和践行马克思主义及其中国化理论成果的自觉性,从而更加坚定"四个自信"。教育部强调:"要充分认识全面深化课程改革,落实立德树人根本任务的重要性和紧迫性,强化教学的实践育人功能。"②

当前在思想政治理论课和社会实践之间存在问题。首先是课堂理论教学和社会实践相脱节,课程教学内容和社会实践内容没有统一。每年各大高校都开展大型的暑期社会实践活动,比如"三下乡"青年志愿者服务活动、社会公益活动等,但是这些活动的内容并没有和思想政治理论课程内容有效衔接,这一方面使社会实践活动没有科学的理论指导,缺乏明确的活动目标,教育的价值和意义不明确,降低了社会实践活动的育人效果。另一方面思想政治理论课课堂教学的内容无法在实践中得到检验,弱化了理论的说服力。其次,思想政治理论课实践教学流于形式。2015年教育部对实践教学做了明确规定,要求将"实践教学纳入教学计划,统筹思想政治理论课各门课的实践教学、落实学分(本科2学分,专科1学分)、教学内容、指导教师和专

---

① 杨艳春、卞桂平:《思想政治理论课实践教学理路探析》,载《思想理论教育导刊》,2015年第1期。

② 《教育部关于全面深化课程改革落实立德树人任务的意见》,2014年3月30日。

项经费。实践教学覆盖全体学生，建立相对稳定的校外实践教学基地。"① 很多高校也积极探索，提出了一些具体的实践教学方法，也建立了一批实践教学基地，但由于经费、安全等多因素制约，实践教学往往流于形式。集中的校外社会实践活动通常是在学生做了调查，或者参观后，写一篇调查报告，或者观后感，教师打分就结束了，缺乏教师的点评和学生互评等环节。有的教师对实践教学过程缺乏监督和管理，布置任务后不跟踪学生的动态，一些学生在做调查报告时应付了事，弄虚作假。同时，各门课程之间的实践教学缺乏联系和沟通，各自为政，使思想政治理论课实践教学没有发挥应有的作用。再次，由于经费短缺，安全没有保障，很多高校在思想政治理论课实践教学过程中无法做到覆盖全体学生。因此，落实思想政治理论课社会实践教学，需要从以下几个方面入手。

首先，要将思想政治理论课同暑期社会实践、专业实习等实践活动密切联系起来。在暑期社会实践和专业实习等实践活动中有思想政治理论课教师参与指导，明确这些实践活动的思想政治教育目标和任务。并在实践考核标准中加入有关思想政治教育量化的指标，认真按照指标进行考核。实践结束后对优秀学员进行表彰，实践结果和学生的评优评奖相挂钩。

其次，加强思想政治理论课实践教学的过程管理。管理好实践教学各个环节，充分发挥教师的主导作用。一是设计实践教学的主题和实践的组织形式。实践教学的主题要紧扣思想政治理论课内容，在组织形式上进行集中实践还是分散实践，要根据实际的情况而定，如果所有学生围绕同一个主题开展实践教学，在这一主题下可以分若干小专题分组负责，适合采用集中实践的方式，使不同小组从不同的角度对同一主题开展实践。如果学生调查研究的主题不同，则可以采取分散实践。各组根据自己的任务开展实践。二是，做好实践教学过程督导和评价工作。督查学生实践教学开展的进度，采用各种手段了解学生的思想动态，帮助学生解决困难；对每个学生的思想、态

---

① 教育部关于印发《高等学校思想政治理论课建设标准》的通知，2015年9月10日。

度、行为进行及时评价，鼓励先进，激励后进。使思想行为积极的学生发挥模范带头作用，教师自己也要发挥先锋模范作用。三是对实践教学结果进行评价。实践教学结果总会以论文、感想、报告等形式呈现出来。此时教师不能给个分数草草了事，而是要组织学生互评，老师点评，学生自评，三者结合让学生知道自己的优点和存在的不足，以便以后改进。

再次，加强思想政治理论课各门课程实践教学的统一规划。四门课程之间是相互联系的，但各有侧重，实践教学要佐证四门课程内容的科学性，四门课程实践教学就要形成一个有机的整体，避免重复，同时也避免互相割裂甚至相互抵消。这就要求对四门课程的实践教学进行统一规划，统一管理。根据各门课程的教学目标设计实践教学，同时也努力使各门课程实践教学产生叠加效应。

最后，各高校要根据自身的实际情况开展思想政治理论课实践教学。各个高校的实际情况不同，有的高校思想政治理论课实践教学有充足的经费、人员及制度保障，而部分高校没有这些保障，或者保障不够。有的高校根据自己的情况摸索出了可行的实践教学的方法。如华中科技大学马克思主义学院教师韦革博士根据学校的具体情况及《毛泽东思想和中国特色社会主义理论体系概论》课程的实际，摸索出了一种有效的实践教学模式，在《概论》课中要求学生模拟政协和人大的提案写作。"提案是政协委员和人大代表向人民代表大会或人民政府就有关国家和地方大政方针、社会生活中的重大问题提出意见和建议的形式。让学生对某一社会热点、群众焦点，向政府或者学校及其职能部门提出建议或作为其决策依据。"[①] 最后可以将好的政策建议投送给相关部门。这样的实践教学方法既让学生认识和掌握了我国民主政治运行的方式，也让学生关注了社会或校园的热点、焦点问题，并提出了解决的方法，锻炼了分析和解决问题的能力，同时由于是在校园内完成任务，节约了成本，在经费、人员及制度保障不足的情况下，不失为一种好的实践教

---

① 韦革：《高校思想政治理论课实践性教学模式分析——以"毛泽东思想与中国特色社会主义理论体系概论"为例》，载《学校党建与思想教育》（中），2009年12月。

学方法。

(二) 科学运用大学生社团活动开展思想政治理论课实践教学

大学生社团活动具有思想教育、教育导向、素质拓展的功能，是开展思想政治教育的重要渠道，运用大学生社团活动开展思想政治理论课实践教学是一种有益探索。

1. 大学生社团组织是开展思想政治理论课实践教学的重要平台

大学生社团组织是思想政治理论课第二课堂的重要组成部分，这些组织通常由于学生参与的自愿性、活动方式的多样性和丰富性，活动内容和学生兴趣紧密联系而受到学生的欢迎。各高校都有数量众多的大学生社团组织，大学生自入学开始就会根据自己的兴趣爱好和自己的需要参与各种社团组织。哪里有学生，就要将思想政治教育做到哪里，因势利导。在传统的认识中，只有将学生带出校门，到广大的天地中开展实践活动才叫实践教学。事实上实践并不受地点的限制，在课堂内可以实施实践教学活动，在校内也可以实施实践教学活动。只要有学生的地方都可以开展实践教学活动。大学生社团组织具有广泛的学生基础，"充分利用学生社团这个平台和渠道开展各种课外实践活动，使有限的思想政治理论课课堂教学活动在学生主动参与的社团活动中得到了拓展；使呆板的教材内容在丰富的社会实践中得到了充实"①，如此必将增强思想政治理论课教学的实效性。

2. 科学运用大学生社团，使大学生社团活动成为开展实践教学的利器

虽然大学生社团是开展思想政治理论课实践教学的重要平台，但当前大学生社团还存在诸多问题，使大学生社团德育功能缺失。表现在有的社团活动强调知识性、趣味性、娱乐性、功利性，但缺乏政治性，有些活动甚至偏离了社会主导的方向，偏离了国家培养人才的目标，大学生社团不能有效发挥德育功能；有的社团活动缺乏教育功能，为了迎合学生的需要，出现不文明、审美情趣较低、自娱自乐等现象；由于社团活动经费短缺，有的社团为

---

① 刘丽红主编：《当代大学生思想政治教育工作探索》，中国文史出版社2015年版，第71页。

了获得经费，实行商业化运行模式，甚至使社团沦为部分学生赚钱的工具，弱化了社团的德育功能。为此，要科学发展和运用社团组织，使大学生社团活动成为开展思想政治理论课实践教学的利器。主要从以下方面着手：

首先，正确引导社团发展，使社团充分发挥德育功能。大学生社团是自治性质的组织，但不能因为自治，就忽视了政治方向的引导，大学生社团建设需要以科学的理论为指导，将理想信念教育作为社团建设的重要任务。为此，需要思想政治理论课教师积极参与到学生社团的建设中，引导和帮助社团组织开展融思想性、教育性和娱乐性为一体的活动，发掘大学生社团的思想政治教育功能，将思想政治教育内容融入社团组织体系中，端正社团活动的思想方向，充实社团活动的内容，使大学生在参与社团活动时，不仅有知识和技能的增长，愉悦的心理体验，而且使大学生受到正确的世界观、人生观、价值观教育。

其次，考察和评估各类大学生社团，优先选择和重点扶持能够实现思想政治理论课实践教学目的的社团及其活动，使这些社团发挥它们的榜样示范作用，在自身发展的同时带动其他社团向积极健康的方向发展。同时，发展一批思想政治教育类的学生社团，比如马克思主义原著读书会，毛泽东思想研究会，中国特色社会主义理论研究会等，将思想政治理论课教学延伸到课外社团文化活动中。

再次，培养一批学生成为社团骨干，充分发挥他们的骨干作用，指导他们组织策划和思想政治理论课内容相关的社团活动，并对社团活动及时地进行评价，对社团活动情况和成果进行总结，辅之以积极的奖励措施。

最后，教师要对思想政治理论课实践教学内容进行提炼整合，并分成一个个的活动项目。根据思想政治理论课四门课程各自的特点和实践教学的目标，可以划分为不同主题类型的活动项目。比如，在《思想道德修养与法律基础》课程中可以设置爱国主义教育、法制教育、道德教育等为主题的项目，在大学生社团活动时，将这些项目作为社团活动的主题。总之，就是将思想政治理论课实践教学内容和社团活动主题密切联系起来。

三、"互联网 +"课堂及其教学方法的运用

近年来,"互联网 +"在中国各个领域大展拳脚,给每个行业、每个领域发展带来了机遇和挑战。教育领域也因互联网而兴起一股教育教学改革的热潮,基于网络技术的新教学模式不断发展,微课、翻转课堂、慕课、混合式教学成为了教育教学领域的热词。因此,有必要认识清楚这些名词以及各词之间的联系。

(一) 概念辨析

翻转课堂最初并没有明确的定义,它是一种理念或者说是一种教学模式,对这一概念最初的描述是"我们把所有的课堂讲稿都预先录制下来,学生观看视频,作为'家庭作业',然后我们可以用整堂课的时间来帮助学生厘清他们不懂的内容。"[①] 这和教师在课堂上讲,学生听,学生回家后完成作业的传统做法相反,它是学生回家后通过视频文件听教师讲,在课堂上进行讨论,因此而得名翻转课堂。翻转课堂起源于 2007 年美国林地公园高中的两位化学老师 Aaron Sams 和 Jonathan Bergmann,他们发明翻转课堂的初衷是为了解决因各种原因错过学校正常教学活动导致学习进度跟不上的问题。当时,他们使用屏幕捕捉软件录制 PPT 演示文稿的播放和讲解声音,并将视频上传到网络,帮助那些学习困难或缺课的学生完成补课,让他们在课外观看老师上传的视频,在课堂上和老师进行讨论,或请教不懂的地方。这一方法很好地解决了林地公园高中存在的学生缺课导致学习困难的问题。2011 年以来,这种新的教学方式开始在美国和其他国家流行起来。吸引了很多教师投入对翻转课堂的研究和教学实践。

微课,是以某一个知识点展开教学活动的过程,主要载体是视频。视频时长控制在 5—10 分钟为宜,最少 1—2 分钟,最长不宜超过 20 分钟,教学

[①] [美] 乔纳森·伯格曼、亚伦·萨姆:《翻转课堂与慕课教学:一场正在到来的教育变革》,宋伟译,中国青年出版社 2015 年版,第 19 页。

内容较少，教学设计精致，上传到网络供学生自主学习。

慕课（MOOC），就是大型开放式网络课程。它是借助互联网发展起来的一种教学新模式。2012 年由哈佛大学、斯坦福大学、麻省理工学院等名校掀起了慕课风暴，并席卷了世界各国。当前世界各国拥有众多的慕课平台，其中著名的有斯坦福大学创建的营利性的平台 Coursera，哈佛大学和麻省理工学院创建的非营利性平台 edX，斯坦福大学创建的营利性平台 Udacity。我国部分高校也加入了这些平台。在我国，2014 年，教育部成立在线教育研究中心，开始推广慕课模式。和传统教学和网络公开课相比较，慕课有着它自身的特点：首先，从教学组织形式上看，它继承了传统教学面授教学的形式，但用互联网进行了优化，学生可以通过有网络连接的电脑就可以进行学习。其次，慕课不同于网络公开课，它不仅提供微视频资源，还提供文字材料、在线作业、单元测验、在线考试、在线答疑、学习讨论区等，每周更新学习的内容，推进教学进度。再次，慕课面向所有人开放，在课程结业时进行结业认证。最后，慕课是网络课程，不是面对面的课程，学生上课没有时空限制，无论身在何处都可以花很少的钱就可以享受优质的课程教学。总之，慕课以高质量的课程内容、短小精悍的视频、新的测评方式、大规模的学习者群体、超强的辐射性而引起了众多领域的关注，这种形式的出现正在改变着人类文明传承和知识学习方式。

混合式教学有广义和狭义之分，广义的混合式教学是多种教学方式综合使用，狭义的混合式教学主要是依托慕课平台把线上网络学习和线下面对面课堂教学结合起来，是慕课平台和传统教学二者动态循环、优势互补的教学方式。这是对微课、翻转课堂、慕课及面对面课堂教学的综合运用。

（二）基于慕课的混合式教学在思想政治理论课教学中的运用

2016 年 7 月 18 日，教育部发布了《关于中央部门所属高校深化教育教学改革的指导意见》指出要"着力推进信息技术与教育教学深度融合"。在"互联网＋"时代，既要促进信息技术与思想政治理论课教学的深度融合，实现思想政治理论课教学方法的现代化，又要"能够用人道的、符合人们意愿的方式实现现代化，同时又保持与往昔、传统的平衡。"① 互联网被越来越多的人所使用，人们可以随时随地从互联网获取大量的信息。互联网突破了学生学习时空的限制，为了便于学生随时随地地学习，很多课程教学也搬到了互联网上，但是网络课堂并不是无所不能，在网络课堂逐渐完善的过程中，它的缺点也逐渐暴露出来，一是投入高产出低，二是学生无法体验教学过程中的人文性，三是教师在教学过程中的领导地位散失。学生的学习在低水平上不断重复，学生的学习效果和教师的教学目的差距较大。正因为单纯的网络课堂存在这些不足，以慕课为基础的混合式教学将是思想政治理论课教学的一种发展趋势。即以混合式教学作为基本的指导思想，运用翻转课堂的教学模式，将面对面的传统教学和线上教学结合起来；使用微课设计，将碎片化的知识点，制作成短小精趣的视频，同时使各个知识点相互衔接，形成系统化的知识体系，上传到慕课平台供学生学习。混合式教学推动了思想政治理论课同信息技术高度融合，实现了教学资源的开放式获取，结合了当代大学生的思想特点、成长环境，提高了教学管理效能；相比传统课堂，这种课堂"配方"更新颖，"工艺"更精湛，"包装"更时尚，有助于增强思想政治理论课教学的亲和力和针对性，有效促进了学生的课堂参与，提高大学生的课堂出勤率、抬头率。

以慕课为基础的混合式教学因为具有灵活性高、适应性强的特点，并综合了传统教学（面对面讨论交流）优势和现代教学（线上学习）的特长，而被高校思想政治理论课教学青睐，逐步在思想政治理论课教学中得以运用。面对不同年级、不同专业、不同类型高校的学生，教学的基本过程和基本环节可以相互借鉴、相互吸收，但是一定要根据学生的具体情况来处理问题。基于慕课的混合式教学在思想政治理论课教学中的运用要做好两件大事，线上教学和线下教学。

---

① 李芒：《信息化学习方式》，北京师范大学出版社2006年版，第163页。

1. 思想政治理论课线上课程建设和教学

思想政治理论课线上教学就是教师将思想政治理论课的课程资源，包括课程教学的视频、课程教辅资源，练习等上传到慕课平台，学生在网上通过慕课平台自主学习。线上课程建设和教学主要有两个环节要做好，使学生能在线上顺利观摩视频并完成练习，参与线上讨论，为此，课程开发小组就要做好以下两个环节的工作。

首先，思想政治理论课教学设计人员仔细阅读、分析和检查思想政治理论课程教学内容，并对教学内容进行意义分割，再根据内容的需要来选择通过怎样的方式呈现。即哪些内容是可以录制成微课，通过微课的形式展现教学内容，哪些内容需要通过面对面的交流才能解决。这里，思想政治理论课教师或教学设计者会面临一个问题，即思想政治理论课教学不仅仅是知识的传递，更重要的是情感、态度、价值观的培养，能否用慕课来进行情感、态度、价值观培育和引导？有研究者发现，实时在线学习能够给大学生带来新鲜感，相比面授，参与的积极性更高，因此，这就告诉课程开发小组，需要对学生的需求进行分析。为了加强思想政治理论课教学的效果，一方面，慕课要设置实时在线互动的辅助工具，方便师生、生生实时互动，同时设专人负责实时在线答疑，及时解决学生提出的系列问题，或进行讨论。另一方面，非同步的在线视频学习内容要正确表达中心内容。这就要求教师在录制微课视频时，对内容进行精细化处理，包括选题、脚本设计都要更加精细认真，视频录制完成后还要进行后期制作剪辑。将若干视频中展示的碎片化知识，形成一个完整的知识版图。

其次，基于慕课的混合式教学的关键在于保持思想政治理论课原有内容质量的前提下，采用各种辅助性的手段满足学生的实际需求。在思想政治理论课教学中运用基于慕课的混合式教学，需要加强下列几个方面的建设：一是加强慕课平台建设。只有通过一定的平台才能有稳定的信息传播渠道和固定的信息交流模式，但是平台设计或应用软件设计的界面一定要简单易操作，不能让学生在学习使用平台操作方法上花费太多时间，或者难以熟练操作。操作技术只是学习的背景而不是对象，只有当学生熟练掌握操作技术，成为学生自动化行为的一部分，就如学生使用钢笔写字，自如操作，这时学生的学习活动才真正展开，他们才能将注意力集中在学习内容的钻研、学习方法的改进上。所以，设计网络教学平台要便于学生快速掌握。国内的思想政治理论课慕课建设从2014年开始，比较具有代表性的慕课平台有清华大学的"学堂在线平台"，上海交通大学的"好大学在线平台"，"上海高校课程资源共享管理中心"，"东西部高校课堂共享联盟"等。要在进一步完善这些平台的同时，大力推进思想政治理论课慕课平台建设，一方面由技术人员不断调试，不断完善平台，使平台便于使用，得到有效利用；另一方面，增强平台的开放性，慕课平台的建设需要大量的人力、物力和技术支持。由于条件有限，不是所有的高校都能开发自己的平台，因此，要用好有限的资源，增强慕课平台的开放性，使更多的高校能较低投入就能共享高质量的慕课平台。二是加强技术支持。硬件技术环境是思想政治理论课混合式教学必备的。没有一定的技术支持，学生无法运用网络信息技术学习。当前各高校在思想政治理论课中运用慕课开展教学，具体而言，就是"通过信息发布、资源共享、视频观摩、在线互动等方式开展教学"[1]，因此，"打造思政课在线课堂教学体系，首先需要借助数字媒体技术，从外观设计、功能扩展、日常维护等方面入手，不断加强思想政治理论课教学网站建设，增强其吸引力和实用性。"[2] 三是加强移动课堂建设。互联网和智能手机的普及，使学生的生活发生了极大的变化，学生每时每刻手机不离手，因此要使智能手机成为思想政治理论课教学的利器，积极探索移动课堂教学的具体方式，并加强维护。

---

[1] 杨志超：《高校思想政治理论课混合式教学模式的建构路径探析》，载《思想教育研究》，2016年第6期。

[2] 杨志超：《高校思想政治理论课混合式教学模式的建构路径探析》，载《思想教育研究》，2016年第6期。

2. 思想政治理论课程线下教学

教育是生命和心灵的互动，情感与信念的感动过程。"慕课将实体的'课堂'转至虚拟的'网络'，通过'人机对话'为学生提供了自由的交流平台，但虚拟化的言传无法代替主体在场的身教，学生无法进行在场体验，情感交流。"① 同时慕课每一门课都有众多的学生，教师不可能在线上每时每刻准备着为每一个学生解疑释惑，因此，慕课并不能完全满足学生个性化的需要。教师对学生的评价也只能通过学生在慕课上留下的痕迹来进行判断，学生的真实情感、思想等主观方面的内容都无法进行科学的判断，因此。思想政治理论课要在线上开展教学的同时，要在线下组织面对面的课堂教学。一般情况下，知识性的内容可以用慕课的形式完成，而情感、态度、价值观的引导则更多依靠面对面的教学来实现。

学生通过在网上自主学习完成思想政治理论课程知识学习，在线下主要是将在线上学习过程中产生的疑问统一放在课堂上进行面对面的交流和讨论，这一方面能够促进学生进一步掌握课程知识，更重要的是能够培养学生的各方面的能力，包括思维能力、表达能力、交流能力等，同时其思想、价值观等能得到正确的引导，通过交流增进生生、师生之间的感情。让学生感受到实体课堂的温度，领略教师的风采。

线下教学的方式是多种多样的，可以进行小组作业、分组辩论、外出参观、随堂测验、翻转课堂、案例教学、大班专题讲座＋小班讨论等形式，在此不再赘述。

3. 构建思想政治理论课混合式教学的教师队伍

在思想政治理论课教学中运用基于慕课的混合式教学，需要有一个具有较高专业水平、网络计算机技能娴熟的教师群体，这一群体要有明确的分工，各司其职，同时又相互合作。开展思想政治理论课混合式教学是一个复杂的过程，也是一种技术密集型的教学模式，依靠单个人是不可能实现的，

---

① 张雪婷：《奇思妙想：微课、慕课与翻转课堂的关系》，载《学周刊》，2016年第4期。

因此，要构建起"包括思政课教育教学专家、教学设计专业人员和技术专业人员等在内的教师共同体。"① 教师共同体中的每一个成员都要牢固树立起"平台意识，平台建设和使用成为行为自觉。思政课教师是网络资源建设主体，各个任课教师之间首先应实现资源共建共享，通过分工合作、交流沟通，共同建设网络教学资源，分享共同的成果，避免重复劳动，提升工作效率。"② 为此，学校要为思想政治理论课教师提供混合式教学相关理论及知识技能的培训。培训的内容包括混合式教学的理念、课程资源的制作、网络教学空间的建设和运营等，让教师全面掌握混合式教学的方法。

4. 合理安排思想政治理论课混合式教学课时

混合式教学是线上网络学习和线下课堂教学的结合，线上时间和线下时间的比例是否合理会影响到教学的效果。太多的线上时间会使学生放的时间太长，失去对课程的关注，太多的面对面课堂教学时间也无法有效发挥混合式教学课堂的优势。因此，要合理地安排课时。很多高校对此做了很多探索，比如云南大学在 2017 年春季开始进行思想政治理论课混合式教学试点改革，在 18 周的课时中，安排 12 周时间进行课堂教学，6 周时间进行线上网络教学，线上教学一般安排在第 4 周至 16 周，不得连续超过 2 周。以《毛泽东思想和中国特色社会主义理论体系概论》课程为例，第 1 周到第 6 周讲授第七、八章"社会主义改革开放理论"和"建设中国特色社会主义总布局"的内容，进行课堂教学，学生到教室上课；第 7—8 周进行第九章"实现祖国完全统一的理论"教学，学生在慕课平台线上学习，第 9 周对第九章收尾，学生到教室进行课堂讨论，同时导入第十章；第 10—11 周进行第十章"中国特色社会主义外交和国际战略"教学，学生在慕课平台线上学习，第 12 周对第十章进行收尾，进行课堂讨论，导入第十一章；第 13—14 周进行

---

① 王萍霞：《"互联网+"时代高校思想政治理论课混合式教学模式探析》，载《广西社会科学》，2017 年第 4 期。
② 王萍霞：《"互联网+"时代高校思想政治理论课混合式教学模式探析》，载《广西社会科学》，2017 年第 4 期。

第十一章"建设中国特色社会主义的根本目的和依靠力量",采用慕课平台线上学习,第15周对十一章收尾,进行课堂讨论,导入十二章;第16—17周采用课堂教学的形式讲授第十二章"建设中国特色社会主义领导核心",第18周期末考试。并对每周学习资源和习题开放时间进行限定,规定学生在某一时间段的任意时间点进行学习,在此时间段外,系统不开放,学生无法在线学习。①

5. 合理设计思想政治理论课混合式教学评价标准

教学评价包括过程评价和结果评价。过程评价包括三个环节的内容,一是在线自主学习的评价标准,主要指标有网络学习时间,在线作业完成情况,在线测评;二是网络交互学习评价标准,主要指标有在线答疑参与情况,在线讨论交流参与情况;三是课堂面授学习评价标准,主要指标有教师观察课堂活动、学生自评、同学互评、小组评价,以及考勤等。结果评价,可以采用上机考试的方式,主要考查学生对知识点的掌握情况,也可以采用小论文的方式,主要考查学生理论分析和运用的能力,思维能力,或者综合运用多种评价手段。在思想政治理论课混合式教学的评价过程中,要更加重视过程评价。

混合式教学是一个系统工程,不是单纯靠教学部门就能完成的,因此,各高校要做好混合式教学的支持工作,包括搭建网上学习和互动平台、人力资源配置和岗位设置、资金支持、硬件设备的提供等。混合式教学单靠一两个教师无法完成,而需要组建教学团队,团队成员各司其职,比如有的高校设置助教岗位,协助主讲教师做好混合式教学的各项工作。同时这一教学方式需要充足的资金支持,提供硬件设施,比如良好的网络环境和课堂环境,实现校园网全覆盖、较快的网速、数字教室和容易开展讨论的教室布置等都是不可或缺的。除此以外,教学部门和教务部门要做好相关的协调工作,相互配合,相互支持。

---

① 2017年9月7日云南大学马克思主义学院李兵教授在云南省首届思政课混合式教学论坛上的主题报告。

第五章 高校思想政治理论课教学方法的科学创新

"新"就是过去没有，现在有了，"新"事物是从"旧"事物中产生的，是对原有事物的新组合。"创新"就是在现有的思维模式下提出有别于常规的见解为导向，利用现有的知识和物质，在特定的环境中，本着理想化需要或为满足社会需求，改进或创造新的事物、方法、路径等。从理论层面，创新包括发现新现象，提出新观点，建立新的理论或学说，从技术或实践层面讲，创新包括发明新事物，提出新方法，创造新产品等。创新有科学创新和非科学的创新，所谓科学创新，是在科学理论的指导下，遵循事物发展的规律，结合人的需要，沿着一定的技术路线，在一定条件保障下进行的创新活动。非科学的创新，则是指没有依据事物发展的规律，单纯依靠人的主观需要或主观想象进行的创造性活动。二者的区别，首先是在创造过程，前者有科学理论的指导，有科学的技术路线和保障，后者没有。其次是创造的结果，前者更有可能达到目标，后者难以达到目标。高校思想政治理论课教学方法的科学创新是针对非科学的创新提出的。在中宣部、教育部和各级主管部门的高度重视下，各高校相关部门和领导、思想政治理论课教师进行了思想政治理论课教学方法的改革创新，取得了较多的研究成果，也在一定程度上提高了思想政治理论课教学效果。但是，在教学方法创新过程中，也存在不科学的现象，比如对教学中的双主体关系、传统与现代的关系、内容与形式的关系、理论教学与实践教学的关系等存在一定的误解，因而在教学方法的创新过程中就会出现错误的做法。这就使这些新的教学方法不能有效发挥作用，从而也影响了思想政治理论课教学效果的提升，最终影响教学的实效性。因此思想政治理论课教学方法科学创新，要有科学创新的原则，依据实效性、时代性、整合性、可行性的原则来进行创新；要有科学创新的方式，在批判与继承基础上推陈出新，在引入与借鉴中创新，在思想政治理论课教学实践中进行方法创新；要有科学创新的基本保障，加强领导，确保高校思想政治理论课教学方法创新的正确方向，以现代教学理念保证教学方法不断创新，以科学的教学组织形式保证教学方法科学创新，以创新型教学行为模式保证教学方法科学创新。

一、近年来高校思想政治理论课教学方法创新的基本状况

为增强思想政治理论课教学的吸引力、感染力、说服力，增强思想政治理论课的针对性和实效性，中宣部、教育部和各级教育主管部门多管齐下，采取多种措施推进教学方法的改革创新。以优秀教师队伍的创建、思想政治理论课程建设项目的设立促进教学方法的创新，同时加大思想政治理论课教学方法的改革支持力度。在中央的高度重视下，各高校积极发挥主观能动性，在思想政治理论课教学方法创新方面取得了较大的成绩，但在此过程中也出现了一些错误的做法，影响了思想政治理论课教学的效果。因此，需要克服这些不好的做法，以免创新走入误区。

（一）各高校在教学方法创新方面的主要做法与成果

各高校在思想政治理论课教学组织方式、课堂教学、实践教学、网络教学方法创新中，体现出了各自的特色。同时，各高校对思想政治理论课教学方法的创新也体现在思想政治理论课教学方法改革项目"择优推广计划"立项项目中。

1. 思想政治理论课"教师组合"教学组织方式的创新

在传统的思想政治理论课教学中，一般都是一个教师负责一个班级的教

学，从课程教学开始到结束，出现在学生面前的是同一位教师，这样的组织方式有利也有弊，长时间的接触有利于教师和学生之间能够深度沟通，能够加深学生和教师之间的相互了解，相互信任。不利的是一个教师的能力和知识背景是有限的，不能使学生领略更多的教学风格。因此，师资较为充足的高校开始探索教师的更多组合方式。"北京大学的思想政治理论课采用教学组教学方式。"① 即以马克思主义学院教师为主，同时选聘部分校内其他学院和校外相关教学和科研院所的专家、学者作为思想政治理论课兼职教师，专兼职相结合，在日常工作中，实施主持人、主讲人、主管、和助教构成的"四位一体"的组合方式。"天津师范大学思想政治理论课教学队伍分为理论教学队伍和实践教学队伍。"② 即两支队伍，两个课堂，两支队伍协同共进。上海大学实施"'一个讲台，两名教师'的'项链模式'。"③ 即专职教师讲授课程的主要线索和知识点，这是"项链"，聘请其他学科专家和社会典范人物进行专题讲座或以访谈的形式进行重点专题讲授，这是"珍珠"。

2. 课堂教学方法的创新

课堂教学方法是思想政治理论课的主要教学方法，在长期的教学实践中，很多高校探索出了自己的课堂教学方法，并获得了较好的教学效果。比较具有代表性的有：

一是研究型教学法。这一教学方法以学生为中心，突出学生的主体地位和教师的主导地位，从学生关注的热点、难点问题出发，以解决问题为目的，强化学生的探索过程。华东师范大学"基本的教学模式是'课堂+课题+合作+成果评价'"④。清华大学提倡在思想政治理论课教学中实施研究

---

① 张凤华、梅萍、万美容等：《高校思想政治理论课"05方案"实施及测评的实证研究》，中国社会科学出版社2011年版，第13页。
② 张凤华、梅萍、万美容等：《高校思想政治理论课"05方案"实施及测评的实证研究》，中国社会科学出版社2011年版，第14页。
③ 张凤华、梅萍、万美容等：《高校思想政治理论课"05方案"实施及测评的实证研究》，中国社会科学出版社2011年版，第14页。
④ 张凤华、梅萍、万美容等：《高校思想政治理论课"05方案"实施及测评的实证研究》，中国社会科学出版社2011年版，第15页。

型教学实践，要求由理论灌输向师生共同研究转变；由教师授业解惑向师生共同解惑转变；由单一的课堂讲授向课堂讲授与多样化教学方式相结合转变；由单一的学校课堂教学向学校课堂和社会课堂相结合转变；由单一的卷面考核方式向能力培养为目标的考核转变。华中师范大学在思想政治理论课每一门课程教学中选择1-2个课时进行研究型教学。中央财经大学的问题链教学法，是以问题链深化课堂讲授，以专题的形式进行教学的方法。这一方法包括教学主题提炼，打造问题链；教学方法的综合选择和运用；项目化管理教学团队；建设共享式的教学资源几个环节。

二是专题教学法，这一教学方法是教师依据思想政治理论课教学内容的内在逻辑，科学把握教学重点、难点及社会热点，确定专题教学题目。当前，很多高校都采用了专题教学法，其中北京大学的专题教学法比较具有代表性，他们实施教学组专题教学模式，即以"四位一体"的教学组共同完成一个或几个专题的教学工作。"中国人民大学王向明教授积极研究思想政治理论课专题教学的理论基础，形成了完整的以'问题'为中心，以'专题研究型教学'和'互动式教学'为两翼的教学模式"[①]。"福建农林大学马克思主义学院刘新玲教授探索并形成了'专题性问题探究教学模式'。该模式将学生关注的课程问题、课程相关的社会热点问题、教材本身蕴含的理论与现实问题，整合在教材各专题的框架下，设计出具有逻辑关系的问题链"[②]。

三是案例教学法。案例教学法是通过对案例的具体描述，引导学生对案例进行讨论，进而掌握知识的一种教学方法。当前高校思想政治理论课教学普遍采用案例教学法。其中最具代表性的是大连理工大学的案例教学法。他们的具体做法是，提炼具有现实针对性的教学内容，编写具有一定研究内涵的教学案例，构建富有特色的案例教学组织模式：现场案例教学。北京大学

---

① 孟宪生、李忠军主编：《全国高校思想政治理论课教学方法改革年度发展报告》，高等教育出版社2016年版，第91页。
② 孟宪生、李忠军主编：《全国高校思想政治理论课教学方法改革年度发展报告》，高等教育出版社2016年版，第91页。

根据思想政治理论课教学大纲收集、整理大量的案例供教学参考,所编案例紧密结合学生的实际,收到较好的教学效果。南开大学在"中国近现代史纲要"教学中实施案例教学,所编案例突出了课程的政治性、思想性、现实性。河南大学任东景老师探索了"六步案例教学法",即精选案例、设置话题、分组不留死角、小组充分讨论后代表发言、组员补充和其他组争鸣、教师点评启发引导。

除了上述几种做法,还有一些新的教学方法在各高校实施。有北京师范大学的分众教学法,这一教学方法"就是在把握学生差异,立足学生个性的基础上,将学生划分为不同的群体,针对不同学生的不同特点,确定不同的教学目标,采取不同的教育内容和教学手段,有针对性地采取多样化教学方法进行相应的个性化教育教学的方式。"[①] 这一教学方法具体步骤包括建立由不同教师群体构成的教学团队;发现学生的实际问题和真实需求;根据学生的具体问题和个体实际,选择不同的教学方法,进行分众分层教育;设计专题解决相关问题;采取专题教学的方法分"课上""课下"两部分开展教学;最后检验成效。在学生众多、个性化教学困难的情况下,实施分众教学无疑是很好的选择。另外,浙江大学的情境式教学法,西北大学的叙事式教学法,浙江工商大学的基于作业的课堂互动教学,天津大学的研究型互动式教学,新疆农业大学的课程内容和地方历史的交融,广东轻工职业技术学院的研练式教学,清华大学的"教"与"学"并重,因材施教,武汉大学的立体多元的思想政治理论课教学,等等。

3. 实践教学方法的创新

思想政治理论课实践教学"是在课堂教学的基础上,围绕教学目标,制定大纲、规定学时,通过形式多样的实践教学活动,深化课堂教育教学效果,增强学生理论联系实际能力,提高学生综合素质和观察分析社会现象的

---

① 李忠军、孟宪生主编:《全国高校思想政治理论课教学方法改革年度发展报告(2013)》,高等教育出版社2014年版,第29页。

能力。"① 在教育主管部门的大力推动下，各高校积极开展实践教学，在学时、学分安排、实践教学实施等方面都呈现出了各自的特点。

很多高校从学时、学分方面进行了改革。比如南开大学将为每门思想政治理论课实践教学各设了1个学分。华南师范大学则不分课程，为四门思想政治理论课总的设了2个学分，学生在大一学习思想政治理论课后选择实践教学的主题，进入实践教学环节，历时3年，最终以实践报告的形式来完成实践教学，其间有教师跟踪指导。华中师范大学以一定比例按照每门课程的学时数确定思想政治理论课实践教学学分，在课程教学其间，教师组织学生在课外进行实践教学。在整个华东地区，有的高校给各门课程规定实践学时，但各门课实践教学学时数不同。有的高校则不分课程，总体设置实践教学课时。

从实践教学的实施来看，在服务实践、主题教育实践、专业实践、创业实践、军事训练等内容的基础上，很多高校创新了实践教学方法的形式。中国人民大学将思想政治理论课实践教学和专业实践结合起来，广建实践教学基地。天津师范大学将理论教学和实践教学分开，由两支队伍分别完成任务，但又相互配合，相互启发。华东师范大学将思想政治理论课实践教学划分成多个内容分别实施，主要有思想教育为主的实践教学、服务社会为主的实践教学、培养能力为主的实践教学。

另外，很多高校探索了实践教学模式，综合运用多种实践教学方法。比如北京科技大学的"三合一"实践教学，即课堂实践教学、以社团活动为依托的校园实践教学、校外社会实践教学结合在一起进行的实践教学。天津商务职业学院的任务驱动式实践教学，即以完成任务或解决问题为目的，以应用为动力，帮助学生掌握未来职业中需要的知识和技能。除此以外，安徽师范大学陆炳辉副教授创建的"丙辉漫谈"实践教学模式，以理想教育、爱国主义教育、课堂讨论、案例教学等形式开展实践教学；北京科技大学左鹏教

---

① 张凤华、梅萍、万美容等：《高校思想政治理论课"05方案"实施及测评的实证研究》，中国社会科学出版社2011年版，第19页。

授开设了以社会调查与讲座为载体的实践教学模式；北京航空航天大学姚小玲教授提出了"校内实践"和"课外社会实践"相结合的实践教学模式。北京师范大学的王炳林教授创建了"1+4+X"的立体式实践教学体系，"1"就是总体规划、统一部署，"4"是四门思想政治理论课程，"X"是指调动所有思政课教师的积极性。南开大学的丁军教授、湖南大学的柳礼泉教授、海南大学的张云阁教授等都提出了他们的实践教学模式。

4. 网络课堂教学创新

网络课堂是随着网络信息技术发展起来的新的教学形式。当前，绝大多数高校将网络作为思想政治理论课教学的辅助手段，将各种社交软件作为思想政治理论课教学互动的手段，以慕课为基础的混合式教学作为新的教学方法。

运用网络教学平台作为教学辅助手段。南京师范大学建立并充分利用网络教学平台，依托平台改革思想政治理论课教学，调动学生学习自主性，通过在网络平台上自主学习完成知识性学习，同时教师通过课堂教学发挥主导作用，引导学生构建良好的认知体系。广东财经大学运用 BB 平台作为实施思想政治理论课教学的辅助手段，将有关思想政治理论课教学的信息发布在平台上供学生学习，同时引导学生利用平台展开讨论。淮北师范大学从 2009 年开始使用网络辅助教学，积累了丰富的经验。

运用社交软件作为教学互动手段。当前，很多高校教师运用 QQ、微信、微博、云空间等社交软件和存贮软件，开展师生、生生互动，拓展了思想政治理论课教学的空间。东北师范大学孟宪生教授综合运用博客、微信、BB 平台等创立主题为"中国之'道'"的信息化交流平台，了解学生的思想动向，进而有效引导学生。大连海事大学曲建武教授运用 QQ、微信等社交软件，多年来细心深入了解学生，开展思想政治教育，收到了良好的教育教学效果。"上海海洋大学董玉来副教授带领团队成员通过建立教师个人主页、虚拟教学班级、特色栏目、'教与学'反馈系统等路径"①，形成了基于易班网络环境下的教学方法。

以慕课为基础的混合式教学作为新的教学方法。当前，一大批高校开展了混合式大规模开放式在线课程的教学，这一教学模式在很多高校火热进行中。最早在思想政治理论课教学中开始慕课为基础的混合式教学的是复旦大学，随后有一批高校纷纷推出了慕课教学，并进行相应的改进，形成混合式教学模式，即将学生线上自主学习和线下面对面课堂教学相结合。通常的做法是在线上通过慕课学习课程知识，在线下教师组织课堂教学，针对学生在线上学习产生的疑问进行集中讨论解决。但在具体实施过程中，各高校因为教学条件、环境，如人力、财力不同，其具体做法也有一些差别。

为了做好思想政治理论课程建设，推进思想政治理论课教学方法改革创新，各高校选拔和培养相结合，逐步建立起具有较高素质的思想政治理论课教师队伍，为促进思想政治理论课教学方法改革提供了人才保障。同时，加强马克思主义理论学科的建设为思想政治理论课教学提供学术支撑。

（二）重视思想政治理论课教学方法创新存在的问题，防止走入误区

在教育部和各级教育主管部门的积极推动和各个高校的努力下，有一些新的思想政治理论课教学方法产生，但是在实际的运用中仍然存在一些问题，需要进一步研究和克服。高校思想政治理论课教学方法创新不是盲目的、不切实际的。盲目的、不切实际的创新无法真正落实到具体教学中，即便运用到实际教学中，也不能解决实际的教学问题，提高教学实效性也将变成空话。因此，教学方法的科学创新还要防止走入误区。

1. 双主体关系有待进一步厘清，防止教师主导作用与学生主体作用相分离

在思想政治理论课教学中，教师和学生都是教学的主体，但二者在教学中的主体地位是不同的，教师处于主导的地位，学生处于主体地位。很多学

---

① 孟宪生、李忠军主编：《全国高校思想政治理论课教学方法改革年度发展报告》，高等教育出版社2016年版，第97页。

校认识到了这一问题，于是改革教学方法，强调要发挥学生的主体性，调动学生学习的积极性主动性。讨论式教学、案例教学法、自主学习法等以学生为中心的教学方法纷纷登场。但一些教师在运用这些教学方法的时候，容易产生一种错误的观念，认为学生是主体，就要给学生更多的自主性，于是放开课堂，使学生在课堂教学中，不论是课堂讨论还是自主学习，都放任自流。教师放弃了主导地位，造成教师的"不在场"，课堂失去教师的引领和管控。此类观念反映在具体行为上，表现为几种现象：一是教师在教学过程中，尽量减少教师教的时间，增加学生自学的时间，比如让学生进入网络课堂学习，自己阅读原著等，但又缺乏对学生自主学习的引领和管控。二是让学生在课堂上分组讨论，但又对学生的讨论既不做评价、也不做总结，任由学生讨论，最后课堂讨论演变成了学生的聊天。三是让学生整堂课地观看视频，看完就下课，没有引导学生思考，也没有讨论。四是在实践教学中，通常让学生自主完成调查研究任务，在此过程教师没有监督和指导，学生完成实践教学报告后，教师草草给一个分数，对学生没有反馈，也不点评、讨论，更不做学生间的互评。这种教学方法的创新实际上是丢掉了教师应有的责任。

思想政治理论课教学方法的创新要防止教师放弃主导作用，同时也要充分发挥学生的主体地位。要充分发挥学生的主体作用，首先要深入了解学生的实际，通过各种渠道了解学生的思想动态，弄清楚学生对思想政治理论课教学的希望获得什么。根据学生的实际情况，运用各种方法进行互动，从而调动学生学习的积极性和主动性。其次，教师要有扎实的马克思主义理论功底，把握当代中国和世界重大实践问题，掌握思想政治理论课教学内容的重点难点问题。在课程教学中能够针对学生认知中存在的问题进行深刻的理论分析，给学生以正确的引导。而不是用一些所谓的新方法掩盖教师理论功底不够的现实。只有具备厚实的理论功底，才能从容地面对和解决学生提出的各种问题，也才能真正发挥教师的主导作用。

2. 正确认识常规教学方法和新型教学方法的关系，防止忽视常规方法，

盲目运用新方法的错误做法

在思想政治理论课教学中，还存在一种错误的观念，认为教学方法的创新就是用新的方法，而忽视了常规教学方法。这种观念表现在具体的教学中，就是忽略传统讲授法的基础性地位，将讲授法等同于知识灌输，教学方法的创新等同于教师要减少讲授时间，有一些高校甚至限定教师每一节课讲授的时间，强调对现代教学手段的运用，比如多媒体课件、视频、音频、图片的展示，一些教师也顺应这种要求，能少讲就少讲，能不讲就不讲，课堂教学从原来的"满堂灌"变成了"满堂放"。各种图片、视频充斥课堂。这样的做法给学生带来了感官上的刺激，但缺乏教师的讲授讲解，使学生因为对课程内容认识不深刻、甚至没有形成正确的认识。还有的教师将大量的时间用于课堂讨论，减少教师讲课的时间，导致无法完成教学内容，学生没有系统的掌握课程内容。

在对待教学手段上，有些学校要求教师必须使用多媒体课件，而教师也认为多媒体课件能够呈现更多的信息，而且不用板书，很多教师依赖于多媒体课件，没有课件就不会上课，忘记了如何写板书。"在现实教学中，有的教师在使用多媒体时，更多的是将教学内容以纯文本形式呈现，甚至将教材中的文字简单地复制到幻灯片中"①，有的则认为多媒体课件呈现的信息越多越好，就将一页课件从头到尾都塞满文字、图片等，但在放映过程中，几秒钟就翻过，使学生无法看清幻灯片上的信息，更没有深入思考的时间。有的教师为了吸引学生的注意，就会运用各种动画效果，比如让文字一个个的出现，或者让文字满屏跳出。有的则在课件中加入各种声音、各种趣味性的图片，然而这些声音和图片又和教学主题没有关联。太多无关的信息容易将学生引入和课程无关的内容上，降低了学生学习的效率。轻视常规的方法和手段，过分依靠现代教学方法和手段。比如，从2012年开始，慕课浪潮席卷全球，在将世界上最优质的教育资源，递送到地球最偏远角落这一理念的指导

---

① 李榄、张春晖：《思想政治理论课教学方法创新存在的误区及化解》，载《学校党建与思想教育》，2015年第9期。

下，名师担纲、内容简洁、结构清晰的"大规模开放在线课程"纷纷上线，激起无数向往名师、向往优质课程及追求教育公平的粉丝的追捧。虽然慕课还存在很多的困难，比如制作成本较高、商业化严重等，但它已经成为一些高校进行课程教学改革的利器，高校思想政治理论课教学改革也不可避免地受到这股浪潮的影响。部分高校的思想政治理论课也纷纷加入慕课大军。虽然慕课不可能取代常规的教学模式，但不容忽视慕课已经成为高校思想政治理论课一种新的教学模式。然而这一模式还在摸索当中，还有必要进行进一步的规范和创新。慕课教学中也出现了一些问题，如人机交流代替了面对面的交流，淡化了师生、生生之间的情感交流，在网上是熟人，现实生活中就成了陌生人。教学是一种情感的流动，这样的方式无法很好地培养学生的情感、态度和价值观。

因此，在思想政治理论课教学中，要正确处理常规教学方法和新型教学方法的关系。不论是常规教学方法，还是新型教学方法，都有各自的优缺点，不能因为常规方法存在缺点，就将其完全否定、抛弃，也不能因为新型教学方法先进，就盲目使用。事实上，常规的教学方法有自身的优点，比如讲授法，这一方法能够在较短时间内将大量的信息传递给学生，这是其他的方法无法代替的。但在运用讲授法的过程中往往因为以教师为中心，就被认为是填鸭式的教学，而遭人诟病，被人抛弃。事实上是教师在运用这一方法的过程中没有把握好，并不是方法本身存在问题。新型教学方法因为其新颖性，常常被人追捧，甚至忽视了它存在的不足。因此，从教师个人来讲，教师对教学方法的创新，要根据自身的能力和水平，而不是盲目跟风，从学校的层面来讲，学校要根据自身的条件来创新教学方法。防止忽视常规方法，盲目运用新方法的错误做法。

3. 需要正确认识内容和形式的关系，防止形式和内容分离、形式大于内容的错误做法

教学形式是为教学内容服务的，没有内容的形式是空的，一定的教学内容需要有合适的教学形式呈现出来，没有好的教学形式，教学内容也就无法

得到好的展现。在思想政治理论课教学方法创新中存在着内容和形式分离的情况。很多高校在进行思想政治理论课教学方法创新时，没有根据课程的性质、内容、特点，盲目地运用一些新的教学方法，一方面课程教学方法改革创新轰轰烈烈，另一方面，教学实效性依然很差。比如很多教师认为课堂上笑声越多表明学生听得越认真，越喜欢这个课堂。于是将课堂教学变成了故事会或者搞笑娱乐场所，讲一些和教学内容无关的故事或者笑话，表面上看，这样的课堂学生上得高兴，但笑过以后就没有留下任何实质性的内容，让学生没有获得感。还有的教师为了迎合学生，采用和教学内容不相适应的教学方法。比如学生喜欢看电影、看视频、看图片，教师就根据学生的喜好，而不是教学内容的需要，经常运用这些教学手段，经常在课堂上播放和课程无关的电影、视频等。这样的做法使教师无法在有限的课时内顺利完成教学任务，也无法让学生真正学习到课程内容，教学实效性差是必然的结果。同时，思想政治理论课教学中还存在形式大于内容的做法。有的教师过分注重形式，而忽视了内容，使形式大于内容，比如在教学过程中，将过多的时间花费在对教学手段的演示、教学手段的运用的教学中，学生的注意力都集中在如何运用工具，而不是学习课程内容。这就使教学本末倒置。因此，教学方法的创新要防止内容和教学形式分离，形式大于内容。防止为创新而创新，为追求方法的创新而割裂了内容和形式的统一。

4. 需要正确认识理论教学和实践教学的关系，防止理论教学和实践教学相分离

思想政治理论课是以理论教学为主，但单纯的理论教学不能提高该类课程的实效性，因此，必须进行适当的实践教学，通过实践教学使学生加深对理论的理解和认识，实现理论认知、认同、认可，同时将理论运用到自身的生活实践中。但是当前在思想政治理论课教学方法创新中，仍然没有解决好理论教学和实践教学两张皮的状况，二者无法相互支撑，从而影响了思想政治理论课教学实效性的提高。具体表现在两个方面：一是实践教学没有围绕着思想政治理论课教学内容展开。有些高校是为完成任务而开展实践教学，

没有进行科学的设计,使实践教学流于形式。二是实践教学缺乏科学的思想指导,主题不明确,没有体现政治性、思想性,甚至出现娱乐化的现象。这样的实践教学无法有效地支撑理论教学,不能增强思想政治理论课的说服力。

"理论的应用是实践的内涵,但不能说实践的内涵,就是理论的应用。理论与实践的关系并非简单的'执行—应用—操作'的过程,理论与实践不是对立的关系,而是本然统一的关系。"[①] 虽然理论教学方法和实践教学方法都有各自的特点,在实际教学中发挥着不同的作用,但是,在思想政治理论课教学中,它们是一个整体,两者是紧密联系,不可分割的。没有实践教学的辅助,理论教学就会显得假、大、空,没有说服力,更没有吸引力、感染力和说服力,只有结合实践才能显示出理论的魅力,也才能激发学生的感情和意志。没有理论教学,实践教学就只能看到事物的表面现象,而不能透过现象看到事物的本质和规律,不能指引学生上升到理论的高度来认识事物。因此,思想政治理论课教学方法的科学创新要实现理论教学方法和实践教学方法的有机结合,搞清楚理论与实践之间互动相通的内在联系,在理论教学中坚持问题导向,在实践教学中关注思想实践,防止理论教学和实践教学的分离。

5. 需要正确认识线上教学和线下教学的关系,防止完全依赖线上教学的错误做法

随着互联网技术的发展,越来越多的高校将互联网技术运用于课程教学,学生在线上进行自主学习的时间越来越多,这一方面给学生开辟了新的学习渠道,并且给学生带来学习时间和空间的自由,但同时也带来了新的弊端,人与人之间面对面的交流变少了,教师当面指导学生的时间变少了,学生对思想政治理论课程的学习更多的变成了知识的学习,无法有效实现思想政治理论课情感、态度、价值观教育的目的。因此,教师要正确认识线上教

---

① 邢文利:《高校课堂教学的理论与实践》,中国文史出版社2014年版,第162页。

学和线下教学的关系，线上教学更多是一种知识信息的传递，不能体现教学的温度，如果完全依赖线上教学，学生无法体会教师教学的热情，无法进行情感的交流。因此，思想政治理论课教学不能完全依赖网络课堂，而要实现线上自主学习与线下交流讨论相结合。通过线下交流讨论，巩固线上学习的知识，培养学生的思维能力，增进师生之间和学生之间的感情。

6. 需要认识教学改革实践探索与教学理论研究重要性，防止有经验无总结，有理论无研究

思想政治理论课教学方法的科学创新不仅需要从教学实践中总结经验，将教学经验上升为教学理论，而且需要进行教学理论的研究。教学经验是教师在长期的教学中总结出来的，但是教学经验具有个性化的特点，某个教师的教学经验不一定适合其他的教师，因为每个人的教学风格、知识背景等都不同；某一时期的教学经验也不一定适合其他时期，因为教学的对象、环境、内容在变化，这一环境下适用的经验不一定在别的环境中就灵验。因此，教学方法的科学创新单纯靠个别教师的经验是不够的。需要将教师的经验进行总结，从中探索出具有规律性的、普遍性的经验凝练提升为理论，进而对教学产生广泛的指导意义。但当前的问题是在思想政治理论课教学中缺少对教学经验的总结、凝练、提升，还没有形成具有普遍指导意义的教学理论。同时，需要加强教学理论的研究，当前，在思想政治理论课教学中，有对教学理论的研究，但这一研究还不够，教学理论是前人积累下来的经过实践检验的科学理论，要用科学的教学理论指导教学方法的创新，可避免盲目性，增强方法创新的科学性。因此，要强化教学理论研究的意识，切实促进对国内外教学理论的进一步研究，运用好前人留下的理论成果。

二、高校思想政治理论课教学方法科学创新的原则

高校思想政治理论课教学方法的创新只有把握住教学方法科学创新的原则，才能使教学方法创新有正确的方向，也才能收到良好的效果。具体而

言，高校思想政治理论课教学方法的科学创新有几个原则。

（一）实效性原则

教学方法科学创新的目的是为了提高教学实效性。思想政治理论课教师要通过教学方法的科学创新，向大学生有效传递和阐释社会主义政治思想道德意识，并被大学生有效地内化为自身的意识和品质，外化为道德行为，使大学生的思想和行为合乎社会道德规范，符合社会发展的要求，从而培养出社会主义事业合格的接班人和建设者。这就意味着无论怎样进行教学方法的创新，都要追求实效性。很多思想政治理论课教师在教学过程中往往存在教学目的不明确，思想政治理论课教学没有吸引力、感染力、说服力，有时为了混时间，东扯西拉，离题千里，拖沓冗长，难以吸引大学生的注意，更难引起共鸣。因此，在进行思想政治理论课教学时，教师要从学生的切身利益出发，找准党、国家、社会对大学生的思想、政治、道德、法律方面的规范和要求与大学生自身成长成才诉求之间的结合点，关注社会焦点热点问题，及时解答大学生的疑惑，提高大学生对思想政治理论课教学内容的关注度，增强思想政治理论课教学的针对性和有效性。使大学生感受到思想政治理论课教学内容"是生活所倡导的能够有效处理各种纷繁复杂社会关系的规则"[①]，并在思想政治理论课教学中有获得感，从而演化出对社会思想政治道德规范的尊崇。"这意味着教师要提升学生运用思想政治理论处理实际问题的能力，提高如何在遵守或不违反思想政治要求和社会道德规范条件下的社会适应能力、职业发展能力和人生完善能力。"[②] 总之，使党、国家和社会要求与大学生的需求有机地结合起来，使思想政治理论课教学具有实效性，这是教学方法科学创新的落脚点。

（二）时代性原则

时代在发展，思想政治理论课教学的环境在不断变化，网络与信息技术

---

① 李志安、李志巧：《浅谈职业院校思想政治理论课教学方法创新的原则与路径》，载《教育与职业》，2012年第15期。

② 李志安、李志巧：《浅谈职业院校思想政治理论课教学方法创新的原则与路径》，载《教育与职业》，2012年第15期。

的发展、广播电视、互联网的普及，使人们获取信息的渠道多种多样。高校思想政治理论课教学对象是青年大学生，他们是站在时代前沿、喜欢追赶潮流的群体，作为互联网原住民，生活的方式随着网络在改变，接收信息的方式也在改变。面对这样的一个群体，如果仍然只采用传统的教学方法，必然不能适应变化了的教学对象，教学实效性也会大打折扣。这要求思想政治理论课教学方法的创新要具有时代性，将新的教学技术引入到思想政治理论课教学方法中，贴近学生的时代特点，易于被学生接受。当然，讲思想政治理论课教学方法具有时代气息，并非否定或抛弃传统的教学方法，事实上，优秀的教学方法在任何时候都不可否认，也不能抛弃，否认或抛弃就意味着思想政治理论课教学方法的创新就变成无源之水，很多新的教学方法是建立在传统教学方法基础上的，比如任何课程教学都离不开讲述讲解这种被无数人诟病但又较为有效的方法，这是基本的教学方法。但同时，我们也要看到时代性的重要价值，具有鲜明时代感的教学方法能够较好地吸引学生的注意。不得不承认形式的新颖和奇巧使内容的传播更加有效。与此同时，经济全球化时代要求高校要培养出具有世界眼光、家国情怀，能够适应经济全球化趋势的既有过硬的思想政治素质又有过硬的技术技能的人才，如此，才能使我国在综合国力的竞争中有坚实的人才基础。这就决定了思想政治理论课教学要培养的是具有开拓创新精神和能力，既能脚踏实地，又勇于冒险的劳动者。因此，高校思想政治理论课教学方法的创新，要多结合时代的特点和要求，引导大学生成为合乎时代发展需要人才。

（三）整合性原则

所谓整合，具有融合、集成之意。首先，思想政治理论课教学目标的多层次性决定了教学方法的多样性。教学方法的创新要将实现知识目标、情感目标、行为目标的一系列方法整合在一个系统中，有机地将各种方法结合起来，形成共同完成教学任务的一种教学模式，也就是教学方法的整合。其次，思想政治理论课程与其他专业性课程不同，思想性、政治性、理论性等是该课程突出的特点，"对大学生开设思想政治理论课程的目的和任务是要紧扣大学生成长中遇到的问题，有针对性地开展马克思主义世界观、人生观、价值观和法治观的教育，引导大学生树立远大理想，陶冶高尚情操，认同并遵循体现中华民族传统和时代精神的核心价值标准与行为规范，养成良好的思想道德素质和行为规范，增强社会主义法治观念，做'有理想、有道德、有文化、有纪律'的社会主义建设者和接班人。"① 可见，思想政治课教学的内容和任务中有着思想性和政治性的特点。同时，这一课程的教学是以理论教学的形式开展的，课程具有较强的理论性。这要求教学方法的创新要结合课程的特点，将教学方法和课程特点有效地整合在一起，在遵循教育教学规律的同时，也突出课程特点。再次，网络与信息技术的发展为思想政治理论课教学方法的创新提供了机遇，要有机整合各种网络信息技术手段和信息化资源，支持教师积极探索和创造适合于网络信息技术条件下的新的教学方法，实现网络信息技术运用与教学方法变革的内在契合和相互促进。

（四）可行性原则

前面谈到思想政治理论课教学方法创新要注重实效，也就是说思想政治理论课教学的成果和效果最终要在社会实践中得到检验，因此，教学方法创新的方案要具有可行性或可操作性，能够有效地推进教学活动的顺利进行。在教学方法创新的过程中既要考虑新方法实施的软件设施，教师是否会运用新的教学方法，是否适合教学对象，是否适合教学内容，能否达到教学目标，等等；也要考虑新方法实施的硬件设施，新教学方法是否需要新的信息技术设备，是否具备运用的硬件设施，是否有足够的资金推动新方法的运行等。对可能影响新教学方法的因素要充分的分析论证，使新方法的实施要切实可行。

---

① 王贤卿:《论高校思想政治理论课教学方法创新的特点与路径》，载《思想理论教育导刊》，2011年第1期。

三、高校思想政治理论课教学方法科学创新的方式

任何科学的教学方法都是理论和实践相结合的产物，它离不开教学实践，也离不开科学的教学理论指导。历史上形成的各种教学方法为今天教学方法科学化研究提供了丰富的资料。教学方法的研究应充分重视借鉴、参考历史上形成的优秀教学思想与教学方法理论。同时，借鉴心理学、社会学等多学科理论发展教学方法，实现思想政治理论课教学方法科学化。

（一）在批判与继承基础上推陈出新

1. 传统与创新的辩证关系

谈创新必然离不开传统，创新是一个过程，传统是一种结果，创新具有现代性，传统则具有历史性，二者之间互为因果。然而，在实践中，人们往往走向两个极端，或者毫无批判地继承传统，将传统视为固定的、僵化的存在，继承传统就不能创新，或者将创新等同于彻底抛弃传统。将创新和传统割裂开来，对立起来。事实上，创新不是新创，也不是另辟一体才是创新，更不是异想天开、随心所欲地蛮干，而是在批判继承基础上的推陈出新。创新是在对传统的批判和继承中产生的，当创新的事物经过时间的洗刷，在不同的空间受到不同的滋养，得到拓展后沉淀，逐渐变成了传统。优秀的传统是经过时间和实践检验后沉淀下来的，它是具有生命力的，它既具有继承性又具有叛逆性，而叛逆性正是创新的生长点，它预示启发着另一种事物、另一个时代。优秀的创造者总是把传统中的精华和糟粕分开，把传统中的闪光点放大、组合，分离定向，再组合构成新的机体。在思想政治理论课教学方法创新过程中既要继承优秀传统教学方法，也要看到传统教学方法中的时代局限性。

2. 社会生产力发展各个历史阶段的教学方法及批判与继承

学校、课程教学的出现带来了教学方法的产生和发展，"一定水平的课

程内容、结构、课程传递是社会生产方式和教学方式发展到一定阶段的产物"①,"每一时代设置哪些课程及内容,采用何种课程传递方法和手段取决于该时代教育目标、人才规格的要求,以及该时代的科技为教学提供什么样的教学手段。"② 在农业社会、工业社会和信息社会各时代对劳动者的要求不同,所以在学校课程教学内容的选择、教学方法的运用等方面都有不同。各时期的教学方法都有其各自的优点和缺点,需要在批判的基础上加以继承。

(1)农业社会时期的教学方法及其批判与继承

在漫长的农业社会时期,"由于生产力水平低下,人们关注的重点是如何认识和改造自然,并从中获取自己赖以生存的物质资料,已有的知识经验成为要达到这一目的的必要条件。"③ 因此,学校的主要职能是把一般的知识和学问传递给学生,这一时期的教学以知识传递为主,学生是知识的容器,教学以"灌输"为主要特征。在西方农业社会时期,学校教学以培养教师、律师、医生、牧师及有一定专长的公职人员,因此,教学方法有三种,即讲授、背诵、辩论。在我国农业社会时期,教学方法则以帮助和督促学生阅读、背诵、抄写各种典籍为主。也有问答,即老师提问,学生回答,但学生回答的内容只能是典籍上有的内容。在这一时期,东西方社会也都出现了对今天的教学极具启发意义的教学方法,古希腊哲学家苏格拉底的"助产术"教学法尤富盛名,这一方法的特点就是通过不断地、环环相扣的问题启发思维,最终让被提问者自己找到答案。在中国,也有很多具有现代价值的教学方法,《论语·述而》中写道"不愤不启,不悱不发",《学记》中写道:"知其心,然后能救其失也""不兴其艺,不能乐学"。这些原则和方法对今天的高校思想政治理论课教学有重大的价值,但这在当时并不是主流的教学方法。

---

① 杨俊一、钱国靖主编:《知识经济与高等教育创新》,复旦大学出版社2001年版,第153页。

② 杨俊一、钱国靖主编:《知识经济与高等教育创新》,复旦大学出版社2001年版,第153页。

③ 巨瑛梅、刘旭东编著:《当代国外教学理论》,教育科学出版社2004年版,第12页。

这一时期的教学方法有优点,也有不足。主要的优点是在继承传统文化遗产方面发挥了重要的作用。但也有明显的不足,主要表现在教学方法以传递知识作为唯一要旨,知识是衡量教学的唯一标准。将学生视为知识的容器,忽视学生的能动性和发展的需要,没有将学生视为教学过程的主体,割裂了教与学之间的统一,往往使教师和学生对立起来,当学生不接受知识时,惩罚、罚戒就成为教学的主要手段。而且这一时期由于教育学、心理学等还未充分发展,教学过程没有科学的理论依据,而是根据教师的经验进行教学。当然,这一时期的启发式教学、因材施教的方法、乐学原则、教学相长的原则等都是需要继承和发展的。阅读、背诵、抄写是识记知识的好方法,但对于高校思想政治理论课而言,不能成为主要的方法,因为思想政治理论课教学不仅是知识的传递,更需要培养大学生思考问题、分析问题和解决问题的能力,需要培养大学生科学的世界观、人生观、价值观,这些方法并不能完成这些任务。在农业社会时期产生的辩论法、讲述法,对于今天的思想政治理论课教学仍然发挥着重要的作用。但是需要对这些方法进行创新,尤其是讲述法,要改变忽视学生主体地位的传统,而是要将教育学、心理学探索的教育教学的规律运用于讲述法中,使讲述法能根据学生的思想行为特点,进行有针对性地教学。

(2) 工业社会时期教学方法及其批判和继承

17世纪蒸汽机的发明标志着人类开始进入了工业社会时期。这一时期"单纯以知识拥有量来决定个人的生存及发展态势的现象逐渐失去了其历史基础,需要比知识更具有适应性,更能对付'人造自然'和展现人的本质力量的社会策略,以使人能更好地驾驭客观世界,于是,能力本位观作为此期占主导地位的文化价值观逐渐确立了起来。"[①] 18—19世纪资本主义发展"要求学校培养出掌握一定的文化和专门知识的工人和管理者"[②]。教学理念和目

---

① 巨瑛梅、刘旭东编著:《当代国外教学理论》,教育科学出版社2004年版,第12页。
② 杨俊一、钱国靖主编:《知识经济与高等教育创新》,复旦大学出版社2001年版,第155页。

标的变化也导致教学内容和方法的变化。在这一时期，为适应工业化发展的需要，洪堡创立的柏林大学为教学方法的改革和创新作出了很大的贡献，主要体现在讲座制和研讨班的推行。讲座制的实施使教学方法不再用死记硬背的方式掌握知识，而是通过教授的讲演，来启发学生思考、讨论，共同探索知识的规律，研讨班的施行则"改变了传统的大学中不平等的师生关系，通过共同的讲座和研究形式，学生由被动的学习者，开始转变为教学过程的积极参与者。"① 同时，19世纪后半期照相机、幻灯与无声电影产生，20世纪20年代无线电传播产生，30年代有声电影出现，教学的物质手段得到极大的丰富，这导致新的教学方法的出现。当时最有名的是实物教学法或者直观教学法和五段教学法。直观教学方法强调让学生充分借助感官去获得知识，注重实地考察与使用直观教具。五段教学法，是由赫尔巴特及其弟子根据教学过程各个阶段总结出来的教学方法，这五个阶段分别是：预备、提示、联想、系统、方法，这一方法在当时的欧美国家教育教学领域发挥了重大作用，使这些国家构建起了现代教育体系，在这一教育体系下"教师通过系统的工作将知识、技能与熟练技巧传授给学生，学生按部就班地学习知识、技能与技巧。"②

在这一时期，学校人才培养以适应工业化发展为目标，因此学校教学注重把学生培养成具有科学和理性精神的人，这大大超越了农业社会时期的教学，教学方法得到极大创新，更加符合人发展的需要，也更符合教育的本质。但同时，我们也应该看到这一时期教学存在的不足。一方面，工业社会时期教学理论将学生视为客体，视为为工业化服务的机器，而不是有思想、有情感、有血有肉的人，人的完整性统一性被割裂了。另一方面，这一时期的教学强调培养人的能力，包括掌握科学知识的能力、理性的能力等，但是

---

① 许为民、林伟连、楼锡锦等：《独立学院的发展与运行研究》，浙江大学出版社2008年版，第122页。
② 杨俊一、钱国靖主编：《知识经济与高等教育创新》，复旦大学出版社2001年版，第156页。

拥有这些能力的终极意义是什么并不明确。这些教学理念反映到教学方法中，就是教学方法在实施过程中以教师为中心，缺乏对学生思想、情感方面的关注，人们按部就班地学习、生活、工作，个性得不到发展，学习积极主动性的调动比较有限。今天，讲座、研讨、直观教学法（实践教学方法、图片、视频、音频）等仍然是高校思想政治理论课教学的重要方法。这是对传统教学方法的继承，现在的问题是，在运用这些方法时，学生的主体性还没有充分得到发挥，教学过程中学生的主动性、积极性、创新性还没有充分体现出来。因此，在高校思想政治理论课教学方法创新过程中，如何在继承传统教学方法的基础上，使学生的主体性充分发挥出来是当前和今后一段时间需要研究的问题。

（3）信息社会时期的教学方法创新

20世纪，在工业经济充分发展的基础上，信息技术迅猛发展。这时的社会要求人们能够通过高科技手段获取信息，并进行创造性地整理和加工信息，要求人们有成熟的心智，完整和谐的人格。学校教学为适应时代发展的要求，以关注人的个性发展、个性教育为主，逐渐形成了现代教学理念，并在现代教学理念指导下产生了大量的教学方法。发现教学法、掌握教学法、非指导性教学法、范例教学法、合作学习法，等等。同时，随着电脑的发明和运用，网络技术的发展，互联网和手机的普及，教学手段再次更新。各种现代信息技术手段运用于教学方法中，新的教学方法大量出现，多媒体技术广泛运用于课堂教学，MOOC、翻转课堂、微课教学方兴未艾。在信息社会时代，我国高校思想政治理论课教学方法比较落后，自新中国成立以来，思想政治理论课教学中，强调理论联系实际的原则、理论知识传授与智能相结合的原则、教师主导作用和学生主体作用相结合的原则，等等；在教学方法方面，有五段教学法（组织阅读、组织讨论、总结和专题讲授、提问、学生自我总结）、比较教学法、电化教学手段、实践教学的方法（包括社会调查方法、观看影视、参观访问、报告会），等等。这些原则和方法实质上是对农业社会时期和工业社会时期教学方法的继承和发展，问题是在继承的基础上创新不够,表现在教学过程中理论和实践脱离、重知识教育轻思维能力和实践能力培育、学生主体性发挥不够、实践教学偏少理论教学偏多、过度依赖多媒体课件,等等。这些问题的解决要求高校思想政治理论课教学方法要与时俱进,在改革传统教学方法的基础上,广泛地吸收信息社会时期的教学方法,使其跟上时代发展的步伐。"在教学实践过程中。教师应在运用传统教学方法的同时,还要根据变化了的环境与条件、目标与任务、内容和手段及教育对象的特点等客观状况,坚持与时俱进,勇于开拓创新,使教学方法具有现代性和先进性,以适应现代教学及培养创新型人才的需要。"①

(二) 在引入和借鉴过程中不断创新

思想政治理论课教学方法并不是孤立发展的,也不是仅仅属于本学科的狭隘范围,而是在各学科、各国教学方法的交流影响、渗透、融合的过程中得到发展,获得活泼的生命力。尤其要注意吸收反映现代教学规律的、先进的教学方式和方法。

1. 吸收和借鉴国外德育理论和方法以促进思想政治理论课教学方法的创新

在国外没有名称为"思想政治理论课"的课程,但有类似的德育课程,这些课程并不是直接德育学科课程,而是将德育融入其他学科课程,或者说使其他学科课程发挥德育的功能,充分发掘其德育潜能。比如道德课、公民课、社会课、宗教课等。我们可以参考和借鉴这些课程教学中先进的方法。更为重要的是要借鉴德育理论和方法研究成果,比如道德认知发展理论与方法、价值澄清理论与方法、社会学习理论与方法,等等。借鉴国外相关学科的教学方法和理论来创新我国的思想政治理论课教学方法是一种重要途径,但是在借鉴过程中要注意两个问题,一是教学方法是为实现教学目的服务的,为了创新而创新,为了创新而盲目地效仿是不可取的。课程为社会服务,课程体现着一定社会的意识形态,课程教学方法渗透着一定社会的价值

---

① 柳礼泉、吴艳娇、丁蕾:《教学方法创新与国家精品课程建设》,载《中国大学教学》,2013年第1期。

观念，我国的高校思想政治理论课具有特殊的历史使命，即培养社会主义可靠的接班人，这和国外德育课程是不一样的，因此，在借鉴和吸收的过程中要根据我国的国情适当地加以改造，而不是毫无批判地全盘接收。

2. 借鉴多学科理论为自主创新奠定基础

二战后西方国家德育理论之所以发展，是因为从不同的学科视角来审视德育问题。借鉴多学科理论这一方法同样适用于当下我国高校思想政治理论课教学方法的创新。近年来，我国学者不断将教育学理论引入到思想政治理论课教学中，包括学习理论和教学理论，如行为主义理论、认知主义理论、建构主义理论、人本主义理论。在心理学方面主要借鉴的理论有心理需求层次理论、接受心理、积极心理学、大众心理等。在传播学方面，"学界不断把传播过程理论、守门人理论、受众理论、差异化传播理论、信息选择理论、信息媒介理论、传播效果理论等引入思想政治理论课教学方法创新中"[①]。这些理论的引入一定程度上开拓了教学方法的创新视野，开辟了教学方法的创新路径，推动了教学方法的创新。但是我国在借鉴多学科理论方面的工作还做得不够，一方面，对借鉴的理论研究还不够深入，把多学科理论和思想政治理论课教学有机结合方面做得还不够，还有创新的空间。另一方面，除了借鉴心理学、教育学和传播学相关理论，还要借鉴社会学、政治学等方面的理论来拓宽视野。

（三）在高校思想政治理论课教学实践中实现方法的科学创新

在传统与现代、中西方教育教学理论和方法的相互交织中，找准思想政治理论课教学的基点（生发点）实现教学方法的创新。从交往实践认识论的角度看，思想政治理论课教学过程系统由教学主体（教师、学生）、教学客体（内容）、教学媒介（各种物质条件和活动形式）构成，思想政治理论课教学方法需要基于这些要素进行创新；同时，站在高校思想政治工作的角度来看思想政治理论课教学方法的创新，需要将主渠道和主阵地进行融合以拓

---

① 杨志平、关桂芹：《"05方案"实施以来思想政治理论课教学方法创新研究综述》，载《思想理论教育导刊》，2015年第6期。

展教学方法创新的空间。

1. 以思想政治理论课教学过程各要素为基点进行教学方法的创新

第一，将教师在思想政治理论课中的主导作用作为教学方法创新的切入点。教师的主导作用是相对于同为主体的学生而言的，也就是教师在思想政治理论课教学过程中能够引导学生思想向正确的方向发展。在思想政治理论课教学方法的研究中，往往会忽视教师应该发挥主导作用这一条件，因为大家都将这一条件作为一个既成的事实，认为教师对所有教学内容了如指掌，驾轻就熟。然而事实上由于思想政治理论课教学内容庞杂、多变，很多教师并不能完全掌握。除此之外，随着信息技术的发展，学生掌握的知识信息量大增，甚至超过教师掌握的信息量。在此情况下，教师如何帮助学生将信息转化为知识，将知识转化为智慧？这些问题的存在是教学方法创新的动力，也是教学方法创新的切入点。

第二，将学生主体地位体现和实现作为教学方法创新的切入点。在思想政治理论课教学中，着眼于调动学生的积极性，充分利用学生的内部诱因，启发学生积极思维，使学生既掌握知识，又发展能力。在高校思想政治理论课教学中，一直强调要调动学生的积极主动性使学生成为教学的主体，而不是知识的容器。因此有了启发式教学方法、因材施教的方法等。但是如何真正做到启发式教学而不是灌输，如何真正做到因材施教而不是一刀切？这些问题并未完全得到解决，针对这些问题同样可以进行教学方法创新。

第三，以教学内容为基点的创新。人们在谈到教学方法的创新时往往重视教学形式，而忽视教学内容，事实上没有内容的形式是无意义的，形式是内容的外在表现。思想政治理论课教学如果不深入研究教学内容，仅仅是在教学形式上下功夫是无法解决学生的思想实际问题的，同时也无法达到思想政治理论课教学的目标。因此，如何实现教学内容和教学方法的有效衔接是实现教学方法创新的一个生发点。比如，经典研读是思想政治理论课教学的一种较好的理论学习的形式，但是如何激发学生对理论内容的兴趣就需要创新具体的教学方法。案例教学是思想政治理论课常用教学方法，用学生关注的焦点、热点问题组织成案例，能吸引学生关注，但是如何处理好案例教学方法与基本原理的关系，类似的问题都是教学方法创新的生发点。

第四，以现代信息技术与思想政治理论课课程整合作为教学方法创新的途径。现代信息技术，尤其是网络技术的发展为思想政治理论课教学方法的创新带来挑战的同时也提供了契机。互联网极大地冲击着人们的生产生活，作为互联网原住民的当代大学生"以实践者的姿态引领者青年生活的时尚。高校思想政治理论课教学法创新能不能着眼于媒介的变化，由传播方式的变化而锐意创新，这也是新媒体的发展对高校思想政治理论课教师的要求。"[①]为此，"互联网＋"成为方法创新的重要途径，多种思想政治理论课教学方法建基于互联网开始兴起，如翻转课堂、慕课、微课等应运而生，成为思想政治理论课教学的新形式。各种信息交互平台，如微信、微博、QQ 等成了思想政治理论课教学新渠道，拓展了教学的空间和时间。积极运用互联网创新教学方法是一种趋势，但是在此过程中也存在很多的问题，比如如何将教学内容和网络信息技术更好地融合在一起，使网络信息技术有效地传播教学内容，需要进一步通过教学方法创新来解决。

2. 主渠道和主阵地相融合以拓展教学方法创新的空间

思想政治理论课是高校思想政治教育主渠道，日常思想政治教育则是主阵地，将主渠道和主阵地进行有机融合。思想政治理论课主要是进行集中式的理论教学，通常以课堂教学的形式开展。日常思想政治教育则是经常性、渗透性的，涉及大学生生活的方方面面。当前高校思想政治理论课和日常思想政治教育联系还不紧密，出现两张皮的现象。一方面，思想政治理论课上讲的理论无法在学生的日常生活中得到有效的印证，从而弱化了理论的说服力；另一方面，日常思想政治教育也没有有意识地围绕思想政治理论课的内容展开，使其缺乏思想的高度和理论深度，甚至缺乏正确的价值导向。因此，"思想政治理论课教学与日常思想政治教育相结合是培养大学生形成良

---

① 高开华、陈殿林、唐莉：《论高校思想政治理论课教学法创新问题》，载《思想理论教育导刊》，2013 年第 8 期。

好的思想政治素养的必然选择……主渠道与主阵地相融合，必然要注意发挥二者的交互作用，寻找二者交互作用的结合点，探索二者结合的新模式。"①这也将是思想政治理论课教学方法创新的一个途径。

四、高校思想政治理论课教学方法科学创新的基本保证

高校思想政治理论课教学方法的科学创新是一个系统工程，需要多部门多方力量共同推进，既需要加强领导，确保高校思想政治理论课教学方法创新的正确方向，更需要思想政治理论课一线教师勇于、善于创新教学方法，以现代教学理念保障教学方法的创新，以科学的教学组织形式保证教学方法的创新，以创新型教学行为模式保证教学方法的创新。

（一）加强领导，确保高校思想政治理论课教学方法创新的正确方向

思想政治理论课教学方法的科学创新需要有正确的方向，这离不开教育部及各级教育主管部门的科学领导。

1. 加强领导，重视思想政治理论课建设，重视对教学方法创新的指导

思想政治理论课得以发展，是党中央高度重视和各级教育主管部门积极行动的结果。思想政治理论课要充分发挥育人的功能，关键在教学方法。因此，各级教育主管部门、各高校要充分认识教学方法创新的重要意义，并将其放在重要的位置，切实加强领导。首先，要研究思想政治理论课教学中存在的问题，出台相关的政策，为促进思想政治理论课建设、解决思想政治理论课教学中存在的问题提供政策保障。同时，要建立部门协作机制，教育部及各级教育主管部门要统筹指导思想政治理论课建设工作，充分调动高校工委、教指委的积极主动性，做好检查指导的工作，各高校主管思想政治工作的部门和领导要统筹指导学校思想政治教育工作，教学主管部门要负责抓好思想政治理论课教学工作各项任务的贯彻落实和督导检查，教学督导部门要

---

① 杨志平、关桂芹：《"05方案"实施以来思想政治理论课教学方法创新研究综述》，载《思想理论教育导刊》，2015年第6期。

尽到教学督导的责任和义务。要形成教育部相关部门统一领导、各部门齐抓共管的工作格局。定期检查和分析思想政治理论课教学中教学方法运用的问题，研究解决教学过程中出现的问题，推进教学方法的改革创新。其次，要完善思想政治理论课建设的各项保障机制。建立健全思想政治理论课课程建设、学科建设以及教育教学管理的制度体系，培养和培训具有创新意识和创新能力的教师队伍，同时各级行政部门要加大在思想政治教育领域的经费投入，学校要为开展思想政治理论课教学方法的创新提供必要的硬件设施，使思想政治理论课教学方法创新有人员保证、经费保证、物质保证。

2. 方法创新要明确并坚持基本目标指向

教学指导委员会、教学督查部门、教学主管部门要做好指导和督查工作，明确思想政治理论课教学方法创新的基本目标指向：即增强教学的吸引力、说服力、感染力。当前思想政治理论课教学最大的问题是因为缺乏吸引力、说服力和感染力而导致的实效性不高。因此，为提高教学实效性，就要解决好教学吸引力、说服力、感染力的问题。首先，教学要有针对性才能有吸引力，针对学生的思想实际，抓住学生所思、所想、所惑、所需，结合思想政治理论课内容进行教学，才能使思想政治理论课教学具有吸引力。其次，教学要具有科学性才能有说服力。思想政治理论课教学内容是科学的，但是科学的内容并不是自然而然就能被人接受，而需要科学的方法，只有用科学的教学方法，才能有效地传递教学内容，也才能使教学内容具有说服力。再次，教师要掌握教学艺术才能使教学具有感染力。教学是一种表演艺术，但是要使表演有效，就要把握好度，过度的表演只能带来相反的效果，适度表演才能具有感染力。创新教学方法不是为创新而创新，脱离了目标的创新是没有意义的。但在实际的教学中，往往存在着方法创新目标指向模糊的问题。为此，各部门要做好领导和指导工作。

3. 努力构建高校思想政治理论课教学方法的科学体系

在用好基本教学方法的基础上创新。在人们的意识中，创新教学方法，就是对旧方法的抛弃，事实上新的方法也是在旧方法的基础上产生的。思想政治理论课教学方法的创新是在用好基本教学方法的基础上进行的创新。而且新方法和旧方法都有各自的优缺点，没有万能的教学方法。实现思想政治理论课教学目标，需要构建教学方法体系，实现各种教学方法的综合运用。各级教育主管部门和学校要加强领导，加强教师的培训和教育，让教师树立正确的方法观。

(二) 以现代教学理念保证教学方法不断创新

教学理念为教学行为提供指导，通常教学理念中有与教学目标和内容有关的要求，但重点往往在教学方法方面，因此，也可称为教学方法理念。教学方法理念融合了经明确证明或作为隐含前提的教学原则、教学论的理论要素、对组织制度的框架条件的假设，以及对教师和学生的角色预期。一定的教学理念表达了某些教学行为原则。科学的教学理念不一定能转化为教学行为，但是一定的教学行为背后都有一定的教学理念作为支撑。当前高校思想政治理论课教学理念有改革的一面，但更多的还是以传统的教学理念为指导，即以教师为中心的教学理念，对学生而言，往往是"因为教所以学"。因此，思想政治理论课教学要创新教学理念，树立以生为本的理念，做到基于学而设计教，实现"因为教所以学"向"基于学而设计教"的转变；通过教引起学，实现"以教师为中心"向"教师为主导，学生为主体"的转变。

第一，基于学而设计教。大学生在学习思想政治理论课程内容时对周围的人、事、物都已形成一定的认识，形成一定的世界观、价值观和人生观，有错误的认识，也有正确的认识。高校思想政治理论课教学是对我国思想、政治、道德等方面从事实、现象、理论三个层次的展现，是对大学生已有精神世界的解构、重塑和优化，帮助其树立正确的世界观、人生观和价值观。其中就有一个矛盾，即大学生现有的思想政治道德水平和社会（教师）的要求之间的矛盾。教师如何将社会的要求转化为学生的需求？这一问题不是传统的教学方法和理念能解决的，不是教师"会讲什么讲什么，能讲什么将什么，想讲什么讲什么的问题了"①，而是必须根据教学目标，深入分析学生已有的知识结构和认知状况来展开教学。实现"因为教所以学"向"基于学而设计教"的转变。

第二，通过教引起学。教师教的目的是让学生学，而不是为教而教，为了完成任务而教，或者为了拿到课时津贴而教。因此，要想方设法调动学生学习的积极性，教是为了学，教是为了不教。教师"只有在观念上充分认识'教'与'学'的对立统一关系这一教学本质，才会使人们在理论上和实践上进一步研究教的方法及与之相应的学的方法，这有利于教学方法的逐步完善。"② 这就需要教师转变以教师为中心的思维，树立以教师为主导、以学生为主体的观念。

(三) 以科学的教学组织形式保证教学方法科学创新

教学组织形式"是教学过程中，师生活动在人员、程序、时空关系上的结构。"③ 是联系教师教和学生学的纽带。教学组织形式是教学方法的一部分，在教学方法中占有重要的地位，它解决教师如何组织学生、采用什么教学程序和步骤、如何安排教学时间和空间的问题。科学的教学组织形式是教学方法创新走向科学化的保证之一。高校思想政治理论课教学组织形式从学生和教师的组合方式来看，有个别教学、班级授课、分组教学、合作学习；从教学时空组合方式来看，有课堂教学和课外实践教学、网络教学。

1. 学生和教师组合方式的创新

第一，按照教学规律，对学生组合方式的创新。随着高校扩招，思想政治理论课教学一般采取大班教学的形式。这一教学组织形式一方面解决了师资和物资等短缺的问题，扩大了思想政治理论课教学的覆盖面，但另一方面，由于班级容量太大，导致思想政治理论课教学效果较差。究其原因，大

---

① 田鹏颖：《高校思想政治理论课教育教学理念创新的哲学自觉》，载《思想理论教育导刊》，2015 年第 8 期。
② 郭凤志：《高校思想政治理论课教学方法创新体系构建的思考》，载《思想理论教育导刊》，2015 年第 11 期。
③ 甘治湘主编：《教育学》，湖南师范大学出版社 1996 年版，第 163 页。

班教学难以调动学生的学习热情,大班授课教室比较大,且学生的座位不固定,常常难以控制课堂纪律,由于师生之间空间距离大,师生之间的情感难以互动,造成心理距离也较大,学生参与课堂的积极性不高。为此,有必要创新学生的组合方式。按照教学规律,对大班进行科学分组。分组能够克服"班级教学制带来的'整齐划一'的特点,可以有效地进行因材施教,适应学生的个体差异,使学生的个性得到充分的发展。"① 在思想政治理论课教学中将大班分成固定的小组,分组的标准依据学生所在自然班或者宿舍,以便于学生组织,或者按照学生的兴趣和愿望等,每一小组选出一个组长,配合班长和老师工作,组织小组活动。分组的目的是便于组织各种教学活动,比如讨论、辩论等,便于小组成员间合作学习,也便于小组成员间相互监督,相互促进,同时,更便于教师的课堂管理。

第二,教师组合方式的创新。高校思想政治理论课教师组合方式形式多样,常见的是承包式的,即一个教师从头到尾负责若干班级教学。也有高校尝试专题教学,每位教师负责一到两个专题不等,这一形式使学生在一门课上见到几位老师,有教学水平高的教师,也有学术水平高的教师。不同的教师、不同的学科背景、不同的面孔,不同的授课方式,对学生来说可以激起好奇心,进而激发学习的兴趣。同时,对教师而言,能够发挥自己的专长,且利于学术研究的发展。还有个别的高校进行大班教学—小组讨论—大班教学,这一形式在教师组合方式上也有很大的创新,首先是由思想政治理论课教师进行统一教学,提出问题,分组进行讨论,每个小组由一名教师或教学助理负责组织讨论,每个小组进行充分讨论后,再到大班展示讨论结果,再由教师进行点评、引导。优秀的教师组织方式应该进行推广,但各个高校还是要根据自身的情况进行探索创新。通常而言,教师组合方式的创新要充分考虑教师的专业背景、教学方法的掌握情况、学术水平等,进行小队教学,即将教师进行分组,每组内都有优秀教师、一般教师、助教等组成。不同的

---

① 沈小碚:《教学组织形式研究的发展及其问题》,载《西南师范大学学报(人文社会科学版)》,2003年第1期。

教师有不同的分工，比如由优秀教师负责教学组织工作和上课，其他教师做教学辅助工作，根据不同的分工获取不同的报酬。相应的教学时间比例就要进行合理的划分，比如学生听课的时间、讨论的时间、自学的时间都要有合理的划分。

2. 教学时空组合方式的创新

教学时空组合方式是否合理关系到教学的效果，因此，很有必要对教学时空资源进行充分的利用和合理的组合。从时空上看，高校思想政治理论课教学有课堂教学、课外实践教学、网络教学几大类型，每一种类型都有各自的优缺点。课堂教学能进行集中教学，但受时间、空间的限制；课外实践教学使学生的活动空间变大了，但受物质资源的限制；网络教学不受时空限制，但又无法面对面交流。课堂教学是思想政治理论课教学的主要形式，实践教学和网络教学为辅。综合运用三种形式，使思想政治理论课教学成为具有开放性的教学。这种开放既包括时间的开放、也包括空间的开放。同时，使思想政治理论课课堂教学和第二、第三课堂之间有合理的时间比例。

第一，时空上的开放。首先，从时间的开放性来看。思想政治理论课教学方法的创新应该单纯从课上走向课上和课下相结合。思想政治理论课每门课程都有一定的课时，但是上课时间结束并不意味着课程就此结束，学习就此结束。事实上，单纯靠几个课时、几节课并不能完全解决学生存在的问题。因此，在时间上要具有开放性，要和日常的思想政治教育相结合，将课堂教学延伸到课下，课上和课下相结合。网络技术的发展为思想政治理论课教学时间的开放提供了条件。当前，有部分高校尝试通过网络技术使思想政治理论课更加具有开放性。比如，在课堂上，教师围绕思想政治理论课教学目标和内容进行有计划的教学；课堂外，教师通过社交软件，如 QQ、微信、微博、博客、邮箱等延伸课堂，而不受时间的限制，对学生开展思想政治教育。同时，通过搭建网络教学平台，打造思想政治理论课在线课程，使学生能够随时通过教学平台进行自学，通过教学平台和教师进行沟通交流。除此以外，随着数字校园的建设和移动互联网的普及，部分高校对思想政治理论课教学进行改革，推出了微课、慕课、翻转课堂等多种形式，使学生在有网络信号的条件下随时随地进行学习。但这些尝试还不是普遍的现象，更多的学校还是传统的封闭式的教学。由于各个高校的具体情况有所不同，因此，在教学时空的组合方式上还有很大的创新空间。其次，是空间上的开放。思想政治理论课教学方法的创新应该从单一封闭的空间走向更广阔的空间。除了网络空间的拓展，还要加强实践教学，形成第一课堂（课堂教学）和第二课堂（如校园文化活动、团学活动、社会实践）有机结合的局面。当前，第一课堂和第二课堂的有机结合还有待创新。比如思想政治理论课课堂教学如何和校园文化活动、团学活动紧密结合起来，使第一课堂和第二课堂相互支撑？由于现实中第二课堂和第一课堂各自为政，没有有效衔接，大大削弱了思想政治教育的有效性，往往事倍功半。如何让社会实践活动和思想政治理论课课堂教学有效衔接，使理论教学与实践教学相互支撑？也是当前思想政治理论课教学需要突破的难题。而要突破这些难题，需要主渠道和主阵地两支队伍的融合，而不是紧紧依靠思想政治理论课教师，即各高校主管思想政治教育的领导、辅导员、班主任以及哲学社会科学教师可以协助思想政治理论课教师一起完成教学任务，同时思想政治理论课教师参与和指导校园文化活动和团学活动、社会实践活动，使这些活动紧紧围绕着思想政治理论课内容展开。

第二，思想政治理论课课堂理论教学和实践教学在时间组合方式上的创新。高校思想政治理论课实践教学是以理论教学为基础和前提、引导学生参与各种实践性的活动，以促进学生提高认知能力、培养情感、磨炼意志、养成良好行为习惯。

在实践中改造客观世界的同时改造主观世界。实践教学在思想政治理论课教学中占有非常重要的地位，教育主管部门的相关文件中一直很重视实践教学，学界对实践教学的重要性也有共识。但现实教学中，理论教学太多，实践教学太少，或者实践教学的开展总是零碎的，缺乏系统性和层次性，没有真正发挥实践教学"实践育人"的作用。因此，在实际工作中，需要将理论教学和实践教学在时间组合上进行创新。具体而言，首先要科学合理地安排理论教学时间，确保有足够的实践教学时间。从思想政治理论课理论教学来看，各门课程的教学内容都很多，教师在处理这些内容时不可能面面俱到，从头讲到尾，这样既浪费时间，教学效果也不好，因此要把握教学的重点难点，合理控制理论教学的时间。其次，创新实践教学的方法。除了社会实践活动，增加课堂实践活动和校园实践活动的时间比例。

除上述两方面时空的创新，还有课堂教学的空间结构的创新。高校思想政治理论课一般是大班教学，教室空间大，且桌椅排列方式较为传统，教师和学生之间的空间距离较远，不利于教学。因此，课堂教学空间结构的调整也是很有必要的。

（四）以创新型教学行为模式保证教学方法科学创新

教学方法是教学行为的规则体系，为教学行为提供一种框架，教学行为是教学方法框架中的细节。教学方法只有被教师和学生理解和运用，在教学实践中以教学行为的方式展现出来才具有真实的意义，离开了教学行为，教学方法只是方法知识而已。[1] 教学行为是教学理念的外在表现形式，一定的教学行为受一定教学理念的支配。教师和学生在长期的教学过程中，会形成一定的教学行为模式。这些行为模式是否有效关系到教学的有效性。教学行为模式由教师和学生一系列教的行为和学的行为构成，受到学生和教师个性结构、教学情境等因素的影响，教学行为模式对教学中师生交往方式起到调节作用。有效的教学行为模式具有"明确的教学目标、清晰的教学思路、有效的课堂提问，学生参与有效且参与度高，教学语言科学、简洁、明了、教学反馈及时、有效，教学等待行为适当、合理、教学效果明显等特征。"[2]

1. 新型教学行为模式为教学方法科学创新提供不竭动力

教学行为是由行为主体（教师和学生）与行为主体相关的因素所构成的，在教学过程中体现出的各种显性和隐性的行为总体所构成，包括教与学

---

[1] 张相乐、郑传芹主编：《教育学》，河北大学出版社2012年版，第161页。
[2] 叶立军：《数学教师课堂教学行为研究》，浙江大学出版社2014年版，第190页。

两个行为，比如教学语言、表情姿态、板书等都是显性的行为，而道德、情感、价值取向等是隐性的行为。教学行为模式，是多种教学行为构成的有一定稳定性的行为结构。教学方法是为实现教学目的所采用的教学策略、途径、手段、技巧等。教学方法的落实需要通过一系列的教学行为模式来实现。教学行为模式的科学与否决定着教学方法是否能够有效落实。

高校思想政治理论课"05方案"的新理念呼唤教学行为模式的转变。新的课程理念、新特点赋予教学行为新特征。新课程秉持了"少而精"的设置理念，这一理念指导下的思想政治理论课体现为系统性、综合性和针对性的特点，各门课程在内容上相互衔接。相对于"98方案"，"05方案"在课程数量上从7门精简到4门，课程学分从19分减到14分，但是课程的门数和学分的减少"并不是'偷工减料'，也不是降低思想政治理论课在整个课程体系中的地位。相反，它是为了进一步加强和改进。"①"05方案"在课程数量上体现了"少而精"的原则，其学分在整个高校必修课中占比为8%—10%，和"98"方案时期基本持平。同时，除了四门必修课，还开设了"当代世界政治与经济"等选修课。是对四门必修课的有益补充。进入新世纪，各高校开始纷纷实施学分制，必修课门数减少，选修课增多。在学生总体必修学分减少的情况下，思想政治理论课课程设置的改革势在必行。"05"方案适应了高校课程设置改革的新形势。除此之外，相对于"98方案"，"05方案"在与中学政治课课程内容的衔接上更加合理，中学政治课强调的是"是什么"的问题，"98方案"中也有很大一部分是讲"是什么"这一问题，这就造成学生感觉似曾相识，没有学习的积极性。而"05方案"则突出讲的是"为什么"和"怎么做"的问题，弱化了"是什么"的内容，减少了和中学政治课的重复。使中学政治课和大学政治课有了较明显的区别。

"05方案"的这些新变化要求教学主体的教学行为也要相应变化。新课程新理念赋予教学行为新特征，于是，要求教师准确把握新课程的教学目

---

① 石国亮编著：《高校思想政治教育创新指引》，中国言实出版社2007年版，第68页。

标，具有明晰的教学思路，在不割裂课程完整性的前提下能突出教学重点难点，能够将复杂的书面语言转化为简单明了的日常话语，能调动学生积极性。然而不论是教师教的行为还是学生学的行为都存在一定的问题，比如，教师没法有效地导入课程、教学方法选用不当、无法和学生有效互动都是常见的现象。有的教师一节课从头讲到尾，照本宣科。从学生学的行为来看，上思想政治理论就是拿一本教材来听，甚至都没有记笔记，考试就背教材，考试合格这门课程就结束。久而久之，这些行为都模式化了。而新的课程要求要转变旧的消极的教学行为模式，构建新的教学行为模式。

2. 高校思想政治理论课教学行为模式创新的措施

教学行为有不同的划分方式，按照教学流程划分，可以分为备课、导入行为、教学方法和手段的选择运用行为、师生互动行为、课堂管理与评价行为。

第一，备课行为模式的创新。备课是教学行为中的第一步，是教学的前提和基础。教师备课有多种形式，一是个人单独备课，二是教研室或教学组集体备课，三是各高校之间合作备课。不论是集体备课还是校际合作备课都可以较快提高教师的备课水平，因为集体备课能集思广益、相互学习。当前各高校思想政治理论课备课有部分集体备课，但更多的是教师个人单独备课，校际之间的合作备课就更少。尽管每次思想政治理论课课程内容更新后，教育主管部门都会组织集体备课会，但一般情况下都是由专家主讲，较少有讨论，或者是讨论不充分。因此，有必要创新备课的形式，提倡集体备课，充分发挥集体的智慧。

第二，创新课堂导入模式，激发学生学习兴趣。课堂导入是课堂教学活动开始的环节，精彩的课堂导入是教学成功的一半，好的课堂导入能够最大限度地激发学生的学习兴趣。在高校思想政治理论课教学中，很多教师常常对课堂导入不够重视，觉得是否有课堂导入并不重要，重要的是上好整节课，课堂教学常常随性展开。有的没有课堂导入，比如，很多教师在课堂教学开始时说"这节课我们进入下一个内容的学习"，接着就进入了新内容的教学；有的教师有课堂导入的意识，但要么方法陈旧，要么没有情感，要么无趣，往往使学生无法很快进入听课的状态，不能在正式进入新内容学习前做好充分的准备，一时难以进入学习状态。因此，教师有效的课堂导入是学生良好学习的开始，有效的课堂导入确定了整节课的基调，实现了内容定旨、情感定调。思想政治理论课课堂导入形式多样，常见的导入方式有设疑导入或称悬念导入、问题导入、事例导入、视听导入等。教师在教学时要选择合适的方法进行课堂导入。具体地说，课堂导入一是要有针对性，即导入的内容要紧扣教学主题，符合教学目标。二是具有启发性，即通过课堂导入能使学生的思维激活起来，调动他们的积极性和求知欲。三是具有时间性，即课堂导入既不能拖沓冗长，也不能太短。四是适切性，即针对不同的教学内容采取不同的导入方法。五是创新性，即导入要有时代气息，要有新意，符合学生的心理特点。

第三，综合选用教学方法，合理构建教学模式。综合运用教学方法是由教学的复杂性所决定的，教学过程中的各个要素都不是静止不变的、也不是单一的，而是复杂的、变化的，面对复杂的教学过程，单一的教学方法是无法实现教学目标的，因为不论哪种教学方法都有针对性，也有局限性。一种教学方法只能实现某类或某一教学目标，呈现一定的教学内容，适应相应的教学对象。一旦教学目标、内容和对象发生变化，这一教学方法就不能完成教学任务。因此，高校思想政治理论课教学过程要综合运用各种教学方法，做到教法和学法的优化组合。常见的综合教学方法包括知识性教学方法和非知识性教学方法相结合，常规教学方法与现代教学方法相结合。事实上，教师在实际教学过程中，所采用的教学方法也是很多的。但要进一步提高学生思想政治理论课学习能力及思想、政治、道德素质，就需要对现有的教学方法进行有效整合，合理构建教学模式，使其发挥更大的作用。

第四，构建有效的师生交流模式。思想政治理论课教学是一个师生双向互动的实践过程，它不仅仅是教师单向传授知识，也不仅仅是一个认识的过程，它还是学生主动学习的过程，师生相互交流、合作、相互启发、提高的过程。良好的师生交流是思想政治理论课教学顺利进行的基本条件。淡漠疏离的师生关系直接影响着学生的学习热情和学习兴趣。因此，在思想政治理论课教学中要构建有效的师生交流模式。在课堂教学中，师生之间的交流是面对面的交流，但往往由于采用教师为中心的教学方法，学生处于被动交流的地位。为此，教师要营造民主、平等的课堂氛围，科学运用提问的技巧，善于用幽默化解尴尬和拘谨。使学生敢于发言，敢于和教师讨论交流。同时，要拓展交流的渠道。在网络技术迅猛发展的时代，教师要善于运用网络技术，建立更多的沟通交流渠道。

第五，优化课堂管理。教师在课堂上不仅具有教学的任务，还有课堂管理的任务。"课堂管理是教师为了完成教学任务、调控人际关系、和谐教学环境、引导学生学习的一系列教学行为方式。"[①] 管理好课堂是开展教学活动的基础，没有良好的课堂秩序和课堂氛围，教学就无法顺利有效展开。优化课堂管理首先需要教师树立民主、平等的观念，而不是强制或放任。为此，教师要将学生视为管理者和助手，而不是被管理者和对手。其次，从个人管理变为集体管理，充分发挥班集体成员间的相互约束的功能。再次，进行阶梯式的管理，即大班管理、小组管理、自我管理相结合。除此之外，建立起课堂管理的制度，做好课堂管理的计划、建立监督系统、反馈系统等。

第六，教学评价方式创新。教学评价是教学实践中的重要环节，用来衡量教学行为、教学对象是否达到教学目标。教学评价是多方面的，包括教育管理部门对教师教学的评价，学生对教师教学的评价，教师对学生学习的评价，教师之间的相互评价，教师的自我评价等。通过教学评价来诊断、比较教学效果，为进一步改革和创新教学方法做好准备。

---

① 优才教育研究院主编：《教育优化与课堂创新设计》，四川大学出版社2013年版，第133页。

结　语

本书回顾思想政治理论课程建设历史，发现教学方法是课程建设中的薄弱环节，也是影响教学效果的瓶颈问题，为此提出了教学方法科学化的构想。对处于思想政治理论课教学一线的教师而言，解决教学效果不佳、教学实效性不强等问题，关键还是要科学地选择、运用和创新教学方法。然而，教学方法研究是一个非常复杂的问题，"可以说是一项复杂的系统工程。它涉及到历史、理论和现实等诸多不同领域，涉及到教学内容、思想观念、学科建设、师资队伍建设等许多重要方面。仅就教学本身而言，又涉及到教学的讲授方法、研究方法、管理方法、评价方法等，涉及到教学的过程、基本规律和基本原则，涉及到教学的方法论原则、一般方法，具体方法和具体手段，涉及到创新教育和素质教育，以及现代教育技术的等。"[①] 同时，科学化是一个永无止境的过程，当科学化达到一定的程度，就会提出更高的新的科学化要求。因此，教学方法科学化是一个常提常新的课题，它所研究的范围非常广泛。本文才刚打开了思想政治理论课教学方法科学化研究之门，还有更多的问题等待着我们去研究。

为了让思想政治理论课教学方法科学化程度越来越高，就要有科学的思想为指导，进一步加强思想政治理论课教师队伍建设，加强思想政治教育学科建设，加强对思想政治理论课教学评价考核的研究，加强对思想政治理论

[①] 孙来斌：《〈"两课"教学法研究〉评介》，载《教学与研究》，2003年第5期。

课程建设的管理研究。

第一，坚持以科学的思想指导思想政治理论课教学方法的科学化研究。坚持以马列主义、毛泽东思想和中国特色社会主义理论体系为指导。坚持解放思想，在教学方法科学化研究的道路上勇于打破陈规，冲破思想的禁锢，但同时也结合客观实际情况，不断研究新情况，解决新问题。坚持实事求是，在思想政治理论课教学方法的研究过程中，从实际问题出发，把握教学方法与其他要素之间的内在联系，探求思想政治理论课程方法科学化的规律，按照实际情况办事。坚持与时俱进，站在思想政治理论课教学方法研究和实践的前沿，不断开拓创新。只有在科学思想的指导下才能有效推进教学方法科学化研究。

第二，加强高校思想政治理论课教师队伍的建设。教师是教学方法的运用者、创新者，教师的素质决定了教学方法运用的范围和水平。提高思想政治理论课教学方法的科学化水平，必须建设一支高素质的教师队伍。教师的素质不仅仅指教师的科研能力，还指教师的教学能力，以及教师的师德师风。有的教师有很强的科研能力，但是教育教学方面的知识和技能掌握不够，很难有很好的教学效果；有的教师有教育教学的知识和技能，但是科研能力欠缺，在教学过程中无法将思想政治理论课讲深讲透，往往使教学形式大于内容，同样很难有良好的教学效果；有的教师师德师风方面存在问题，常常知行不一，说一套做一套，没有真正信仰马克思主义，对学生没有说服力。因此，进一步推进思想政治理论课教学方法的科学化、建设高水平的教师队伍显得尤为重要。为此，要加强教师队伍的培训，提升教师队伍的学历层次，提升教师队伍的科研和教学的能力，提升教师队伍的思想道德素质，总之，就是要提升教师的专业化水平。在提升教师专业化水平的同时，还要有必要的保障措施。一是营造良好的尊师重教的社会氛围，进一步提高思想政治理论课教师的社会地位，提高他们的待遇，使思想政治理论课教师能充满自信、安心地从事思想政治理论课程的教育教学。二是建立完善教师培训制度、考评制度、准入制度、淘汰制度。通过制度建设保障教师队伍健康有序的发展。

第三，加强马克思主义理论一级学科建设和思想政治理论课程建设。思想政治理论课和马克思主义理论一级学科紧密相关，前者为后者提供了理论向实践转化的途径，后者则为前者提供了学术支撑，虽然思想政治理论课的支撑学科不仅是马克思主义理论一级学科，马克思主义理论一级学科也不仅仅只为思想政治理论课提供学术支撑，但加强马克思主义理论一级学科建设是推进思想政治理论课程建设的关键。马克思主义理论一级学科建设是进一步推进思想政治理论课程建设科学化的基础和保障。马克思主义理论一级学科设立以来，其下设了六个二级学科，高校思想政治理论课教学有了学科理论支撑，每一门思想政治理论课都有一个学科在支撑。与"马克思主义基本原理概论"相对应的学科有"马克思主义基本原理"，与"毛泽东思想和中国特色社会主义理论体系概论"相对应的学科有"中国化马克思主义研究"，与"思想道德修养与法律基础"相对应的学科有"思想政治教育"，与"中国近现代史纲要"相对应的学科有"中国近现代史基本问题研究"。但是，当前马克思主义理论一级学科下的二级学科建设还没有完全成熟，还不能充分为课程建设服务，尤其是学科课程教学法的研究还不够深入，影响了思想政治理论课教学方法科学化程度的提高。2015 年，中宣部、教育部颁发了《普通高校思想政治理论课建设体系创新计划》，指出高校思想政治理论课要以教学体系建设为核心，要以学科支撑体系为关键。可见，进一步推进思想政治理论课教学方法的科学化，必须加强学科建设，尤其要加强对思想政治理论课教学方法理论建设和研究。

第四，加强教育教学理论的研究，善于总结教学经验，使教学经验上升为科学的理论。思想政治理论课教学方法的科学化需要遵循教育教学规律，只有遵循规律，才能说是科学的方法，只有遵循规律，才能实现教学的目标。教育教学理论是前人在教育教学实践经验中总结出来的经过检验后形成的科学理论，它反映着教育教学的规律。因此，思想政治理论课教学方法科学化过程要自觉接受科学的教育教学理论的指导。但是理论总是有一定的滞后性，不能解决一些现实的问题，因此，教师在教学过程中，还要结合具体的教学内容，对具体教学实践经验进行总结，一方面修正和丰富原有的教育教学理论，另一方面，指导新的教学实践。当前，在思想政治理论课教学研究中，对教育教学理论的研究还不够，同时对教学实践经验总结还不够。因此，要想推动思想政治理论课教学方法科学化进一步发展，就要加强对教育教学理论的研究，加强对教学实践经验的总结和提升。

第五，加强思想政治理论课教学评价考核研究。教学评价考核和教学方法科学化是紧密相连的。教学评价考核包括对学生的评价和考核，也包括对教师的评价和考核。从对学生的评价考核来看，考核的方式决定教师选择哪种教学方法。对学生的考核包括过程的考核和结果的考核。如果考核学生对知识的掌握情况，那么教师可能会花费更多的时间让学生掌握知识，更多地选择按部就班地讲授讲解各个章节的知识点。如果考核学生的思维能力，那么教师会更多地选择讨论式教学、辩论等方法。也就是说对学生如何进行考核直接影响教师对教学方法的选择。从对教师的评价考核来看，评价考核的主体主要有学校（教学部门领导、同行、督学、学校领导等）以及学生。通常是用教学的效果、教学的实效性等来衡量，但对于教学效果、教学实效性、教学效果好坏的衡量标准目前还很难统一，很多高校将课堂气氛、学生在课堂上的反应、以及学生期末考试的成绩等作为考核评价一个教师教学效果好坏的依据，认为课堂气氛好，学生反应强烈，学生期末成绩高，那么教师的教学效果就一定好，教学实效性强。教师根据学校的评价标准，为了迎合学生的喜好，可能会选择各种能调动学生情绪的教学方法，使整个课堂充满欢声笑语。但同时也往往容易导致形式大于内容，思想政治理论课真正的教学目标（传授知识，能力培养，情感、态度、价值观的养成）并没有达到。总的来说，学校、学生的评价会在一定程度上影响教师对教学方法选择。同时，当前微课、慕课、翻转课堂、混合式教学等一些新的教学方法和手段的产生，给思想政治理论课教学方法的改革带来了新的契机的同时，也给教师的评价和考核带来了难度，这在一定程度上也阻碍了教师选择新的教学方法和手段。因此，只有加强思想政治理论课教学评价考核的研究，建立科学合理的教学评价考核体系，才能保障教学方法改革顺利进行，推进教学方法进一步科学化。

第六，加强思想政治理论课教学管理研究。推进思想政治理论课教学方法的科学化，不是仅凭教师一己之力就能完成，它需要各个部门协同推进，协同创新。各级教育主管部门要加强领导，为思想政治理论课程建设提供政策、财力、人力方面的保障。高校领导和分管思想政治工作的部门以及教务教学管理部门要高度重视思想政治理论课教学工作，积极配合教学主管部门和思想政治理论课教师的教学工作，为教学方法的改革创新提供相应的配套措施。如何让各个部门各司其职，充分发挥各部门的职责，同时又使各部门之间相互协调，形成合力，需要进行有效的管理。因此，加强思想政治理论课教学管理研究，建立各级联动的、科学的管理体系，是进一步推进思想政治理论课教学方法科学化的必然要求。

第七，深化对思想政治理论课教学策略、教学技能、教学技巧的研究。如果说学科建设和教育教学理论的研究更多解决的是教学方法的理论层面问题，那么对思想政治理论课教学策略及技能技巧的研究更多解决的是实践层面的问题，是对教学方法的微观研究。它研究的是思想政治理论课教学过程中各种细节性的问题，包括针对具体的知识点如何进行教学设计、教学实施过程中如何导入，如何有效地使用教学语言，如何科学地使用教学媒介等一系列的问题。对教学策略及技能技巧的研究是思想政治理论课教学方法科学化研究的重要内容。也是深化思想政治理论课教学方法科学化研究的必然要求。

第八，思想政治理论课教学方法科学化研究最终的目的是为实现教学目标服务的。国家开设这类课程的目的是为了使大学生树立科学的世界观、人生观、价值观。正确认识世界和中国发展大势，正确认识中国特色和国际比较，正确认识时代责任和历史使命，正确认识远大抱负和脚踏实地。① 同时树立道路自信、理论自信、制度自信、文化自信。使大学生成为中国特色社会主义合格建设者和可靠接班人。思想政治理论课教学担负着传授知识，能力培养和情感、态度、价值观培养的任务。思想政治理论课教学方法的科学化不能背离了这一目标和任务。

最后，思想政治理论课教学是对学生精神世界的建构，不是冰冷的灌输，它是有温度的，教学方法的科学化应该体现人文关怀。

在新的历史发展阶段，以习近平同志为核心的党中央审时度势，高度重视高校思想政治工作，重视思想政治理论课教学，对高校思想政治工作作出了一系列重要的指示，也对思想政治理论课教学提出了加强针对性、实效性，增强吸引力、感染力、说服力的新要求。因此，思想政治理论课教学方法科学化研究任重而道远，需要思想政治理论课建设者们投入更多的热情，以奋发向上的精神，开拓创新，才能在做好研究工作的同时，实现研究成果的转化，做好教书育人的工作。

---

① 《习近平在全国高校思想政治工作会议上强调：把思想政治工作贯穿教育教学全过程开创我国高等教育事业发展新局面》，载《人民日报》，2016年12月9日，第1版。

参考文献

(一) 著作

[1] 艾四林：《思想政治理论课新体系与教师队伍建设研究》，清华大学出版社2008年版。

[2] 陈秉公：《思想政治教育学原理》，高等教育出版社2006年版。

[3] 陈伟军主编：《教育学》，山东人民出版社2014年版。

[4] 邓小平：《邓小平文选》，人民出版社2004年版。

[5] 范业本主编：《高等工程专科教学论》，吉林教育出版社1991年版。

[6] 顾海良：《高校思想政治理论课程建设研究》，中国人民大学出版社2016年版。

[7] 顾海良等：《高校思想政治理论课程建设研究》，经济科学出版社2009年版。

[8] 顾钰民主编、王贤卿副主编：《高校思想政治理论课教学方法研究》，复旦大学出版社2012年版。

[9] 顾建民主编：《高等教育学》（修订版），浙江大学出版社2014年版。

[10] 何正斌：《讨论式教学法 思想政治理论教学的一种新形式》，国防科技大学出版社2009年版。

[11] 洪明主编:《碰撞·共鸣·认同——高校思想政治理论课互动教学探索》,湖北人民出版社2012年版。

[12] 何荣杰、张艳明主编:《课堂教学设计》,北京邮电大学出版社2014年版。

[13] 洪明主编:《碰撞·共鸣·认同:高校思想政治理论课互动教学探索》(第二辑),湖北人民出版社2012年版。

[14] 何正斌:《讨论式教学法:思想政治理论教学的一种新形式》,国防科技大学出版社2009年版。

[15] 胡锦涛:《胡锦涛文选》,人民出版社2016年版。

[16] 黄蓉生、白显良、王华敏等著:《改革开放30年大学生思想政治教育论》,中国社会科学出版社2012年版。

[17] 黄甫全、王本陆主编:《现代教学论学程》(修订版),教育科学出版社2003年版。

[18] 黄甫全主编:《课程与教学论》,高等教育出版社2002年版。

[19]《江泽民文选》,人民出版社2006年版。

[20] 巨瑛梅、刘旭东编著:《当代国外教学理论》,教育科学出版社2004年版。

[21] 金林南:《思想政治教育学科范式的哲学沉思》,江苏人民出版社2013年版。

[22] 康秀云:《十六大以来大学生思想政治教育创新研究》,人民出版社2013年版。

[23] 李辉:《现代思想政治教育价值论》,中国社会科学出版社2005年版。

[24] 李春成:《大学生思想政治教育科学化的实现路径研究》,吉林大学出版社2014年版。

[25] 李腊生主编:《思想政治理论课教学改革探索》,武汉出版社2010年版。

[26] 李忠军、孟宪生主编:《全国高校思想政治理论课教学方法改革年度发展报告（2013）》,高等教育出版社 2014 年版。

[27] 李醒民:《科学论：科学的三维世界》（上、下卷）,中国人民大学出版社 2010 年版。

[28] 李醒民:《科学的文化意蕴》,高等教育出版社 2007 年版。

[29] 李咏吟博士著:《教学原理 最新教学理论与策略》,远流出版事业股份有限公司 1986 年版。

[30] 李剑萍主编:《大学教学论》,山东大学出版社 2008 年版。

[31] 李雄杰:《创新教育探索》,中国水利水电出版社 2014 年版。

[32] 李芒:《信息化学习方式》,北京师范大学出版社 2006 年版。

[33] 林建华:《21 世纪高校思想政治理论课教学改革研究》,知识产权出版社 2014 年版。

[34] 林庭芳:《高校思想政治理论课教育教学现代化研究》,人民出版社 2006 年版。

[35] 龙宝新、张立昌:《高效课堂的理念与行动》,陕西师范大学出版总社有限公司 2014 年版。

[36] 路书红:《教学理论建设的方法论比较》,山东人民出版社 2010 年版。

[37] 廖启云:《现代化视阈下思想政治教育发展研究》,中国社会科学出版社 2015 年版。

[38]《列宁选集》,人民出版社 2012 年版。

[39] 陆庆任:《思想政治教育学原理》,复旦大学出版社 1986 年版。

[40] 卢黎歌等:《抓重带轻 对"基础课"教学重点的研究》,中国社会科学出版社 2016 年版。

[41] 罗洪铁、周琪、王斌等:《思想政治教育学学科理论体系演变研究》,中国社会科学出版社 2012 年版。

[42] 骆郁廷主编:《高校思想政治理论课程论》,武汉大学出版社 2006

年版。

［43］《马克思恩格斯选集》，人民出版社2012年版。

［44］《毛泽东选集》，人民出版社1991年版。

［45］梅丽著：《现代思想政治教育科学化的探索与研究》，光明日报出版社2013年版。

［46］孟宪生、李忠军主编：《全国高校思想政治理论课教学方法改革年度发展报告（2014）》，高等教育出版社2016年版。

［47］倪愫襄主编：《高校思想政治理论课程的国际视野》，中国社会科学出版社2013年版。

［48］潘懋元、王伟廉主编：《高等教育学》，福建教育出版社2013年版。

［49］邱伟光：《思想政治教育学概论》，天津人民出版社1988年版。

［50］曲艳红主编：《基于信息技术的教学方法》，哈尔滨工业大学出版社2015年版。

［51］石云霞：《高校思想政治理论课程建设史研究》，武汉大学出版社2006年版。

［52］石云霞：《新中国成立以来高校思想理论教育史研究》，人民教育出版社2005年版。

［53］石云霞：《"两课"教学法研究（第二版）》，武汉大学出版社2003年版。

［54］沈壮海、佘双好：《学校德育问题研究》，大象出版社2010年版。

［55］沈壮海编著：《思想政治教育有效性研究》（第三版），武汉大学出版社2016年版。

［56］沈壮海主编：《思想政治教育发展报告2014—2015》，高等教育出版社2016年版。

［57］沈壮海、王培刚、王迎迎：《中国大学生思想政治教育发展报告2016》，北京师范大学出版社2017年版。

[58] 沈壮海、王培刚、段立国：《中国大学生思想政治教育发展报告2015》，北京师范大学出版社2016年版。

[59] 商继宗主编：《教学方法现代化的研究》，华东师范大学出版社2001年版。

[60] 施良方、崔允漷主编：《教学理论 课堂教学的原理、策略与研究》，华东师范大学出版社1999年版。

[61] 孙其昂：《思想政治教育前沿研究》，人民出版社2013年版。

[62] 汤敏：《慕课革命 互联网如何变革教育?》，中信出版社2015年版。

[63] 万美容：《思想政治教育方法发展研究》，中国社会科学出版社2007年版。

[64] 王玄武：《思想政治教育方法论》，武汉大学出版社1985年版。

[65] 王炳林主编：《思想政治理论课教学方法创新研究》，北京师范大学出版社2011年版。

[66] 王絮编著：《拿来就用的心理学》，立信会计出版社2015年版。

[67] 王晖主编：《方法论新编》，上海财经大学出版社1997年版。

[68] 王道俊、扈中平主编：《教育学原理》（第三版），福建教育出版社2013年版。

[69] 王策三：《教学论稿》（第二版），人民教育出版社2005年版。

[70] 吴潜涛、刘建军：《新时期思想政治教育史论》，安徽人民出版社2004年版。

[71] 吴波、官敏主编：《现代教育技术教程》，复旦大学出版社2012年版。

[72] 乌杰主编：《系统哲学基本原理》，人民出版社2014年版。

[73] 乌美娜主编：《教学设计》，高等教育出版社1994年版。

[74] 项久雨：《思想政治教育价值论》，中国社会科学出版社2003年版。

[75] 夏凤琴、姜淑梅主编：《教育心理学》，清华大学出版社 2015 年版。

[76] 习近平：《习近平谈治国理政》，外文出版社 2014 年版。

[77] 徐皓主编：《教学方法》，中央民族大学出版社 2002 年版。

[78] 徐文、毛志雄、田祖清主编：《思政课实践指导》，科学出版社 2010 年版。

[79] 忻平、吴德勤：《高校思想政治理论课改革发展研究》，上海大学出版社 2015 年版。

[80] 薛晓源、曹荣湘主编：《全球化与文化资本》，社会科学文献出版社 2005 年版。

[81] 杨威著：《思想政治教育发生论》，中国社会科学出版社 2009 年版。

[82] 杨慧民：《高校思想政治理论课案例教学法研究》，高等教育出版社 2007 年版。

[83] 杨慧民主编：《高校思想政治理论课案例教学适用性研究》，高等教育出版社 2012 年版。

[84] 佘双好：《现代德育课程论》，中国社会科学出版社 2003 年版。

[85] 余仰涛：《思想政治工作学研究方法论》，武汉大学出版社 2006 年版。

[86] 宇文利：《现代思想政治教育课程论》，北京大学出版社 2012 年版。

[87] 张耀灿、郑永廷、吴潜涛、骆郁廷等：《现代思想政治教育学》，人民出版社 2006 年版。

[88] 张耀灿等：《思想政治教育学前沿》，人民出版社 2006 年版。

[89] 张澍军：《德育哲学引论》，中国社会科学出版社 2008 年版。

[90] 张再兴等：《网络思想政治教育研究》，经济科学出版社 2009 年版。

［91］张凤华、梅萍、万美容 等：《高校思想政治理论课"05方案"实施及测评的实证研究》，中国社会科学出版社2011年版。

［92］张景中院士丛书主编、王继新 执行主编、赵呈领、杨琳、刘清堂编著：《信息技术与课程整合》，北京大学出版社2015年版。

［93］张双喜：《方法的问题：关于方法性质的探究》，广东人民出版社2015年版。

［94］张舒予主编：《现代教育技术学》，安徽人民出版社2003年版。

［95］张忠华等：《现代大学教学方法论》，黑龙江人民出版社2009年版。

［96］赵国栋著、李秀晗、冯晨、马潇等副主编：《微课与慕课设计初级教程》，北京大学出版社2014版。

［97］钟志贤：《信息化教学模式》，北京师范大学出版社，2006年版。

［98］钟义信主编：《信息科学与技术导论》，北京邮电大学出版社2015年版。

［99］郑永廷：《现代思想道德教育理论与方法》，广东高等教育出版社2000年版。

［100］郑永廷主编：《思想政治教育方法论》（修订版），高等教育出版社2010年版。

［101］郑金州编著：《教学方法应有指导》，华东师范大学出版2006年版。

［102］周向军主编：《高校思想政治理论课教学方法探索》，山东大学出版社2012年版。

［103］中共中央宣传部编：《习近平总书记系列重要讲话读本》，人民出版社2014年版。

［104］［英］萨米尔.奥卡沙：《科学哲学》，韩广忠译，译林出版社2013年版。

［105］［德］H.G.加达默尔：《真理与方法》，王才永译，辽宁人民出

版社 1987 年版。

[106] [美] 李湛忞（Benjamin Lee）:《全球化时代的文化分析》，杨彩霞译，译林出版社 2008 年版。

[107] [美] 杰夫·佩第:《循证教学：一种有效的教学法》，宋懿琛、付艳萍、孙一菲译，广东教育出版社 2013 年版。

[108] [日] 佐藤正夫:《教学原理》，钟启泉译，教育科学出版社 2001 年版。

[109] [苏] 巴班斯基:《20 世纪苏联教育经典译丛 教学教育过程最优化》，吴文侃译，教育科学出版社 2001 年版。

[110] [美] 拉尔夫·泰勒（Ralph W. Tyler）:《课程与教学的基本原理》，黄炳煌译，桂冠图书股份有限公司 1981 年版。

[111] [美] Stephen D. Brookfield、[美] Stephen Preskill:《讨论式教学法：实现民主课堂的方法与技巧》，罗静、褚保堂译，中国轻工业出版社 2002 年版。

[112] [英] 戴维·伯姆（David Bohm）著、[英] 李·尼科（Lee Nichol）编:《论对话》，王松涛译，教育科学出版社 2004 年版。

[113] [美] 爱丽努尔、[美] 吉拉尔德:《对话——变革之道》，郭少文译，教育科学出版社 2006 年版。

[114] [美] 约瑟夫·罗曼:《掌握教学技巧》，洪明译，浙江大学出版社 2006 年版。

[115] [英] A. F 查尔默斯:《科学究竟是什么》，鲁旭东译，商务印书馆 2007 年版。

[116] [英] 约翰·德斯蒙德·贝尔纳:《历史上的科学》（卷 1—卷 4），伍况甫、彭家礼译，科学出版社 2015 年版。

[117] [美] 琳达·B. 尼尔森:《最佳教学模式的选择与过程控制》（第 3 版），魏清华、陈岩、张亚娜译，华南理工大学出版社 2014 年版。

[118] [美] 伊丽莎白·F. 巴克利:《双螺旋教学策略激发学习动机和

主动性》，古煜奎、顾关、唱飞镜、邵曦瑶译，华南理工大学出版社 2014 年版。

（二）文件

[1]《中共中央、国务院关于进一步加强和改进大学生思想政治教育的意见》，2004 年 10 月 14 日。

[2]《中共中央宣传部、中央文明办、教育部、共青团中央关于进一步加强和改进大学生社会实践的意见》，2005 年 4 月 13 日。

[3]《中共中央宣传部、教育部关于进一步加强和改进高等学校思想政治理论课的意见》，2005 年 2 月 7 日。

[4]《〈中共中央宣传部、教育部关于进一步加强和改进高等学校思想政治理论课的意见〉实施方案》，2005 年 3 月 9 日。

[5]《中共中央宣传部、教育部关于加强和改进高等学校哲学社会科学学科体系与教材体系建设的意见》，2005 年 5 月 8 日。

[6]《中共中央宣传部、教育部关于组织高校思想政治理论课骨干教师研修的意见》，2007 年 4 月 27 日。

[7]《中共中央宣传部、教育部关于进一步加强高等学校思想政治理论课教师队伍建设的意见》，2008 年 9 月 25 日。

[8]《中共中央关于深化文化体制改革推动社会主义文化大发展大繁荣若干重大问题的决定》，2011 年 10 月 18 日。

[9]《中共中央组织部、中共中央宣传部、中共教育部党组关于加强和改进高校青年教师思想政治工作的若干意见》，2013 年 5 月 17 日。

[10] 中央宣传部 教育部关于印发《普通高校思想政治理论课建设体系创新计划》的通知，2015 年 7 月 30 日。

[11]《中共中央 国务院关于加强和改进新新形势下高校思想政治工作的意见》，2016 年 12 月 4 日。

［12］《习近平在全国高校思想政治工作会议上强调：把思想政治工作贯穿教育教学全过程　开创我国高等教育事业发展新局面》，载《人民日报》，2016年12月9日，第1版。

［13］《中共中央办公厅关于培育和践行社会主义核心价值观的意见》，2013年12月23日。

［14］《国务院学位委员会、教育部关于调整增设马克思主义理论一级学科及所属二级学科的通知》，2005年12月23日。

［15］《教育部办公厅关于进一步加强高等学校思想政治理论课教材编写管理、规范教材使用的通知》，2006年4月12日。

［16］《教育部办公厅关于重申高校思想政治理论课教材编写、出版、使用要求的通知》，2008年3月12日。

［17］《国家中长期教育改革和发展规划纲要（2010—2020年）》，2010年7月29日。

［18］《高等学校思想政治理论课建设标准（暂行）》，2011年1月19日。

［19］《高等学校哲学社会科学繁荣计划（2011—2020年）》，2011年11月7日。

［20］《教育部等部门关于进一步加强高校实践育人工作的若干意见》，2012年1月10日。

［21］《全国大学生思想政治教育工作测评体系（试行）》，2012年2月15日。

［22］《教育部、财政部关于实施高等学校创新能力提升计划的意见》，2012年3月15日。

［23］《教育部关于全面提高高等教育质量的若干意见》，2012年3月16日。

［24］《教育部关于进一步加强高校马克思主义理论学科建设的意见》，2012年6月6日。

［25］《普通高等学校思想政治理论课教师队伍培养规划（2013—2017年）》，2013 年 6 月 25 日。

［26］教育部社科司关于印发《全国高校实施思想政治理论课教学方法改革项目"择优推广计划"实施方案》的通知，2013 年 9 月 23 日。

［27］《中共教育部党组关于在教育系统深入学习贯彻全国宣传思想工作会议精神的通知》，2013 年 9 月 4 日。

［28］《教育部关于全面深化课程改革落实立德树人根本任务的意见》，2014 年 3 月 30 日。

［29］《中共教育部党组、共青团中央关于在各级各类学校推动培育和践行社会主义核心价值观长效机制建设的意见》，2014 年 10 月 17 日。

［30］教育部关于印发《高等学校思想政治理论课建设标准》的通知，2015 年 9 月 16 日。

［31］《2017 年高校思想政治理论课教学质量年专项工作总体方案》，2017 年 5 月 13 日。

［32］全国普通高校"两课"教育教学调研工作领导小组组编：《普通高校思想政治教育课程文献选编（1949—2003）》，中国人民大学出版社 2003 年版。

［33］教育部社会科学司 组编：《普通高校思想政治理论课程文献选编（1949—2008）》，中国人民大学出版社 2008 年版。

［34］教育部思想政治工作司组编：《加强和改进大学生思想政治教育重要文献选编：1978—2014》，知识产权出版社 2015 年版。

（三）论文

［1］陈艳梅：《试论思想政治理论课教学方法的本质特征及创新特点》，载《沈阳大学学报（社会科学版）》，2014 年第 4 期。

［2］董丁戈、李彦秋：《"基础"课"课型群"建设的构想与实践》，载

《现代教育科学》，2010年第4期。

［3］丁国浩：《改革开放以来高校思政课教学方法改革的基本经验与趋势》，载《前沿》，2013年第1期。

［4］丁俊萍：《把握"六个结合"创新思想政治理论课教学方法》，载《思想理论教育导刊》，2017第6期。

［5］丁俊萍、朱凌：《加强高校思想政治理论课建设的多维思考》，载《思想理论教育》，2016年11期。

［6］翁贺凯、李璎珞：《清华大学"中国近现代史纲要""慕课"混合式教学改革探索》，载《思想理论教育导刊》，2016年第12期。

［7］冯刚：《交叉学科视野下思想政治教育的创新发展》，载《思想理论教育导刊》，2011年第11期。

［8］顾晓英：《基于问题解析的思想政治理论课教学方法研究》，载《学校党建与思想教育》，2016年第2期。

［9］顾海良：《高校思想政治理论课"要坚持在改进中加强"》，载《思想理论教育导刊》，2017年第1期。

［10］顾钰民：《论高校思想政治理论课教学方法的研究》，载《教学与研究》，2007年第5期。

［11］郭凤志、热合木江·巴拉提：《关于高校思想政治理论课教学方法改革的思考》，载《思想理论教育》，2015年第1期。

［12］黄延敏：《全面提升思想政治理论课育人功能的路径初探》，载《思想教育研究》，2013年第11期。

［13］黄建军：《关于高校思想政治理论课教学方法研究的若干思考》，载《思想理论教育导刊》，2011年第1期。

［14］李卫红：《大力探索高校思想政治理论课教学方法改革》，载《中国高等教育》，2014年第1期。

［15］李辉：《思想政治教育情境的创设：现状与基本思路》，载《中山大学学报（社科版）》，2004年第2期。

[16] 刘惠、王安平：《试析思想政治理论课教学方法中的案例教学法》，载《思想理论教育导刊》，2012年第11期。

[17] 刘建军：《论思想政治教育的科学化》，载《教学与研究》，2011年第3期。

[18] 刘振环：《合作性学习：高校思想政治理论课教学方法创新的一种探索》，载《思想理论教育导刊》，2011年第5期。

[19] 林自强：《高校思想政治理论课教学方法创新研讨会暨上海大学首届"思政论坛"综述》，载《思想理论教育导刊》，2011年第5期。

[20] 骆郁廷：《论思想政治教育主体、客体及其相互关系》，载《思想理论教育导刊》，2002年第4期。

[21] 骆琼、吴翠珍、李长真：《论接受理论在高校思想政治理论课教学中的应用》，载《理论导刊》，2011年第1期。

[22] 孟凡东：《中华民族认同教育"立体化"混合式教学模式建构》，载《黑龙江高教研究》，2015年第10期。

[23] 权麟春：《创新思想政治理论课教学方法注重学生能力培养》，载《学校党建与思想教育》，2011年第6期。

[24] 时长江：《讨论式教学法及其在"两课"教学中的运用》，载《高等教育研究》，2005年第7期。

[25] 孙利霞：《艺术院校思想政治理论课教学方法的应用与反思》，载《教育与职业》，2016年第12期。

[26] 汤俪瑾、黄金满：《基于慕课的思想政治理论课混合式教学实践研究》，载《思想理论教育导刊》，2015年第10期。

[27] 熊晓琳、李海春：《创新教学方法 增强教学吸引力》，载《思想理论教育导刊》，2011年第2期。

[28] 肖安宝、谢俭、龚付强：《雨课堂在高校思政课翻转教学中的运用》，载《现代教育技术》，2017年第5期。

[29] 王贤卿：《论高校思想政治理论课教学方法创新的特点与路径》，

载《思想理论教育导刊》，2011 年第 1 期。

[30] 王能东、曹飞：《高校思想政治理论课教学方法改革创新的思考》，载《国家教育行政学院学报》，2017 年第 5 期。

[31] 王萍霞：《"互联网+"时代高校思想政治理论课混合式教学模式探析》，载《广西社会科学》，2017 年第 4 期。

[32] 王宇：《马克思主义大众化进程中高校思想政治理论课的方法创新》，载《教育与职业》（中），2011 年第 6 期。

[33] 万美容：《论思想政治教育方法的融合发展》，载《思想政治教育》，2008 年第 2 期。

[34] 王学俭、郭绍均：《思想政治教育本质问题再探讨》，载《教学与研究》，2012 年第 12 期。

[35] 王东莉：《思想政治教育人文关怀的内容体系建构》，载《教学与研究》，2005 年第 2 期。

[36] 王红霞：《高校思想政治理论课教学方法新探》，载《学校党建与思想教育》，2014 年第 3 期。

[37] 薛秀娟：《"微时代"背景下高校思想政治理论课的系统改革》，载《系统科学学报》，2017 年第 5 期。

[38] 杨志超：《高校思想政治理论课混合式教学模式的建构路径探析》，载《思想教育研究》，2016 年第 6 期。

[39] 尹占军、胡菊华：《"基础"课案例教学环节设计的思考》，载《思想理论教育导刊》，2013 年第 7 期。

[40] 余玉花：《提高思想政治教育学科建设的理论自觉》，载《思想理论教育导刊》，2013 年第 8 期。

[41] 杨晓慧：《找准破解思想政治理论课实效性难题的关键着力点》，载《思想理论教育导刊》，2017 年第 1 期。

[42] 昝玉林：《关于高校思想政治理论课教学方法创新的思考》，载《思想教育研究》，2012 年第 5 期。

［43］张正光：《中央 16 号文件颁布以来高校思想政治理论课建设举措、成效及经验》，载《思想理论教育》，2016 年第 2 期。

［44］张传泉：《浅析高校思想政治理论课教学方法体系》，载《中国成人教育》，2014 年第 9 期。

［45］张英琦、杨志平：《思想政治理论课"基于学而设计教"的教学方法体系研究》，载《思想教育研究》，2017 年第 6 期。

［46］张艳红：《思想政治理论课教学方法变革的发展历程及规律探析》，载《思想理论教育导刊》，2017 年第 3 期。

［47］张澍军：《试论思想政治教育学科前沿的若干重大问题》，载《马克思主义研究》，2011 年第 1 期。

［48］赵剑民：《高校思想政治理论课团队自主学习模式探析》，载《思想理论教育导刊》，2017 年第 2 期。

［49］詹春燕、赵欣：《高职院校思想政治理论课教学方法创新探析》，载《思想理论教育导刊》，2012 年第 5 期。

［50］郑永廷：《论思想政治教育的本质及其发展》，载《教学与研究》，2001 年第 3 期。

［51］祖嘉合：《对思想政治教育主体及其特性的思考》，载《教学与研究》，2007 年第 3 期。

后 记

此书是我博士毕业论文基础上修改完成的,之所以选择这个题目,就一个理由,我是思想政治理论课教师,我想上好思想政治理论课。然而在教学过程中我始终感觉教学效果不好,学生不感兴趣。所以我就琢磨着怎样让学生喜欢这门课,怎样才能讲好这门课。要讲好这门课一方面要有扎实的课程理论功底,另一方面要有很好的教育教学的理论知识、好的教学理念、方法、技术、技能等。而这两个方面,后者一直是我的短板,因为在读本科和硕士期间没有接受过教育教学方面的专门训练,工作后强化这方面训练的意识不强。因此,在读博时我就向我的导师万美容教授表明了我要研究思想政治理论课教学方法,当时万老师给我指出了三个方向:思想政治理论课教学方法的现代化、科学化、综合化,并且指导我要先从整体上把握,建议读课程论、教学论、方法论方面的书籍。看完一些书后我的视野变得开阔起来,尤其读完北京大学宇文利老师的《现代思想政治教育课程论》一书,给我很大的启发,里面讲了思想政治理论课程创新的维度,于是我就想写《思想政治理论课程的科学化研究》,后来万老师建议我把我最初的想法结合起来,最终确定题目为《高校思想政治理论课教学方法科学化研究》。

为了能够写好这篇论文,我又回归课堂,试图通过教学把教学过程中的感受如实地记录下来,并从中发现存在的问题,试着用自己掌握的教学方法解决这些问题,有意识地改进教学方法确实使我的课堂教学质量提升了一个层次,学生在课堂上的反映开始变得更好。然而,短暂的一个学期很快就结束了，很多想法还未来得及实施，教学方法的科学选择、科学运用、科学创新几个方面的具体案例没能很好地提炼出来，这也成为我这篇论文的一个不足。

回首写作的整个过程，正如凤凰涅槃的过程，痛并快乐着。论文成稿使我经历了研究思考、点滴酝酿、构建框架、落笔成文、反复修改的艰辛，让我体验了经历风雨后初见彩虹般的美妙和学术研究的喜悦。而这一路，离不开我的导师万美容教授的悉心指导。如果没有他的指导，也许我没有敲响学术之门的勇气；如果没有他的指导，也许我还在苦苦寻求为师之道而不得其解；如果没有他的指导，也许我会在我的论文写作上走更多的弯路。他的包容、耐心、爱心、细心使我懂得了如何才能做一个好的老师；他认真、严谨的治学态度让我懂得了如何做一个好学者；他对学科建设的使命感、对真理的追求，更是让我肃然起敬。同时，还要感谢张耀灿教授，在我迷茫的时候，是他给我指明了前进的方向和道路，是他如灯塔般指引着我，让我有缘走上博士学习之路，走上思想政治教育研究之路。另外，还要感谢谢守成教授、龙静云教授、梅萍教授、郭明飞教授在写作过程中给予的倾心指导，打开了我的学术研究视野。

在书稿完成之时，惶恐相伴而生。由于自己学识和见识有限，对更多丰富的理论和实践知识还知之尚浅，虽已成文但仍感有许多不足和缺憾。本书稿的完成，只是对我几年博士学习和多年教学的一个总结，这不是终结，而是新的开始。对思想政治理论课教学方法科学化的追求是无止境的，这一问题的研究也是无止境的。在此，恳请各位专家、学者、同仁批评指正。论文中引用的前辈和同行的观点及研究成果，在此一并表示感谢！

李芳

2018 年秋于云南大理